星出版

新觀點
新思維
新眼界

CONNECT FIRST

52 Simple Ways to Ignite Success, Meaning, and Joy at Work

首先，打好關係

提升職場人氣、帶團隊、解決衝突
克服恐懼、發揮影響力的52個簡單技巧

Melanie A. Katzman, PhD

梅蘭妮・A・卡茲曼 博士

李芳齡———譯

目錄

第二部
投入你所有的感官

第三部
如何提升人氣？

第四部
提高忠誠度

第五部
化解衝突

第六部
克服恐懼

第七部
創造更大的影響力

序

在職場上，不只要會做事，更要會做人

　　關於企業生活，有一個方便的虛構：若我們分配角色與職責，制定流程圖及專案計畫，詳細說明截止日期和必須達成的成果，那麼工作就會神奇、俐落、安靜地完成。

　　錯了！

　　真相是：組織由人運作，人受到情緒左右。情緒提供我們活力，這些活力是我們追求營利及目的時的燃料。情緒的影響力強大且無處不在，不容忽視，但是長久以來，我們一直假裝、主張情緒不能帶到辦公室，這是很大的錯誤。

　　未來的工作需要我們認知到這一點：情緒不會使我們變得脆弱，反而是強大的工具，在我們的大腦中最原始的「動物」部位處理，情緒對我們的存在是必要的。人們往

往錯誤地把職場上的成功和理性劃上等號，認為情緒的表現可能使我們顯得太脆弱。我們必須以專業、務實的方式建立優質關係，首先是建立人類同胞之間的根本連結，再建立同事、乃至於合作夥伴之間的連結。以人際關係為基礎，形成優異團隊，實現目標。

我在高階主管辦公室、會議室，以及治療中心擔任心理師超過三十年，人們在想要贏及想要生存下去的時候前來諮詢我。作為私人心理治療師，我傾聽患者的最大私人疑慮，往往在同一天，我又擔任企業顧問，為全球最大的一些品牌提供有關管理挑戰的建議。

在職場上，員工和主管迫切需要更多尊重、包容心與工作意義。無論是執行長或剛踏出校門的社會新鮮人、辦公室工作者或遠距工作者，不管什麼職務角色，全都在尋求安全感，渴望讚美，害怕羞辱。我們在意，我們都想成為有重要性的人。

這應該不是什麼令人意外的新聞，比較令人訝異的是，我們太常忘記同事也是跟我們一樣的人。我們變得太容易因為某人的動機不明，或是反應實在沒什麼道理而感到惱怒。每當有人的自尊心受傷時，一切就變得複雜、麻煩、失控。人們經常錯誤解讀彼此的心思，認為對方有不良意圖；小小的疏忽怠慢被擴大成破壞職涯的拐點，一流人才離職，甚至連企業主也想離開自己創辦的公司。我們常盲目無視於自己的不當行為，卻又以放大鏡來看待我們

本身遭到的冒犯，這些都是不必要的錯誤。

我幫助過無數的高階主管、中階經理人和初階員工待人處事更圓融，和他們分享如何在職場上變成更優秀人才的策略，提升他們的幹勁，消除他們的藉口，使他們在職場上更成功。

從跨國企業到使命導向的草根組織，我目睹人們在工作上的「順其自然」並不會自然發生。頭銜和職位定義了我們，使我們失去展現真我的能力，但這項能力是可以重新學習的。我之所以知道，是因為我一而再，再而三地成功教導許多人相同的技巧。

這本書系統性地分享了我作為臨床心理師和企業顧問長達三十年的經驗，希望有助於你釋放個人潛能、提升組織績效，並且促使那些勇於改變者達成大規模的改變。本書絕大多數的建議不花半毛錢，實行起來不須超過五分鐘。

其中有些建議可能令人覺得很基本，但這就是問題所在！我們太常把「基本的東西」做錯，導致無法在職場上獲得成功、快樂，感覺很有意義。現在的通訊速度對個人行為施加了空前的壓力，極小程度的不尊重行為可能被廣為傳播，不敏銳的行為可能在組織內外引發人際風暴，所以注意人際間簡單、但重要的互動時刻，有助於維護你的聲譽，甚至讓你體驗到可以多快速、容易地改善關係。

不過，本書的助益不僅於此，我也將教你如何以勇氣

面對未來，如何學會欣賞你將遭遇的種種性格，如何建立並維繫富有成效的夥伴關係。我們將以你建立的關係為基礎，找到新的市場解決方案，驅動社會變革。你將提升你的個人與你們組織的影響力。這本書將會解密如何在工作上找到意義，揭露許多日常機會，讓你在現有的環境中，以及更外圍的世界創造改變、作出貢獻。

　　一旦你能夠開始由內而外地看待你的工作，你就會感覺到時間擴展，活力提升。這會令人上癮，並且具有感染力，彷彿房間裡充滿氧氣，令人心情愉快起來，人們被你吸引。你會變得更常笑，達成更好的成果，體驗到快樂。

　　這就是我撰寫這本書的原因：你將不會再需要我，或是像我這樣的人；你不會再看到類似的劇情在職場上反覆上演；你的內在將會充滿活力，驅動你，而非癱瘓你。我寫這本書是想讓你知道，工作可以如何充滿樂趣與意義，幫助你獲致成功、感覺做得很有意義。

本書為你而寫

　　無論你是早起上班的一般職員、角落辦公室的高階主管、擠在隔間的團隊工作者、剛起步的創業人士、有抱負的科學家、街頭商店的老闆、矽谷科技公司的執行長，全都是本書的適合讀者。坊間有很多職場書是為公司領導者而寫的，基本假設是：改變工作方式是組織管理高層的職責，而我的看法不同：我們都有作出改變與貢獻的力量和

責任，我寫這本書就是要向你展現可能性。

這本書會讓你知道，如何把人類共通的脆弱性轉變為互信的基礎，讓不斷質疑你的能力的內在批評聲浪閉嘴，發展出更多元、大度的觀點，讓別人更願意主動提供你情報，把你考慮在內。你會更有信心快速切入、釐清組織中的混亂，引導對話化解衝突，建立共同的目標。首先，請你採取致勝心態：

- 你有力量改變你的世界。
- 組織變革始於個人，由內而外地運作。
- 無論你的角色為何，你的表現方式將有所影響。
- 當人們直接對話時，往往能夠解決「不可能、難以解決」的情況。
- 有品質的人際互動，能夠改變團隊動能，改變組織。
- 聚焦於你和同事的共通點，你們的共事將會更融洽，也更能欣賞彼此的差異。
- 你可以建立自己想成為其中一分子的社群。
- 這個世界愈來愈自動化、科技導向，我們迫切需要和人性保持連結。
- 看似簡單、沒什麼的小舉動，可能有很大的破壞作用。

如何使用這本書？

本書提供的逐步指南，是任何員工、經理人或人力資源主管能夠找到的最便宜轉變方案。書中沒有費時、費

錢、費力的評量，沒有不切實際的期望，只提供你需要的高效建議。

　　本書分為七個部分，始於「展現尊重」，終於「創造更大的影響力」，總計52章，每一章都有我執業三十年經驗的真實案例分享，也有一些思考問題，讓你評估我的建議對你的境況的適用性，並且提供一些如何有效應用相關概念的務實建議。這些建議只須花幾分鐘實行，就有持久的效果。52這個數字是我刻意選擇的，目的是提供你一整年每週嘗試一項新技巧的選擇。每章的案例研究挑選自不同國家和公司不同層級的觀點。

　　這本書是你的個人指南，但你也可以和其他人一起閱讀。經理人可以和直接部屬一起閱讀這本書，建立共同期望。新訓研習會、團隊避靜會議，或主管訓練課程，全都可以從本書介紹的技巧與方法受益，這些務實的技巧與方法把公司文化的粗略概念，轉化成明日就能開始採取的行動。

　　我在本書提出的建議，有來自神經生物學、管理學理論、語言學、哲學等領域的研究支持，有來自農夫、工廠員工、金融業人員、公司總裁，以及供應他們午餐的人員的經驗啟示。有時，最好的建議來自令人驚訝的源頭，廣為分歧的觀點往往得出相同的結論。

　　你可以依序閱讀這本書，也可以跳閱你認為自己最需要幫助的那些章節，每項技巧各自獨立。你可能會發現，

有些技巧證明你正在做的事情是對的，那很好，請善用這些正面肯定勇敢利用你的長處，並且適時宣傳你的長處。每嫻熟一種技巧，就會增強你的信心和能力，讓你大方學習採納較富挑戰性的其他技巧。有些章節可能會讓你發自內心微笑，有些章節可能令你難過得知，你變成了較不體貼、較不慷慨、較難親近的人，但沒關係，你的目的就是要學習嘛。

本書分成七個部分，概述如下：

- **展現尊重**。搞砸最基本的事物，是最常見、也最容易矯正的錯誤。把基本做好，為成功奠定基礎。
- **投入你所有的感官**。知識是寶貴的組織貨幣，想要成為消息靈通的知情人士，不能只是動動嘴巴，你需要做得更多。
- **如何提升人氣？**增進自覺，讓自己變得更有趣一點，也對人事物更感興趣一點。讓自己變成別人尋求機會的對象，學習成為一個磁鐵，別讓別人忽略你、排除你。
- **提高忠誠度**。了解你的同事或合作夥伴重視什麼、在乎什麼，釋放他們的創造力、激發合作，使大家感覺在一起工作的時間相當愉快，猶如飛逝。
- **化解衝突**。工作難免遭遇挫折，你生氣，別人何嘗不是？把你的意見說出來，設法解決問題、清除障礙，避免不必要的模糊和複雜性。
- **克服恐懼**。想要妥善管理自己的焦慮、釐清不確定

性，別向內求諸己，詢問別人的觀點，設法搭橋，學
會激發更有創意的討論。

- **創造更大的影響力。** 當你學會利用你的「平台」——不
論這個平台的大小，你就可能改變世界或你所屬的世
界。讓你的成就和你的方法受到肯定，追求成功和重
要意義。

關於我

《首先，打好關係》(*Connect First*) 是這本書的書名，
也是我的指導原則，因此我自然應該以身作則，向你述說
一些關於我的資訊，畢竟接下來我們要藉由這本書相處一
些時間。

我和結縭超過三十五年的先生居住於紐約市，我在上
大學的第一週結識他，當時他是個相當討人喜歡的鼓手。
他現在仍然玩音樂，不過他的正職在法律業、金融業和不
動產業，很有才華，而我呢？連《生日快樂》這首歌都唱
得五音不全，所以我才會寫這本書，而不是一首歌曲。

我們的孩子都已經長大，但他們很確定地說，我還未
成熟。在孩子們還小的時候，我們在香港和倫敦居住過，
都學會打包輕便行李，到現在還是使用登機行李箱。他們
很遷就我，我有時有點過度「講求條理」，有人稱此為強
迫症。

我們家裡的書滿到裝不下了，我至今仍然閱讀報紙。

我們家經常賓客雲集，大多數是我們認識的人，但並非總是如此。我們養了兩隻雙胞胎黑貓，分別叫「雷鳴」（Thunder）和「閃電」（Lightning）。

我的祖父母是移民，我的父母沒上過大學，我的姊姊是耶魯大學畢業的第一批女性大學生。

我擁有臨床心理學博士學位，我在紐約市有個私人診所，一週約有二十名客戶。我的辦公室有角窗，南望自由塔，西面帝國大廈，這裡是歷史與未來的交叉路口，貼切描繪了我秉持的改變方法：了解、但不受制於過去，把目光聚焦於你可以創造的未來。

我是一個創業人士，在二十年前創立了卡茲曼顧問公司（Katzman Consulting），為尋求轉變或尋求從危機中復原，或尋求提升影響力的組織提供心理專業諮詢服務。我們有一支專業團隊，團隊成員全都是心理健康領域訓練有素的專業人員，我們輔助策略會議，提供公司文化諮詢，為主管和團隊提供教練服務。

我的客戶遍及六大洲、上市和未上市的公司、非營利組織、政府機構。我也是社會企業「領袖探索」（Leaders’ Quest）的創辦合夥人，這個創立於2001年的社會企業集合各種利害關係人，為公司和盟友提供根據經驗設計的方案，讓來自非常不同背景的人們能夠看到、感受到、接觸彼此的生活。我們在超過24個國家服務，有16個合夥人、50名工作人員，以及近40位夥伴，在孟買、倫敦、

柏克萊、紐約都設有辦公室，我們認為企業是一股行善的力量。

我也是個學者，曾任教於威爾康乃爾醫學中心（Weill Cornell Medical Center），並在華頓商學院的領導與變革管理中心擔任高階研究員。在研究方面，我追蹤故事，但也想看到數字，統計是我最喜歡的課程之一。

我喜歡說話，我在天狼星XM商業電台（SiriusXM Business Radio）共同製作、主持全美電台節目《職場女性》（Women@Work），我在世界各地的演講授課多到難以計數。

我對人們和各種人生故事有無止境的興趣，希望你也一樣，因為在這本書，你將會看到很多案例研究。我的工作必須嚴格保密，當我在案例研究中使用姓與名時，代表客戶准許我分享經驗；若你只看到名字、沒有姓，那就是化名，但故事是真實的，為了保護當事人，我改用化名。

介紹完我自己，我們可以進入本文了，準備好了嗎？開始吧。

第一部

展現尊重

基本的東西具有極大的影響力，請務必做好。你沒時間微笑說句：「謝謝你」？真的嗎？我不相信，你的同事也不相信。這類人際互動的細節可不是膚淺的東西，是基本、必要的東西，是建立人際連結最快速、最容易的方法。

員工不投入及員工離職的成本很高，最常導致這些問題的是：人們感覺不受尊重。無論你在公司擔任什麼職務角色，都應該感激每一個人的努力 —— 無論他們的職位是什麼，這樣你才能成為人們願意支持的對象。

同理，你知道你應該隨口說「請」，應該經常表達讚美，但總是為了「效率」犧牲了禮貌。或許，你已經是個體貼的同事了，那我們得確定一下，你把一些基本的東西都做對了。也許，你的「感激量表」和同事的需求並不一致，尤其當人人都有壓力、行動必須迅速的情況下。

許多組織的人際互動並非親身互動，同事或客戶身在遠處，或者即使身處於同一間辦公室，但你們已經習慣使用科技互動。別讓人們以為你有某種既定態度，導致專案計畫脫軌。認知到你寫給同事的書信或訊息（即便是非正式的通訊）的重要性與影響性愈

來愈高，這是你的「遙距握手」，一樣呈現出你的個性。不過，在通訊時加入表情符號，並不能取代敏銳觀察周遭人的情緒和心思。

在缺乏人際親身接觸下，你可以持續提供反饋意見，給別人管理時間的自主權，這樣做有助於使同事感覺受到尊重。無論你是執行長或助理、經理人或團隊成員，藉由展現你的最佳能力，也幫助他人發揮最佳能力，可以激發工作樂趣。

這一部的建議適合你，如果你……

- 希望每天帶著好心情去工作。
- 被形容為不圓融、自大、冷漠或太忙碌。
- 你們組織再次經歷轉型。
- 你們團隊資源不足，壓力過大。
- 有很多來自上級的要求，許多無形的支援人員幫忙成事。
- 同事無禮，或開始沒有禮貌。

1

微笑
馬上啟動連結

人無笑臉莫開店。
—— 中國諺語

你想在工作上立即變得快樂嗎？想想看到我的微笑。你感覺到了嗎？趕快，對你鄰座的人露出一個微笑，這將啟動好感的連鎖反應。當你向他人（包括陌生人）微笑時，80％至90％的人會報以微笑，縱使他們心裡可能不想笑。我們天生傾向模仿周遭人，所以試著用快樂來感染你的職場生態圈，即使是一個制式、勉強的微笑，也有助於改善心情和氣氛。

人類天性是高度社會性的動物，因此快樂的最佳預測因子不是性別、信仰、健康或所得，而是和家人、朋友與同事間的關係強度。**經常發生的正面互動影響力很大，相較於一個一生當中遇上一次重大美好體驗的人，一個每天遇上十幾件微小美好體驗的人可能更快樂。**

　　為何本書提供的第一項技巧是微笑呢？因為微笑是一個簡單、有強效、有點爭議性，往往被我們日常輕忽而可能對我們造成傷害的行為。「多笑一點」，這可能令人覺得像是道命令 ── 我被要求要多笑一點，使你感到舒服，那我的需求就不重要嗎？若陌生人要求你「微笑！」，你可能會覺得對方自以為高你一等。但我是在建議你主動選擇微笑，因為這對你有益，也對獲得你親切對待的人有益。微笑是免費、有效的小舉動，展現你想建立相互對等連結的意圖。在比較困難的境況下，你的微笑可以立即且往往不知不覺地使周遭人放鬆。

　　在很多場合中，微笑是最有效能的工具。在《生而向善》（*Born to Be Good*）一書中，作者達克爾‧凱爾納（Dacher Keltner）解釋，微笑活絡我們的大腦額葉，這是大腦的獎勵中心，降低微笑者的壓力，也減輕收到微笑者的壓力。

　　賓州大學所做的一項研究發現，經常微笑的人更討人喜歡、有禮貌，甚至能力更好。路易斯安那州的大型醫療保健服務提供者奧克斯納健康醫療照護系統（Ochsner Health System）推行「10／5模式」，鼓勵員工對十英尺內的人進行目光接觸，對五英尺內的人打招呼說「哈囉！」結果，病患的滿意度和口碑推薦都明顯提高。

　　高階、中階或初階經理人，請努力露出微笑，你會發現氣氛變得比較愉悅，你的心情也會變得更好。想要打好

人際關係？首先請微笑。

這項技巧適合你，如果你……

- 想要立即散播快樂。
- 想要建立廣大的支持網絡。
- 希望工作場所令你有歸屬感。
- 想要改變自己的態度。

如何採取行動？

▶ 進入一棟建物、走在廳廊上或進入會議室時，面露微笑。

▶ 移動時，把手機放入口袋，和遇到的人目光接觸，露出微笑。

▶ 散播愉悅的氣氛，第一個主動把嘴角揚起，露出微笑。

▶ 發自內心微笑，使你的容顏開朗起來，想想一些開心的事。想不到的話，就幻想你的同事腦袋旁出現對話框，框裡是會令你發笑的有趣話語。

▶ 向小朋友學習：孩童一天微笑多達400次。

切記

- 傳達壞消息時，切忌微笑。此時的微笑，可能降低你的可信度，令人心生困惑。
- 找到合適的平衡點。微笑具有功效，但態度過度歡樂可能會損及你的威信，尤其是對女性而言。

案例研究1　用微笑突破高冷的形象

　　傑克是一位新晉經理人，一絲不苟，非常高冷。他收到的反饋意見是，他的團隊認為他嚴厲又冷漠。這樣的評語和傑克本身強烈的同理心及包容價值觀不一致，他看起來拘謹，但實際上在解決問題時採取彈性變通的方法。我們要他作出一項新嘗試 —— 多微笑，結果奏效了。雖然傑克天性不易主動與他人展開閒談，但那些收到他微笑的人，往往立刻主動和他交談，使得他更容易與他人互動，展現對他人的關注。

案例研究2　為自己微笑

　　自由記者暨社會運動人士吉米・布里格斯（Jimmie Briggs）不打算為了使別人感到放鬆自在而微笑，我的建議使他回憶起過去，他是高個頭黑人，生長於1970年代的美國中西部，他的家庭教導他要總是展現友善：「別一副凶巴巴的模樣，用微笑問候他人。」這個習慣陪伴他進入職場，身為戰地記者的他，在進入戰區時，仍然經常保持微笑，直到他有信心停止微笑。

　　他聽到我演講關於微笑的力量的那天，一名攝

影師問他，表情能否別那麼嚴肅？他愣住了。然後，他看看他不微笑和微笑的照片，感受到微笑對他的作用，開心離開。他告訴我：「我要開始再度微笑了，但這次是為了我自己，因為感覺很好。」

2
記得說「請」
隱含地告訴對方，你有順從與否的自由

　　「這是在命令我嗎？」，少說了一個「請」字，可能會使行為最佳的團隊成員也心生反抗，宛如叛逆青少年瞬間上身一般。用語言學的專業術語來說，「請」是一種表意暗示法（illocutionary force indicating device, IFID）；大白話的意思是，「請」這個字表示「請求」，而非「要求」。很多主管不說「請」，理由是「我要你去做事」，這是一種工作上的期待，可不是在「請你施恩幫助」。也許沒錯，但這絕對不是有益的態度。

　　語言專家說，英文的「please」，是「if you please」、「if it pleases you to do this」（如果你願意……）的簡寫。多數歐洲語言也有相同用詞，例如法文有「s'il vous plait」，西班牙文有「por favor」，字面上的意思就是：「你沒有

義務做這件事。」當然，在職場上，這只是禮貌的虛構。**當你「請」某人「安排與瑪麗開會」，你還是在下達一道指示，只不過加上了一個「請」字，至少給對方一種選擇的錯覺，隱含地感謝對方為你做這件事。**

當今職場環境日益科技化，文化上也變得更加多樣化，禮貌就變得更加重要；但實際上，沒禮貌的態度卻變得更普遍了。不顧他人感受的輕率行為，日積月累下來，使得員工感覺不受尊重，甚至遭到公開鄙視，這種現象值得所有組織關注。《精通禮貌》（*Mastering Civility*）一書作者克莉絲汀·波拉斯（Christine Porath）花了十八年的時間，調查全球數萬名工作者在職場上遭受的對待，1998年的受訪者有近半數說，他們每個月至少受到一次粗魯、無禮的對待，這個比例在2011年提高到55％，在2016年提高到62％。

波拉斯詢問受訪者認為應該如何改善職場關係？他們勾選最多的項目是：說「請」。所以，請說「請」吧！

這項技巧適合你，如果你……

- 不想把別人的付出視為理所當然。
- 工作沒有做到最佳品質。
- 「沒時間」講究禮貌。
- 發現人們願意幫助你的同事，卻逃避你的目光。

如何採取行動？

▶ 尊重同事，他們不是領薪水做事的一個人頭而已。縱使某人有職責，加上一個「請」字，將使對方感覺更有尊嚴遵從指示。

▶ 說「請」時，能夠面帶微笑、直視對方，效果更好。

▶ 如果能用同事的母語說「請」，效果更好。

▶ 切記：千禧世代（現今勞動力的一大群）不喜歡命令與控制式的指示。

切記

● 不是所有「請」字都相同，必須審慎處理你說「請」時的語氣，尤其是和服務人員互動時，「請」字可能使一項疑問聽起來有催促、唐突，甚至非常失禮的感覺。

● 請別過度使用「請」到爛。

案例研究1　在這間診所，「請」字的功效比肉毒桿菌更強

　　蘇亞雷斯醫生的皮膚科診所位於紐約市曼哈頓公園大道上，生意很好，裝潢設計相當高雅，但病患相當難搞。護士、醫療技術人員和櫃檯彼此愈來

愈惡劣相向，總是吼出指令，在要求對方時，不面對面提出請求。蘇亞雷斯醫生感受到員工之間的緊張關係，變得每天都不想來診所了。她的團隊抱怨許多病人很無禮，破壞他們的工作心情，這種不悅的情緒具有感染力，蘇亞雷斯醫生提議：「與其受到壞行為的毒害，我們何不先灌輸自己一些好行為呢？」若是同事之間開始「超級」有禮貌對待彼此呢？他們將會體驗到一直渴望的尊重，或許還能夠以身作則示範給病人看，這間診所不僅裝潢優雅，更是以禮相待。

　　結果，他們的實驗奏效了！醫療技術人員和護士彼此提出請求時，必定以「請」字開頭。他們提出請求和遞送器材時，總是看著彼此。透過正面意圖，他們感受到彼此的連結，大家在工作上的心情都變好了。

案例研究2　以「請」字來結束一天

　　柯瑞能夠看出摩根的心思，他擔任摩根的助理三年了，在摩根甚至還沒想到自己需要什麼時，柯瑞就能先預料到了。白天時間飛快，充滿歡笑，為摩根工作很有趣，但日落後，摩根的迷人魅力也消

失了。當摩根喊道：「幫我叫車」，抓起他的外套，趕赴又一場美好的客戶活動時，柯瑞的感覺就沒那麼好了。這位盡忠職守的助理對摩根說：「能夠加個『請』字嗎？雖然這不會改變你去吃晚餐時，我還是得在辦公桌前回覆電子郵件的事實，但至少能夠減輕我像個沒有個人生活的僕人的感覺。」摩根回答：「好！」他先前以為，他們之間輕鬆相處的關係，代表不需要說「請」。

3

記得說「謝謝」
輕忽他人可能損害你的成功

在日常生活中，我們都會有一些空檔——當時間不足以開始一項專案時；等待開會時；火車誤點時；排隊等候時。找一下這種空檔，別去看社群媒體，煩心你不該攝取的卡路里，或是改寫你的待辦清單，請你試著回顧過去一週，花一分鐘的時間，感謝為你某天、某項專案或改善你的心情作出貢獻的人。真誠的感謝，是具有鼓舞作用的肥料，職場卻是人們最少表達感謝的地方。

倫敦政經學院檢視五十項研究後得出結論，感激與生產力之間有直接關連性。職場評價網站玻璃門（Glassdoor）所做的一項調查發現，70％的工作者表示，若他們的上司更常對他們表達感謝，他們對自己的感覺會更好。說聲「謝謝」，完全不花財務成本，卻能夠為你們

組織帶來良好的聲譽、較高的員工滿意度,以及較好的產出等方面的回報。

感謝同事的努力,對我們自身也有益處。**在日常生活中經常表達感謝的人,壓力會降低,免疫系統將更健康。**臉書創辦人馬克·祖克柏(Mark Zuckerberg)在公司十週年慶時,自訂了一項個人的每年目標 —— 每天寫一張感謝便條,他的理由是:「對我而言,做這件事很重要,因為我是一個非常挑剔的人。」他說得沒錯,愈是挑剔、要求高的人,表達感謝的作用就愈大。

誰不會對立意良善的感謝覺得暖心呢?坐在赫斯特媒體公司(Hearst Magazines)的辦公室裡,《歐普拉雜誌》(*The Oprah Magazine*)的資深副總、發行人暨營收長潔恩·賈米森(Jayne Jamison)掏出她的手機,播放歐普拉對她的兒子唱《生日快樂》歌的三十秒影片。潔恩眉開眼笑,房裡所有人都沐浴在她的快樂光輝中。歐普拉送給她重要員工一份如此獨特、可以被拿來一再快樂分享的禮物。

這項技巧適合你,如果你……

- 是個懂得感恩的人。
- 把你的團隊操到精疲力竭的程度,害怕有人可能會離職,擔心接下來不知要如何要求。
- 高期望是常態,經常要求修改。
- 你的合作夥伴和支援團隊位於遠處。

- 你的主管很挺你。
- 你透過影響力來管理，沒有很多直接部屬。

如何採取行動？

▶ 養成每天向一位沒有料到會收到感謝的人致謝的習慣。首先，請你列出一份你經常接觸、對你的工作重要，但身處外圍者的名單。把這份名單存在你的手機，在早晨喝咖啡時，看一下這份名單，找一位你當天要表達感謝的對象。從感謝某人、使對方開心開始，展開你的每一天。

▶ 把說「謝謝」變成你的日常例行公事。利用前往停車場、健身房或超市的路上，花兩分鐘的時間打電話感謝至少一人。

▶ 規劃你的「歐普拉時刻」。你如何傳達有個人特色的感謝？例如，把你和一位重要員工在一場重要活動上的合照（或只是平日的合照）裱框起來，送給對方？若你是律師，把你的助理幫你準備、你用來在最高法院上辯論時使用的意見書影本上簽名，送給這位助理。

▶ 致謝時，務必真誠且具體。你的感謝不一定要針對特定工作項目，真誠地表達對方的行動對你本身的生活或他人的生活產生了什麼正面的影響，或是感謝對方作出的犧牲。

▶ 可能的話，親自表達感謝，記得看著對方的眼睛說話。

▶ 感謝的話不要太晚說。有時，我們會為了做點特別的事來表達感謝，便延後致謝，錯過了最合適的時間點。其實，你可以感謝對方兩次啊。請善用你的手機，立刻傳一封簡訊或電子郵件告訴對方：「我剛結束和X的會面，沒有你，我們不會有現在的表現。」

▶ 手寫訊息可以讓對方實際觸摸、保存你的感謝。在對方的桌上或螢幕上貼一張致謝便條，對方可以留存很久。

▶ 準備一個道謝專用工具箱，用密封袋裝一些文具和印章，放在你上班用的包包或辦公桌抽屜裡，下次你想寫一張感謝便條時，隨時可以製作。

▶ 在撰寫此文時，我驚喜地收到了一位客戶請花店送來的一盆花，感謝我上週為他們公司的會議提供的輔導。這種付費表達感謝的方式，也能增添個人色彩。

▶ 別忘了，你的主管和你一樣，也重視聽到一句「謝謝」。留意主管對你的鼓勵和支持，真誠表達感謝。

▶ 說「謝謝」永遠不嫌遲。回想過去，寫封感謝函給以前的某位教授、導師或同事，讓對方知道他們如何影響你至今。別擔心他們是否還記得你，收到你的感謝函，他們一定會想起你。

切記

● 避免在致謝時提出工作要求，這將使你的致謝變得別有居心。致謝就純粹致謝。

- 比起一份昂貴的禮物，誠摯的感謝更有意義，也比較不會導致錯誤解讀。
- 舉辦團隊聚餐或活動，看似一種表達感謝的好方法，但對遠距通勤者或行程較緊湊的人會構成壓力。你表達感謝的方式，務必符合致謝對象的需求。

案例研究 1　想要準時完工，你可以表達感謝，而不是一直苛責團隊

投資人的資金進來了，一切高速運作起來，黛比有可能達成她那非常進取的產品上市日期目標了，但這也代表他們必須不眠不休地趕工。攝取了太多的咖啡因，黛比鬥志高昂地一路往前衝，她的步伐太快，很少有人跟得上，那些嘗試追上速度的經常犯錯，看來她需要一個不一樣的激勵方法。

黛比不發電子郵件嚴厲責備員工的不佳表現，而是對他們的努力表達感謝。她不責問：「說好今天早上八點前要交的報告呢？」，而是說一些感激的話，例如：「我很重視我們的夥伴關係」，「你的專業對我們產品的問市非常重要」，「謝謝你持續作出犧牲。」

黛比的方法獲得期望的效果，大多數團隊成員

的回應是：「我的職責是幫助妳，我知道時間聽起來很瘋狂，但是放馬過來吧！」在那兩個月不眠不休的趕工期間，黛比私下透過電子郵件或公開在全員會議中感謝她的同仁，在她疲憊得幾乎睜不開眼時，她設定的每週五行事曆提醒通知，確保她每週結束時由衷感謝團隊努力達成另一個里程碑。她的團隊並沒有怨恨黛比的高要求，他們對成就引以為傲。黛比非常慶幸，她沒有陷入以往苛責、批評、羞辱他人，有時落得只能單打獨鬥的惡習裡。

案例研究2　你沒有寫的感謝函，可能使你付出代價

　　鮑伯應徵一份證券分析師的工作，在最後階段面試時，面試官包括一位他未來的上司、兩位可能合作的同事，以及一名較資淺的團隊成員。面試後，這些人開會討論他們對鮑伯的面試印象，他的履歷表所有項目都合格，但有一點不大對勁——似乎太傲慢了點。但這只是一種感覺，沒有確切證據。後來，這些面試官全都收到了鮑伯的感謝函，只有一個人沒有收到，就是那位資淺同仁狄萊拉。招募經理覺得這是一道「警訊」，顯示鮑伯可能會瞧不起部屬，於是他打電話給鮑伯在履歷表上列出

的推薦人，得知鮑伯較善於向上經營，較不重視他
的部屬。最後，鮑伯沒有獲得這份工作。

4

記得別人的名字

激起注意，肯定個體性

我不是一個數字，我是一個自由人！
—— 派屈克・麥古恩（Patrick McGoohan）飾演的「6號」
（Number Six），1960年代英國電視影集《密諜》（*The Prisoner*）
的主角

　　聽到你自己的名字，這是一種神經刺激鍵，活絡你的注意力，使你專注於接下來的互動。姓名肯定一個人的存在，提供一個身分，是通往服務與機會的護照。否定一個人的姓名，是在削弱他／她的人格。擁有姓名是如此重要，以至於南非廢除種族隔離政策後，在憲法中明訂這是一項基本權利。被稱呼名字，就是被賦予尊嚴，凸顯我們的獨特性 —— 哪怕只是片刻。**在職場上，知道他人的姓名，是一種尊重的表現，讓他們知道自己獲得注意、受到尊重。**如果你想和別人打好關係，可以先從記得別人的姓名，正確稱呼他們的名字開始。

　　在許多辦公室，大家都知道老闆的姓名，但比較基層的員工未必享有相同程度的認知，尤其是那些從事支援性

質工作者，例如維修人員、員工餐廳服務人員，以及櫃台接待人員 —— 但這很諷刺，因為接待人員是負責取得、通知訪客姓名的人。外籍員工（不論職階）經常遇到姓名遭貶的情形，當同事覺得他們的名字不好發音時，為了自己的便利，往往會把他們的名字加以修改。人際關係大師戴爾・卡內基（Dale Carnegie）曾經說過：「在任何語言中，一個人的名字是最甜美的聲音。」

在北京工作時，一位美國客戶詢問我的同事詹娜（Zhanna），能否稱呼她為「娜塔莎」（Natasha），因為她是俄羅斯人，「娜塔莎」這個名字他比較容易記得。刻意記成另一個名字，尤其是在跨文化的環境中，是一種不尊重，把一個族群的便利看得比另一個族群的自在還重要。想要記得別人的名字，你應該真誠地認識你周遭的人，你必須投資一些智慧資本。不夠用心而不問或不記得別人的名字，這是一種潛在的輕視怠慢，或許沒有惡意，但可能令人感覺受辱，導致人際關係上出現裂痕。

這項技巧適合你，如果你……

- 重視建立立即連結的重要性。
- 獲得很多人幫助，使你的生活和工作過得更有效率、更愉快或更有趣，但你都稱呼他們為「那個高個兒」、「那個戴紅色眼鏡的傢伙」，因為你不知道他們的名字。
- 人員調動頻繁，大家看起來有點迷茫。

- 想要表達尊重，展現尊嚴。

如何採取行動？

▶ 現在，離開你的座位，到辦公室四處去走動一下。你知道你看到的每個同事的名字嗎？若不知道就開口問。

▶ 每次自我介紹時，請記得詢問對方的名字。

▶ 不論在會議上或巡視工廠時，務必確保人們知道彼此的姓名。如果有疑問，就立刻介紹。

▶ 開會時，你可以試著按照每個人的座位，寫下每個人的名字，這有助於你記得或回想起他們的名字。

▶ 若同事的姓名有歷史淵源，請他／她和你分享，這有助於你記得他／她的姓名，還能讓你一窺對方的家族故事。

▶ 針對那些在工作上為你提供服務的人，包括清潔人員和停車場服務員，在你的手機上建立聯絡人卡片。在你還沒能記得對方的名字之前，在手機上設定提示，在你每天即將進入辦公大樓之前發送通知。

▶ 有時你會覺得某人的名字不好唸，你應該在此人的聯絡人卡片上輸入發音，幫助自己說對。

▶ 用點心，別為了你自己的方便，只習慣稱呼別人的綽號。每個人都有權利在辦公室被尊重地稱呼姓名。

切記

- 這是無從偽裝的，你要不就是知道某人的名字，要不就是不知道。在一些特定時刻，知道對方的姓名是非常重要的，若你忘了對方的姓名，先道歉，請對方再告訴你一次，此時你也許可以描述你們上次見面時的情景，例如：「我記得，我們當時對大廳的那尊雕像有過有趣的討論，但是很抱歉，我忘記你的名字了。」

- 不論你認為有多親切、無害，但「甜心」、「親愛的」、「寶貝」之類的用詞，不適合在職場上使用，也不應該用來取代一個人的名字。

- 為了避免反效果，語氣很重要，別讓人以為你詢問姓名，是為了舉報他／她。

案例研究1　用心記住

　　在一次成功的客戶會議後，公司的資深合夥人韋恩特別點名阿曼，感謝他的貢獻，並且詢問他的姓名——這是韋恩第四次詢問他的姓名了。第一次，阿曼感到受寵若驚；第二次，他仍然沉浸於先前的讚美中，理解韋恩工作很辛苦，心想：他太忙碌了！第三次，阿曼開始感覺不悅；到了第四次，

韋恩的這種漫不經心，早在阿曼的預料中。

　　阿曼考慮發起辦公室聚會基金，每當韋恩第五度詢問某個部屬的姓名時，所有同事都捐出一美元，這樣這個公基金的錢一定會累積很多，大家可以好好共享一頓豐盛晚餐。韋恩對阿曼敷衍、漫不經心的態度傷害了他的良好意圖，他沒有用心記住阿曼所提供的資訊——他的姓名。你可千萬別像韋恩這樣！

案例研究2　正確說出每個人的名字

　　來看一個相反的例子：安東尼·雷克奇（Anthony Lechich）醫師在拱門醫療護理之家旗下的亨丁頓舞蹈症醫護中心（Huntington's Disease unit, ArchCare）推廣一種特別的醫療風格。我隨著雷克奇醫師進行週六早上例行性的視察時，聽到他和接待人員打招呼，稱呼對方的名字；他在召喚勤務員時，稱呼對方的名字；他向護士致謝時，稱呼對方的名字。他把我們介紹給病患，他們身受病魔摧殘，但雷克奇醫師的個人化關注給予他們尊嚴。

　　我們停下來吃點心，雷克奇醫師詢問廚房員工關於他們的週末計畫，同樣稱呼他們的名字。中

午，一位來訪的鋼琴家在餐廳演奏，我們看到一場非常特別的聚會：坐輪椅的病患共聚一堂。雷克奇醫師能夠說出每個人的名字──不論對方擔任什麼職務角色或是病患，這建立了一種尊重的文化，傳達出一個訊息：工作人員並不是集合在這裡執行工作，而是聚在這個社群互相關懷。

案例研究3　不只介紹自己是誰，也要詢問對方是誰

雪萊絲在等候室會見她的訪客，和每個人握手，詢問他們的姓名，然後把他們帶到會議室，問他們要喝什麼？這四個潛在事業夥伴有三個人要了咖啡。雪萊絲帶著咖啡回到會議室後說：「我是雪萊絲・托瑞斯（Sherice Torres），谷歌商務行銷總監，很高興和各位見面。我們這場會議大概還有五十二分鐘，要先討論哪些？」

這些前來推銷事業合作的專業人士嚇得目瞪口呆，他們以為她是接待人員，對這樣的誤會以及浪費她的時間道歉：「我們不知道妳就是雪萊絲！」回憶起這段往事時，雪萊絲感到疑惑：那些人一開始沒興趣詢問她的姓名，是為什麼呢？因為她和藹可親，親自在門口迎接他們，還是她的性別，抑或

她的膚色？無論原因為何，那些人沒有詢問她的姓名，給了她一個很好的機會，讓她一窺這些人的性格，對他們留下不大好的印象。

5

大方讚美別人
自豪感是火箭燃料

我可以靠一句好讚美活上兩個月！
——馬克·吐溫（Mark Twain）

自豪感是激勵個人及團隊做出最大努力的一種萬靈丹，我們全都渴望自己是個有用、能夠對更大社群作出貢獻的人。我們的努力被肯定，將使我們站得更挺、更賣力，獲得重要與價值感的支撐。女神卡卡（Lady Gaga）唱道：「我為了掌聲而活！」

自豪感是一種投資貨幣，就如同說「請」和「謝謝」，讚美他人是免費、有效，而且被高度需要。組織各階層的人都需要讚美，這有助於提升人們在職場上的滿意度，但是切記：**讚美必須恰到好處，虛假的讚美聽起來像是空洞的阿諛諂媚，將減損日後真正值得肯定的努力。** 讚美個人或團隊持續不斷地朝著達成目標接近，具有激勵作用，因為這是在肯定進步，而非結果，並且能讓你更常表

達感謝，讓你有更多機會建立有益的連結。

　　心理學家羅伯特・席爾迪尼（Robert Cialdini）的暢銷著作《影響力》（*Influence: The Psychology of Persuasion*）是銷售員的聖經，這本書提供的重要一課是：恭維之詞對絕大多數的人非常有用，我們比較願意和那些能夠看見我們貢獻的人合作。若你讚美同事，他們就會力求表現，證明你的讚美是對的，畢竟他們也得維護自己的名聲！

　　雖然大多數的主管自認為經常讚美部屬，但我鮮少遇到覺得管理階層足夠看重他們的成就的員工。說到這些掌權者，他們雖有豪華辦公室，搭乘商務艙或頭等艙，分紅豐厚，但大人物也是有感覺的，也需要讚美鼓勵。創造一個尊重人性的工作環境，是一種相互責任。高處不勝寒，如果你的主管即將上台，請給他／她一點信心。在績效評量期間，若你遇到你的團隊領導人，請把你自身的焦慮擱置一旁，關心地問候一句：「您多費心了，還好嗎？」，感謝對方的付出。撰寫和提交績效評量，其實是非常辛苦、麻煩的年度流程。

　　牢記這個統計數字：一句負評造成的士氣打擊，需要五句好評才補得回來。所以，時時留意能夠提供讚美的機會，大方讚美別人。

這項技巧適合你，如果你……

● 對自己達成的事有信心。

- 覺得自己占據太多鎂光燈（及功勞）。
- 幹勁低，情緒高。
- 你們團隊正從惡意、競爭或負面影響中努力復原。

如何採取行動？

▶ 除了致謝，你可以再對某位同事的特殊貢獻給予讚美。從明天開始，回顧你的行事曆，想想這一週誰做了令你驚豔或逗樂你的事？花點時間梳理脈絡，告訴你的這位同事，他／她做的這件事為何對你或更大的團體具有重要意義。或許，這只是一件簡單的小事，例如，你注意到這位學習專員在寒冷的雨天，面帶微笑地迎接孩子們從校車上下來。你可以讓她知道，你欣賞並感謝她這麼做，為當天提供一些正面、溫暖的互動。

▶ 愈早作出肯定，效果愈好。說明你同事的貢獻和更大的長期組織目標有何關連性。開會時，特別留五分鐘作為表揚與致謝的時段。即使你不是主管，也可以建議花點時間表揚同事。

▶ 讚美別拖延，而且要具體、真誠。

▶ 最具功效的讚美形式，就是把讚美和被讚美者本身高度重視的東西串連在一起。例如，你的同事非常重視社區服務，那就正面肯定他們的工作如何使你們事業所在的社區受益。

▶ 保留時間讓別人能夠和你分享成就，這樣你才有機會讚美他們。例如，在討論工作的時段，別只顧著解決問題，記得問做得好的部分。

▶ 讚美不分上下階級，你可以稱讚同儕、部屬、主管，你也可以稱讚你的對手，像終極飛盤運動員那樣，讚美獲勝隊伍。

▶ 大方讚美別人，別抱持錯誤的觀念，以為恭維他人會減損你的地位。恰好相反，作出評價，其實是在展現你的權威或影響力。

切記

● 讚美他人時，別把焦點擺在你的成功。

● 若對方回讚你，就說聲：「謝謝」，別否認或拒絕。

● 讚美他人時，不要提出工作要求，把兩者區分開來，讚美就純粹讚美。

案例研究1　奧運級的肯定技巧

　　2012年倫敦奧運組織委員會執行長保羅・戴頓（Paul Deighton）強烈想要「利用奧運的力量來激發持久的改變」，他聚焦於包容性，招募了七萬名代表英國多元面貌的志工。這些人獲選，是因為他們

視自己為一項重大使命的一分子，保羅決定盡全力「不要打擊他們的士氣，把事情給搞砸。」

　　為了在這支多元團隊培養與促進尊重的文化，保羅運用他在高盛集團（Goldman Sachs）擔任投資銀行家二十五年的經驗——那些年，他觀察到，讚美的需求高、供給少。他認為可以採用市場解方：提供人們渴望的東西。於是，他關注人們把事情做好做對的地方，給予讚美，並且鼓勵大家效法。奧運籌備和舉辦期間遭遇到很多困難時刻，保羅迄今仍是現代夏季奧運史上唯一當滿七年任期的執行長，他的策略與戰術必然有值得效法之處。

案例研究2　大方讚美明星級的同事

　　自從我們2008年在印度海德拉巴市（Hyderabad）開始共事起，我的同事潔瑪・包（Jayma Pau）就是我經常求助的對象，我暱稱她為「速播鍵6」。那年，我在一場商務會議的幾小時前抵達海德拉巴，行李還不見了蹤影，潔瑪把我帶到她的衣櫥前，慷慨讓我借穿她的衣服。她剛擔任這項新職不久，對自己的膚色十分自在。她負責安排我們的會面對象，為我們提供對方的背景資訊，甚

至為我們安排飲食。她具備使人人放鬆的非凡能力，每當遇到問題時，我就撥6號速撥鍵找潔瑪，她總是有答案。

潔瑪向我吐露，她的父母對於她的職業期望，並不包括為一家他們無法確實理解宗旨的社會企業擔任專案經理。她能夠快速、有效、具有創意地解決問題，這項傑出的能力對我們團隊非常寶貴，我該如何表達我的賞識與感謝呢？我選擇寫一封信給她，讚美她的許多才能，說明她的技能對我們組織有多重要，讓她知道我深切感謝她選擇為我們工作。

我鼓勵潔瑪把這封信拿給父母看，因為這是在讚美他們的女兒，也是在讚美他們！十多年後的現在，我很驕傲地告訴各位，潔瑪是我們社會企業「領袖探索」的共同執行合夥人。她十分睿智，經常預見即將發生的事情或問題，預先設想解方，使得所有人的工作變得更有成效。

6

回覆對方，你收到／知道了
幫助同事或合作夥伴管理時間

下一道咒語，讓專案計畫順利執行，人人保持理智。

獲得尊重、關注、減少焦慮，這不是很好嗎？你可以幫助人們避免不必要的擔心，避免他們感覺被忽視、被看輕。方法很簡單：當同事透過電子郵件傳送完成的案子過來，或是提出請求、分享重要的資訊時，請你回覆：「收到了」，或是「知道了」。

在日常中養成這項簡單的回覆習慣，可以使你的同事與合作夥伴心理踏實一些，確定自己已經獲得你的注意，你已經收到訊息了，不用擔心。「收到／知悉」是一個超快速的人際連結點，顯示電子通訊的另一端有個人的存在。回覆「收到！」或「知道了」，是對上司、部屬和同儕的一種尊重。別忘了，請你也用這種禮貌對待客戶、廠

商和求職者，畢竟沒有人想對虛無縹緲的乙太發出訊息。

雖然有人可能會說，「收到！」、「知道了」這種回覆，是占用收件匣空間的不必要郵件，實在占用時間，浪費iPhone效能，但是缺乏這種確認，有可能會損害信任感，引發負面想法，啟動對方不必要的腦補對話：

> 「她為何不回覆？一定是不在乎我。」
> 「我是不是冒犯了她？」（因為心生疑問，所以你開始查看以往的電子郵件，了解自己是否發過什麼訊息冒犯對方，結果浪費了很多時間。）
> 「不給我需要的資訊，這項專案我永遠無法完成。為什麼總是要讓我一直等啊？」（沮喪程度升高）
> 「無法如期完成，都是她的錯。」（這下子，你真的生氣了。）

然後，你帶著這些情緒回家，它們繼續發酵。一個簡單的請求，可能引爆，造成一場情緒災難。你不開心，在這種心情下面對他人，他們很快地也會變得不開心。但其實只要簡單回覆一句：「收到了！」或「知道了」，就可以避免這些花時間又傷害別人情緒的反應。別變成那樣的人——只聚焦於自己的待辦事項，忘了別人在那裡苦苦等候，不知道何時才能夠取得資訊。

想想看，你花了好幾週作出一份報告，交給你的主管，然後……石沉大海，對方完全沒有回應。這種感覺

很糟，所以別成為那樣的人。不回覆收到同事交來的工作成果，形同貶低他人的努力。即便你設定自動傳送讀取回條，這也是不夠的。雖然那是他們的工作，但你可以友善一點，別當個不回應的混球。請讓你的同事知道，他們的努力十分可貴，值得你回覆：「收到」或「知悉」。

除了簡短回覆「收到」或「知道了」，若對方傳送的訊息中，有你無法立即回應的請求，你應該衡量一下，通知對方你何時能夠採取行動。在職場上，能夠控管自己的時間，是一種力量的形式。那個讓我們等待的人，形同在控管我們，在剝奪或傷害我們控管自己的時間的力量。因此，告訴你的同事，你預計何時可以提供資訊，等於讓對方可以規劃自己的工作和時間。如果你讓位階比你低的同事把製作好的簡報傳給你看，他們必須在辦公室等你回覆意見進行修改，等到很晚，而你卻跑去和客戶共進晚餐，沒有通知他們，並且無意在翌日早上之前提供他們修改意見，相信我，你的團隊對你會很不爽。

有時，意圖良善的人會一直等到有解答才回覆他人，但這一拖可能就是數日——我們全都有過這樣的經驗。無論是服務顧客、出席會議，聚焦於另一項要務……基本上，你就是在做你自己的工作，把回覆他人的事擱置一旁，但你這種行為可能延誤他人，或是令他人失望。採購部門的戴夫詢問你過去三年購買機票的支出，這需要你花一些時間匯集資料，雖然你正在處理了，但你沒有先回覆

他。另一頭，沒有獲得你任何回覆的戴夫納悶著，不知道你是否收到他的訊息了，還是收到之後忘記了，為什麼這麼久還沒有回覆？你這邊的實情是，你是個努力配合的團隊成員，戴夫卻覺得你造成工作瓶頸，他需要匯總資料，決定是否應該換掉公司往來的旅行社，卻被你卡住了。其實，你只要花幾秒鐘回覆一下：「收到了」或「知道了」，就可以免去戴夫的煩躁不安。

這項技巧適合你，如果你……

- 人們向你提出請求，沒有獲得你的回覆，直接跑來找你。
- 當某人傳送你要的資料後，你認為這是對方該做的事，沒有回覆與致謝。
- 不大在乎收件匣中未讀的電子郵件數量。
- 工作時限要到時，總是戴上耳機，非常專注於工作……期望沒有人來找你，向你提出跟你手頭工作無關的其他請求。
- 當某人詢問或催促你第五次時，你的藉口總是這樣：「啊，那些信一定跑到垃圾郵件匣裡了！」

如何採取行動？

▶ 一收到請求、特殊宣布事項或完成的報告，就回覆對方：「收到」或「知悉」。
▶ 若對方傳來的訊息內含很長的文件，或是你需要花好

些時間才能完成對方的請求，你應該先立即回覆對方，別等到你讀完文件或完成工作後才回覆。

處理他人的請求：

▶ 每天快速查看你的收件匣，進行郵件分類，回覆你稍早疏漏、應該回覆「收到」或「知悉」的那些郵件。若一封電子郵件內含了不適當或不合理的請求，請馬上回覆，解釋個中問題。因為這類郵件，你完全不回覆的話，往往會導致潛在衝突更加惡化。

向他人提出請求：

▶ 在郵件的「主旨」欄上寫清楚，讓對方知道需要採取的行動。若你需要對方立即回應，加註「急件！」

▶ 在訊息的一開頭，就寫明期望對方採取的行動。如果你不需要對方本週完成、下週再做也可以，請你也寫明。人人都會感謝有機會可以喘息一下，平衡手上正忙著應付的截止期限。

▶ 讓你的團隊幫助你。若你習慣在晚上腦力激盪，在穿著睡衣時想到了什麼，想對同事提出請求，切記把你寫的電子郵件存成草稿，設定在早上發送，讓你的同事能夠在足夠清醒的狀態下回覆你：「收到了！」

切記

• 「收到！」、「知道了」不能取代完整的回覆，可能的

話，請你告訴對方，你預計回覆的時間，然後記在行
事曆上，提醒自己記得處理。

- 如果你擔心「收到！」或「知道了」，可能會使對方誤
以為你答應了什麼，可以改成「收到來信，請待覆。」

案例研究1　先簡單回覆，調整對方的期待

　　溫蒂是個值得信賴的人，做事認真，是你在下
班後會想要一起喝一杯的那種同事。身為一家服飾
公司的高階主管，溫蒂對自己對他人的需求十分敏
銳感到自豪。但是，在年終評量時，她收到的反饋
令她大感意外。同事評價，他們向她提出請求時，
等她的回覆經常得等到「天荒地老」（不是等幾十分
鐘或幾天，而是得等上好幾週），儘管溫蒂向他們
要求資訊時，他們總是快速回應。

　　看到這樣的評價，溫蒂一開始的反應是解釋這
與事實不符。她說，她需要的那些資訊，對財務部
門來說根本是隨手即可取得、提供：「那就是他們
的工作啊！」說完這句，她就發現自己錯了。「這
麼說不對，是吧？但會計人員向我要的分析跟未來
的計畫有關，我得先花幾週時間預測，才能夠開始
寫報告。」這是溫蒂的頓悟時刻，她發現，她的行

為和她期望獲得的聲譽不符。雖然她無法很快地提供同事們要的那些資料，但至少可以先回覆已經收到他們的請求，解釋自己需要採取什麼步驟以提供這些東西；理想上，最好能告訴對方一個預計完成的日期。

案例研究2　從小事可以看出一家公司的文化

　　一家知名服飾公司透過獵人頭公司挖角雅斯明擔任一項高階職務，在最後遴選階段，該公司要求她回答四道深度問題。人才招募經理請她在四十八小時內回覆這些問題，雅斯明放下手邊所有事務，在一天內就回覆了，但對方沒有回覆她已經收到資料，或告知她已經在審查她提交的資料，一句「謝謝」或「收到來信」都沒有。兩週後，那家公司再度請她去進行更多面談，但雅斯明猶豫了。這家公司要求她必須在四十八小時內提交資料，卻沒有人願意花一點時間，向她確認已經收到資料。她覺得，從這點可以看出這家公司的文化。

7

提供反饋
反饋使人人受惠

　　我做得好不好？我做得優不優？我的表現是否如我所想的那麼糟？為何沒人告訴我？不確定、心神不安，這會影響成功。**我們都需要知道自己的表現究竟如何，給予或收到正確的評價，有助於加強關係、加深連結。**幫助同事釐清盲點，對你的工作有幫助；看到適切的反饋促成立即、正面的影響，十分令人開心。

　　我們並不常獲得直接反饋，在缺乏直接反饋下，我們若想知道自己表現得好不好，通常靠的是觀察同儕的臉色，或是分析評論裡的細微訊息，並且看看自己是否受邀出席某些會議等，從中找到線索。你大概有過這樣的經驗：進入辦公室後，大家看著你，你覺得好像有點不對勁，但沒人說什麼。

　　我擔任一名高階主管的教練，訪談董事會成員、經理人、同儕、部屬，想從他們的說詞中，獲得對於這位高階主管的一些見解。他們全都提供很有見地的評價，但是當我問到：「你／妳有沒有直接告訴他本人這些呢？」他們幾乎全都回答：「沒有。」害怕引發衝突，或是時間有限、擔心自己的觀點可能不受重視，這些顧慮在在阻礙了企業正向發展的GPS。你感覺迷失，不知道自己的表現如何？其實，你們不需要雇用外部顧問，只要找點時間，直接詢問你的同事！

　　有些令人尷尬、難堪的行為，矯正的方法有時很簡單。安全警語提醒我們：「見疑速報」（If you see something, say something），若你也把這項忠告應用於辦公室，我大概會失去很多工作機會。一些執行長很善於協商談判跨國企業購併案，卻要我去告訴他們的部屬（因為他們不好意思直接說）：別再用黃色背包攜帶協商會議的重要文件啦！

這項技巧適合你，如果你⋯⋯

- 支持同仁發展是你日常工作的目標之一。
- 一直很敏銳觀察行為，但差於提供意見。
- 比起直接討論，更自在於背後八卦議論。
- 直接部屬的行為有問題、不恰當，你卻請別人轉告。
- 提供反饋的主要時間是年度的績效評量。

如何採取行動？

▶ 可能的話，盡早私下提供反饋意見。以潛在假設的方式，及早、適時地提供反饋，價值勝過為了蒐集所有確切證據導致太遲才提供的反饋資訊。

▶ 提供反饋時，請假設對方的意圖是良善的，聚焦於對方的行為，提出具體的改善建議。

▶ 主動請求他人提供反饋，別成為最後一個得知自己表現如何的人。你可以問問別人，他們會怎麼形容你這個人。

▶ 使用「三明治評論法」：首先，提出正面評價，然後提出改善建議，最後用正面評價來收尾。

▶ 若你以適當方式提出，上級長官將會重視你的意見。誠如我一位客戶說的：「我變得出名以後，就無法再接觸這個世界了。絕大部分的時間，和我說話的，只有主管團隊裡的那八個人了，這形成了一個回聲室。」

▶ 盡量提供「前饋」，也就是未來如何做得更好的建議，而不是聚焦於以往做錯或做得不好的地方。

切記

● 使他人覺得自己不足，非常容易剝奪別人的幹勁。在評價他人的表現時，別刻意提及你自己的成功。

● 有風度給予反饋或接收反饋。他人主動提供你反饋，

在他們看來是有理由、有根據的意見，縱使你並不贊同，也回以一聲「謝謝」。

案例研究1　紅色套裝很好，但也許不適合這個場合

「妳和出席妳的研習營的英國男性銀行從業人員非常不同，」瑞銀集團（UBS）的訓練部主管提出觀察：「妳是女性，美國人，心理學家，衣著色彩很鮮豔。我們唯一能改變的是妳的服裝。」的確，我的聽眾穿的全是灰色、深藍色的服裝，但我向來喜歡用明亮的色彩來表達自己。收到這個不請自來的建議，我的臉色變得跟我的套裝一樣紅。消化憤怒之後，我認知到，對方並不是在羞辱我，我沒被炒魷魚，沒失去我的合約，對方只是在提供建議，引導我走向成功。這個紅色套裝的小故事，已經變成我腦海中的一個代號，提醒我注意自己是在拉近和群體之間的距離，還是在疏遠距離。我們都想在工作上展現自我，但不能夠太絕對主義，看對象進行適當調整非常重要。

案例研究2　多聽聽反對黨的聲音

前紐約市長郭德華（Ed Koch）最喜歡的一句

話是：「我表現得如何？」連任三屆市長的他，早年競選紐約市長時，經常在週五早上到地鐵站發傳單。這句令人意外的詢問：「我表現得如何？」，往往使腳步匆匆的通勤者駐足。歷經時日，這句話變成郭德華的個人特色。他會暫停半秒鐘，提出這個問題，再停個一秒鐘，聆聽人們的回答。光是提出這個問題，就為他贏得了許多好評。請別人提供評價，顯示你尊重他們，邀請他們成為你未來成功的夥伴。現在盛行的線上評價顧客體驗，郭德華早在數十年前就這麼做了。真相或許傷人，但不知道真相更危險。我為客戶做反饋訪談時，總是要求訪談他們最大的批評者，而且往往不令人意外，諮詢批評者或敵對者的意見，往往能使他們變成支持者。

案例研究3　其實，跟做頭髮無關

　　喬在公開場合和員工會議中作出惡意毀謗，令她的老闆麗達勃然大怒。麗達經營這家很成功的人力資源顧問公司，工作自主是該公司引以為傲的文化之一，儘管彈性工時是公司政策，但麗達認為喬利用這項政策，占公司便宜。喬經常在上班時間外出，後來頂著明顯剛做好的頭髮出現。麗達慍怒，

心想：「她可真敢，這麼明目張膽地用我支付薪水的時間去做頭髮？」但她不想在辦公室起衝突，所以什麼話都沒說。只是每當喬離開辦公室時，麗達就露出「不難理解」的表情，然後開始「忘記」在拜訪客戶時算上喬。兩個人分別發動消極的攻擊行為，讓辦公室的氣氛尷尬又緊張。

　　經過指導，麗達向喬攤牌，提出建設性的反饋。為了私人理由離開工作崗位，這是利用公司政策、占公司便宜，而她對老闆的惡意負評，進一步侵蝕了老闆對她的信任。起初，喬不高興，認為自己達成工作目標，還有什麼問題？麗達堅持，在辦公室的時間相當重要，離開辦公室外訪潛在人才是一回事，但經常利用上班時間去做頭髮，這不符合公司重視的努力工作價值觀。更重要的是，麗達非常失望、難過的一點是，身為一名資深員工，喬未能成為模範。說到底，問題主要其實不是喬利用上班時間去做頭髮，而是麗達感覺不受尊重，這才是她的反饋的核心重點。經過攤牌之後，劍拔弩張的氣氛消失了，喬、麗達和整個團隊都鬆了一口氣。

第二部

投入你所有的感官

知識是你的競爭優勢，你的無知可能會傷害你，一直躲在職務角色和電腦螢幕後面，那可是行不通的。平日裡，在你致力於把工作做完的同時，同事可能傳達了重要訊息（有時可能是間接傳達的），但是被你疏忽了。可能是他們的表情變化，可能是步態變化，或是他們在座椅上的姿勢變化……這些變化可能看似無足輕重，或是你太分心了而沒有去注意到。這些非習慣性的行為，可能反映了更大、更重要的型態，你是否忽視了什麼？

你不能只是倚賴文字，它們只提供黑白世界；想在職場上成功、建立深度連結，你需要留意多彩的辦公室動態及周遭聲音。花幾分鐘，把你的感官從自動化模式切換至手動模式，學習如何與周遭的人相處。究竟是什麼驅動你同事的行為？認真聆聽。別害怕大家一起靜默。細心觀察，看見每一個人。嘗試大家一起吃頓飯，你的同事會告訴我他們的祕密，他們也會和你分享重要資訊，只要你願意放慢腳步，表現出你感興趣，騰出時間給非事務性質、非目的導向的相處。暫停片刻，注意非言語的線索，這些線索可能幫助你向目標邁進。在工作上，並不難找到意義，意義是你和同事與夥伴在那些共同體驗的種種大大小小時

刻中一起創造的。

這一部的建議適合你，如果你……

- 想在辦公室感覺更有活力。
- 目前士氣低落。
- 檯面下正在醞釀衝突。
- 常常不大清楚到底是怎麼一回事。
- 職務角色或期望有很多變化。
- 工作場所高度倚賴科技，大家透過電子裝置溝通，不是當面溝通。
- 團隊不常共處一處，但你有機會把大家集合起來。

8

注意每一個人
站在邊緣的人往往有更好的視角

　　注意力是一種傲然的鑑別器，當你避開某人的注視目光，就是無視他／她的存在。四目相對，縱然只是片刻，也創造了一種連結，證明此時此刻我們同在。當我們把目光從我們認為不該看的東西移開，那是因為我們覺得若不這麼做，就會感到尷尬，或是對方會感到尷尬。當某人靠近時，你把目光轉向他處，這傳達的意思是：「你不重要」；相反地，目視同事和合作夥伴，和對方目光接觸，傳達的是尊重。

　　可惜的是，在組織生活中，並非人人都享有這種「被看見」的待遇。**我們往往無視於某些同事的存在，強化了具有傷害性的階層制度。**在現今數位連結的世界，我們經常看不見許多同事，但仍然認知到他們的貢獻，重視他們

為團隊成員。可是，那些負責打掃、地板打蠟、擦亮洗手間裡的鏡子的清潔人員，仍是被許多人無視的隱形人。他們看得見你，你卻看不見他們？

當影印機沒有碳粉了，馬桶堵塞了，暖氣故障了，窗戶打不開了，你就會感到不方便和不舒適。下班後，你被鎖在辦公室外，沒有人回應你的電話，你進不了辦公室，當輪值的保全突然出現時，你就會覺察有保全和沒保全的細微差異了。宇宙就是這麼運作的：無形的質量改變了一顆彗星的軌跡；暗能量加速一顆超新星；地球的磁場拉引鳥兒、海龜及航海者的羅盤。無形世界左右有形世界，確保你的職場宇宙順利、完滿運轉，所以想要建立全方位深度連結，請睜開你的眼睛，看見你周遭的一切。

這項技巧適合你，如果你……

- 認為每個人都重要，你想讓他們知道。
- 可能輕忽他人，或是對他人不尊重、沒禮貌。
- 支援人員未能提供你完整資料，或是遲於執行你的請求。
- 在辦公室走動時，往往只顧著思考腦海中的事情。
- 和不認得的人開會時，總是因為忙碌或害羞而錯開目光。

如何採取行動？

▶ 進出辦公大樓時，花幾秒鐘的時間，和那些為你開

門、分揀郵件或清掃地板的人目光接觸。現在，你能說出他們的制服樣式，或是他們的襯衫顏色嗎？你也可以假裝你把什麼東西忘在車子裡了，走出去，重新進入大樓一次，這次迎向他們的目光。

▶ 會議開始前，先掃視會議室一圈。你有沒有和每個人目光接觸？沒錯，是每一個人！

▶ 留意你的注視焦點。自問：若你的視網膜上有一台祕密攝影機，當這台攝影機回放你觀看什麼時，你會不會引以為傲？

▶ 留意你本身是否有過度聚焦於一個人而忽視其他人的傾向。當你把「誰重要」的定義限縮時，競爭就會變得激烈。我們全都做過這樣的事：太過在意某人的意見，使得其餘世界彷彿消失不見。詢問你的伴侶或室友，當你在談論工作時，你提起某人名字的頻率，是否明顯高於其他人。

▶ 走路時，把你的手機放進口袋裡。減少多工作業，將可擴大你的視野。

▶ 和其他人一起散步、走一走，開放自己，聚焦於聆聽他們談論他們認識的人，或是讓他們把你介紹給自己認識的人。

▶ 切記，你選擇去看的人事物，將會構成改變的基礎。

切記

- 看見別人,不是盯著別人看!這項技巧是要你和他人目光接觸,不是把別人盯得惶惶不安。
- 眼睛是靈魂之窗,戴著太陽眼鏡將遮蔽目光接觸,當你要和他人目光接觸時,請摘下太陽眼鏡。

案例研究1　為何你不能看著我?

　　歷經五個月的艱難協商後,卡蘿的上司西恩,終於通知法務部門給她一份新合約。卡蘿把相關表格拿到西恩的辦公室,請他簽名。西恩用很敷衍的態度簽名,然後把那些表格扔給辦公桌對面的卡蘿。新的薪資並不如卡蘿所願,拖了五個月,令她納悶她為何要如此賣力地為他工作。西恩在簽那些表格時的冷漠態度,使卡蘿萌生辭職念頭。「起碼,他可以看著我,對我說:『我期待接下來兩年與妳共事』,」卡蘿心想。她回到自己的辦公室,開始更新她的履歷,準備另謀他職。

案例研究2　用心與人互動,你並不清楚他們的來歷

　　傾盆大雨中,我在泥濘路上滑倒。我們正在前

往米哥爾家的路上，他家位於聖保羅市郊山丘上的貧民窟，我早前透過巴西一個為貧窮家庭中介社會服務的非政府組織 Instituto Rukha 結識米哥爾。我這次的旅行同伴來自一家甚受推崇的國際公司，他們想和即將舉行的巴西世足賽與奧運的可能工作人員代表會面。米哥爾同意在他家中進行談話，順便讓大家看看缺乏基本服務、獲得的公共投資極有限的巴西貧民窟的生活面貌。

大雨中，這些主管往山丘上走時，為了穩住步伐，把手攀在旁邊人的肩上（但沒有先詢問他們），把外套和雨傘交給這些願意伸手的翻譯志工。結束貧民窟的拜訪後，午餐時，在我的敦促下，這些主管終於請翻譯志工聊聊自己。這些主管非常訝於得知，這些穿著便裝、大力提供協助的「助理」，竟然是一些家族辦公室、一家大型顧問公司與一家大型建築公司的主管。他們來當翻譯志工，以換取前來造訪他們一直以來只能從遠處遙望的這些貧民窟社區。在這些志工當中，有許多是這群主管來到聖保羅想要推銷的公司的領導人！「實在太失禮了，如果我知道的話，不會那樣對待你們，」其中一名主管說。我們的實地造訪幫助這個

公司團隊了解巴西，但更重要的是，也展露出他們的真實面貌。

　　雖然這些主管自認為彬彬有禮、很有自覺，但他們認知到，他們很容易忽略站在他們身旁的人；或者，更正確地說，他們沒有「看見」身旁的人，沒有和他們互動。翌日，我注意到這些主管和旅館房務人員打招呼，和搬運行李上車的服務人員聊天。當他們進入我們的會議室時，全體一致地和我們的團隊（及他們團隊）的所有成員點頭致意。

9

用心聆聽，才能真正理解
用無聲的回應來加深交談

> 我愛傾聽，傾聽是你能夠同時靜止、
> 又移動的極少數時刻之一。
> ——娜依拉‧瓦希德（Nayyirah Waheed），
> Instagram 著名女詩人

　　傾聽並不是靜靜發呆、等候換你講話的時候，而是一種全身心的活動。優秀的傾聽者——那些確實去了解真相的人，使用他們所有的感官，非常用心。心理學暨行為學家尼可拉斯‧艾普利（Nicholas Epley）在《為什麼我們經常誤解人心？》（Mindwise）一書中指出，實驗顯示，當人們被要求去判讀陌生人的心思時，他們對自己的判讀能力非常有信心；但實際上，他們的判讀跟純屬猜測差不多。

　　我們以為自己清楚是怎麼一回事，其實不然。我們太常自傳式地聆聽（listen autobiographically）——在腦海中的經驗圖書館掃描自己的故事，以展現同理心，但這種心理流程其實是在干擾我們聆聽時的注意力。有時候，我們和他人談話時，並沒有那麼投入於試著了解對方，和對方

建立連結，反而是比較致力於促使對方了解我們的立場和觀點。

　　史蒂芬・柯維（Stephen Covey）發現，**高效能人士首先尋求了解他人，爾後才尋求被了解**。當你的談話對象感覺你真的用心聆聽時，更可能會詢問你的意見，而這更有利於你提出有益的觀點和建議。「這也跟是否夠成熟有關，」傳媒集團維亞康姆（Viacom）執行長鮑伯・巴吉許（Bob Bakish）說：「你未必要遵循別人向你提供的建議，但是既然你開口問了，就應該展現出你認真在聽。」

這項技巧適合你，如果你……

- 耳中大多只聽見自己的聲音。
- 覺察到有錯誤，但是沒人出面負責。
- 希望團隊快速組建，立即展現成果，但大家對彼此並不熟悉。
- 發現團隊成員彼此非常自在，都使用簡略的表達方式，以至於作出不正確的假設。

如何採取行動？

▶ 不論你是使用言語、微笑或眼神，請練習表達：「請告訴我更多！」
▶ 表現出你想聽，而不是被迫聽。
▶ 當你提出詢問時，停頓一下，讓對方回答。在你的腦

裡慢慢默數五下，千萬別有明顯動作，類似用手指頭在桌上敲。

▶ 要有耐心，別馬上讓對方知道你贊同或不贊同。聽取對方所言，試著在你的看法和對方的看法之間找到共同點。

▶ 當個大氣的聆聽者。和同事一起差旅時，或是在餐廳排隊等候時，鼓勵對方談論自己，這會使他們告訴你很多事，也更加喜歡你。

切記

● 別把自己變成談話焦點，像機關槍一樣說個不停，請聚焦於聆聽對方說話。

● 在《安靜，就是力量》（*Quiet: The Power of Introverts in a World That Can't Stop Talking*）一書中，作者蘇珊・坎恩（Susan Cain）提醒：若你說得少，就可能聽得多。內向的團隊成員，可能是具有最敏銳洞察力的那個人，但你必須管好你的嘴巴，才能夠聽到對方的觀點。

案例研究1　想要獲得更多情報，請先安靜聆聽

「傾聽才能了解更多」是我南非同事、任職於自然流現研究院（Presencing Institute）的瑪莉安・古

曼（Marian Goodman）所提供的指導，她建議聽者保持沉默，用其他感官來鼓勵說者表達想法。

　　我在百慕達為一群關係緊密的保險業高階主管舉辦的研習營中，應用了這項技巧，那次研習營的主題是「從美好的失敗中學習」。雖然這些研習營學員任職於相互競爭的公司，但他們全都有志於超越互相傷害的錯誤。我們讓這些學員分成兩人一組，一個人當嘴巴（講述故事），另一個人當耳朵（聆聽），一次五分鐘，然後兩人角色互換，再持續五分鐘。你可知道，當某人專注聆聽另一個人講述自己的錯誤經驗故事長達整整五分鐘時，那是什麼模樣？

　　所有小組的互動模式都很像：講述事實大約花一、兩分鐘，感覺卻像很長的時間，但接下來半分鐘到一分鐘的沉默感覺更長、更尷尬。到了第四分鐘時，情緒流露出來，到了第五分鐘，吐露出更多細節，伴隨的是更深沉的個人悔恨與自責感。扮演嘴巴的人訝異自己居然如此坦誠，遠比原本想的或期望的更坦率分享自己的失敗。這些學員指出，他們在平日工作中鮮少安靜、不插話地聽同事說上整整五分鐘。經過該研習營的練習，大家全都贊同，

若我們偶爾閉上嘴巴、認真聆聽，將會聽到一些新奇的點子，一些錯誤也會浮現，獲得解決。

案例研究2　卓越的領導者善於聆聽

　　羅根展現出色的口才，他詳細解說，適時提出參照資料，時不時還會講個笑話，針對所有情況都提供一個故事或一張投影片，似乎能夠預見未來。自從擔任執行長後，羅根每年都會召開一場全球團隊會議，描述他的願景，人人都很振奮，但會議結束，大家回到各自的辦公室之後，都沒有頭緒，不知道要如何執行起。羅根每年前往公司各地區辦公室時，總是忙於會見客戶，和各區領導人談話。他出現在報上，和地方政治人物見面，他沒做的是：聆聽員工在工作上遭遇的困難。

　　身為羅根的教練，我一再聽到他的直接部屬和員工反應這件事，因此羅根和我都認為他應該來一次為期一個月的傾聽之旅。他前往各地區辦公室，和一小群代表各階層的員工會面，不是他用麥克風對他們說話，而是他聆聽這些員工說話。一個月的傾聽之旅結束後，羅根舉行公司全員視訊會議，分享他在傾聽之旅中聽到和了解到的東西，對未來一

年提出務實方向。講完後，他留下很多時間，讓聽眾即時發問，由他答覆。羅根還點名哪些人在他的傾聽之旅中為他提供啟示，這產生了很大的激勵士氣作用。透過傾聽之旅和這場視訊會議，他為整個組織灌輸更強烈的意義感，讓員工更了解他們的工作和行動如何與公司的重大願景連結。羅根也發現，比起在外面高級餐廳和顯要人物進餐，在員工餐廳用餐遠遠有趣多了。

10

安靜
大家一起靜默一會兒

> 裝滿水的杯子，再也容不下一顆石頭。
> —— 中國諺語

下面這個方法，保證能夠改善你的會議品質：靜默五分鐘，什麼都不說。真的，你可以在會議一開始使用這個方法，讓與會者變得專注；或者，在會議末了使用這個方法，確保產生有用的結論。

佛教有一個發人深思的概念，名為「虛空」，鼓勵我們清空我執主宰的執拗思想，開放自己，迎向當下發生的任何事。我們全都像只杯子，裝滿了先入為主的思想，以至於幾乎不剩多少空間可以容納新知。進入會議室，你掃視誰坐在哪裡，看看哪些同事穿著商務休閒服（工作褲配精緻襯衫），你的兩個假想敵是否相互耳語？據說，公司即將裁員，是不是真的？

你的心思漫遊，然後才拉回到眼前的議程上。你的思

想開始奔騰了：若公司執行這項大計畫的話，你將會有更多工作，人手卻沒有增加，你不會獲得任何功勞。你甚至還惱怒著呢 —— 你組織了這整個策略項目，卻沒有獲得公司適足的肯定。你想東想西，就是沒有專注於當下，心思雜亂之下，你沒能好好解讀會議室裡的氣氛，沒能和你的同事良好互動。你心不在焉，接下來的團體討論也將缺乏效能，因為其他六到十八個人跟你一樣，帶著需要的文件與會，卻沒帶上必要且正確的心態。

過去幾年，冥想大師被引進企業界，幫助訓練員工如何使腦袋裡的絮聒安靜下來，如何變得更正念（專注於當下）。包括蘋果、谷歌、耐吉、德意志銀行（Deutsche Bank）、HBO在內，許多公司不僅為員工提供這類課程，有些公司還設有冥想室。你們組織或許沒有預算或意願提供這類靜腦課程，沒關係，可以試試看大家一起靜默，清除雜亂的心思。

方法很簡單，在會議一開始，歡迎所有人入座，邀請大家靜默沉思一會兒。讓同事有機會清空他們的思緒，吸入大量新鮮的氧氣，聚焦於周遭的人。當然，你不能太常這麼做，因為這樣會變得十分老套，那些好譏諷懷疑的人，會開始晚幾分鐘抵達你的會議。偶爾使用這個方法，它非常有助於為無精打采、緊張、無法聚焦的辦公室集會注入新鮮空氣。

研究顯示，在一事件或刺激下，若我們立刻作出反

應，那很可能是自動模式的激烈反應。但若在作出反應前，先插入幾秒鐘的心智空間，我們作出的反應可能會更經過思慮，而且往往是傾向合作性質的解決方案。因此，在會議快要結束時，你可以安插一小段的靜默時間，可能也有同樣的效果。若你們這場會議進行得很有效率，主席要求大家對接下來的行動作出決定。若這場會議過去一小時一直在爭論你提出的看法，或是你不停地查看手機訊息，或是生氣你左邊的那個大嘴巴不停打斷你說話，那麼幾分鐘的靜默沉思，可以讓你作出更深思熟慮的反應。在電話會議上，有些人可能會一邊開會一邊用靜音模式的手機做其他事，若你突然來個靜默，可以引起他們注意。

這項技巧適合你，如果你⋯⋯

- 實驗新方法對你來說，是一件令人興奮的事。
- 領導的團隊效能高、充滿點子，但也充滿了緊繃張力。
- 開會沒有成效。
- 發現大家匆忙趕到會議室，氣喘吁吁，心浮氣躁，想著要提早溜走。

如何採取行動？

▶ 別對外宣傳你將在會議上以大家一起靜默作為開場。首先，就像平常那樣，歡迎參與者入場。等大家坐定後，向大家宣布：「為了讓大家為今天的討論做好準

備，我們將做點不同的事。我們先一起靜默五分鐘，使全體專注，騰出心智空間，思考新點子。請各位放下你們的筆，把手機調成靜音，輕鬆自在地坐著。你也可以閉上眼睛。大家一起呼吸，每次吐氣時，放輕鬆。讓任何思緒從你的一隻耳朵進，另一隻耳朵出，把注意力聚焦在你的呼吸上。」三分鐘後，你可以請與會者注意自己的感覺如何，留意會議室裡的氛圍，再讓大家靜默兩分鐘。鼓勵同事把呼吸調整得與周遭同事同步。

▶ 五分鐘的靜默結束後，請大家提供意見。若有人表示，這令他們感到不舒服，無須訝異，不是所有人一開始都能接受這項練習。請保持信心，一定會有一些同事表示或感受到連結感，減輕焦慮，為接下來的會議討論做好準備。不要給任何人壓力，請保持耐心，別對任何人作出批判。詢問大家感覺如何，希望在會議結束時感覺如何？這些詢問將使大家聚焦於思考如何共同合作，而非只是聚焦於他們想要達成什麼。然後，開始當天的議程。

▶ 若你在會議結束前使用這個方法，請大家一起靜默，請你務必讓大家知道，這不是指與會者可以自由選擇離開。靜默之後，大家開始同意會議討論的後續行動，靜默的效用才會顯現。不同於會議一開始時的靜默，會議末了時的靜默一結束，會議就直接結束了。

讓你的同事自行體驗效果，無須討論。

切記

- 別對這個方法的成效作出任何承諾，只要做就行了。
- 若你首次獲邀做這種團體靜默，請保持安靜，別咯咯發笑。
- 靜默中，若你發現有人在看你，請用親切的目光迎向對方的注視，別迫使別人閉上眼睛。
- 縱使你不是高階主管，也可以建議在會議中嘗試新方法。新人有時更容易挑戰常規。

案例研究1　暮色中接地氣十分鐘

　　我們公司在英格蘭西南部的薩默塞特郡（Somerset）舉行避靜會議，我們一行數十人，在風景優美的一處英國農莊工作了一天，窗外是一望無際的原野，但我們還未涉足那片秀麗的大地。工作一天下來，大家的注意力已經開始渙散。雖然沒人說出口，但大家顯然都累了。這是避靜會議的第一天，接下來還有兩天。太陽西落之際，亨德里詹·雷瑟（Hendrik-Jan Laseur）把我們集合起來，圍成一個圓圈，向我們概述接下來的作業（那是當天第

七場集會了，待會兒用晚膳時，還有更多簡報。）

　　他要我們做什麼呢？花十分鐘，安靜地在外面散個步，享受暮色，思考，感覺，看看天空，把手機留在座位上。散步回來之後，我們將恢復工作。哇！這是多麼棒的禮物啊。在一系列密集的策略會議中，獲得十分鐘的個人沉思時間！團隊裡那些過度成就者別無選擇。嘿，這項作業要求我們安靜喔！真是太美妙了。

　　十分鐘後，我們再度集合。先前精疲力盡的大家，現在明顯比較放鬆了，情緒活潑了起來，有更多精力進行討論了。和大自然接地氣十分鐘，使我們團隊變得更能連結彼此，效能改善。

案例研究2　先緩緩，不急著爭輸贏

　　會議室裡滿是腦袋聰明、高度自負的權術大腕在高談闊論著。這間旗下有許多航空公司的集團企業的領導階層，在這裡集會研商五年計畫，謀求放下各自為政的格局，透過合作創造更大的價值。這場會議將召開三天，在第一天終了時，已經浮現了很多富創造力的構思。地盤之戰在第二天開始上演，因為合作計畫將需要分享資源，縮減一些客服

中心的規模，沒人在聽另一個人說話。

下午四點，我把握一個機會，要求團隊花五分鐘安靜坐著，不使用手機，不使用書寫工具，雙腳落地，想要的話，可以閉上眼睛。我建議他們聚焦於呼吸，讓思緒自在漫遊……最終漂出腦海。我用輕柔語氣提供一些指示，鼓勵他們試著聚焦於周遭人的呼吸，感覺一下會議室裡的氛圍。我自己也力抗不安 —— 擔心這些位高權重的精英會嘲笑我。然後，我也開始沉默下來，加入團體靜默、呼吸的行列。

五分鐘後，我帶領大家恢復談話。首先，我問他們感覺如何？他們說，還滿享受這種平靜和連結感的。接著，我問他們，他們希望在晚上七點結束這一天的工作時，有何感覺？毫不意外，他們偏好平靜勝過緊張。為了維持這種平靜感，他們同意在接下來的兩個半小時內，每當有人試圖爭論、壓制對方時，他們會主動阻止，創造聆聽的空間。接下來的討論變得更豐富多元，他們雖然沒有完美抑制衝動，但是前面的靜默體驗，給了他們一個很好的起始點和理由，當爭論變得太過激烈時，要彼此克制一下。

11

適當的肢體接觸
有助於改變人際互動

　　你可能會納悶，我怎麼會建議在職場上與同事保持適當的肢體接觸呢？現在可是二十一世紀，反性騷的#MeToo運動正延燒全球！建議肢體接觸，我是瘋了嗎？關於這一章，我思考了許久，不寫這章省事多了，但是我知道這是錯的。在建立人際關係上，「適當」的肢體接觸太重要了，不能因為可能比較複雜就忽略。因為事涉複雜，很多男性可能會選擇在辦公室裡避免任何肢體接觸，我完全同意，若你有任何顧慮，擔心自己的行為可能被誤解或被他人視為冒犯，那就別這麼做！判斷你本身的真實情況，比遵循這本書的建議更為重要。

　　在開始閱讀下文之前，請拿出你的螢光筆，在「適當」兩個字上劃上明顯的一筆。違法、不尊重對方的觸

摸，跟簡單、短暫的適當肢體輕觸有巨大差別。皮膚是人體最大的感官，平均而言，一個成人的皮膚重達約8~12公斤，總面積約1.5~2平方公尺，具有保護作用，阻擋不好的東西進入人體，讓好的東西進入。觸覺語言有時有催化效果。

觸摸使眼眶額葉皮質（orbitofrontal cortex）活絡起來，這是我們腦部的決策中心，同時激發催產素（oxytocin）的分泌，而催產素是喚起和促進人際連結的基本化學成分。神經科學家馬修‧赫登斯坦（Matthew Hertenstein）和同事認為，皮膚是一種被低估的高端差分訊號系統。他們的實驗研究顯示，人們被自己看不到的人觸摸，可以正確判斷這是憤怒、害怕、憎惡、愛、感謝或同情的觸摸。這種情緒判斷的準確度，跟我們看某人臉色來判讀對方情緒的準確度不相上下。

沒有任何性含義的手臂輕觸，可以提高對方的順從度。舉例而言，研究發現，在徵求人們連署請願書時，輕觸一個人的上臂，能使這個人加入連署的意願，從55％提高到81％。

想要提高別人對你的滿意度評分嗎？試試一秒鐘的適當肢體接觸——尊重的輕觸。戴米恩‧艾索（Damien Erceau）和尼可拉‧格崗（Nicolas Gueguen）這兩位研究人員在二手車市場假扮成銷售人員，隨機接近前來看車的男士。他們針對其中半數，輕觸對方手臂一秒鐘，另外半

數則是保持距離。事後，這些男士對這兩位「銷售人員」進行滿意度評分時，被輕觸手臂的人評價「銷售人員」較真誠、友善、誠實、令人愉快、和藹可親。

　　拍拍背、把手搭在某人肩上、開玩笑輕推一下，這些全都提供一種「親切感」。但是，請你務必謹慎出手，即使是非常溫和、良善的輕觸，也可能有相當不同的含意，視情況、文化和性別而定。**一般來說，輕觸肩膀至手肘之間的上臂，是最安全的**；推或把某人舉起，那是非常不同層次的肢體接觸，建議別在工作場所作出這類動作。擁抱也可能使你惹上麻煩，美國聯邦第九巡迴上訴法院在2017年判決，在工作場所的擁抱若是不受歡迎且太普遍，將營造出一種不友善的工作環境。

這項技巧適合你，如果你……

* 辦公室環境感覺起來缺乏人味。
* 人們評價你是一個高冷、距離感強烈的人，你想要改變這種觀點。而且，你很敏感，能從一些脈絡判斷，輕觸手臂或握手是否會受到對方歡迎。
* 發現同事似乎很難過，或是過了很糟的一天，迷失在自己的世界裡，想要快速表達關心。

如何採取行動？

▶ 輕觸對方上臂，促進順從感，建立連結。

▶ 也可以在對方上臂輕拍一下說：「很高興見到你／妳。」

切記

- 重視分際！不當的觸摸可能會使你惹上麻煩，激怒對方。當你連輕拍對方都不確定是否恰當時，就別做這個動作。

- 若你輕觸某人，對方馬上閃躲，請記得這個暗示，以後別再做，也別揶揄對方有排斥的反應。

- 當人們背對你時，為了引起他們的注意而輕觸或輕拍對方，可能會嚇到對方。此時，叫一下對方的名字比較適當。

- 在某些情況下，拍一下背是傳達友誼，但在其他情況下，這是在炫耀力量。別僥倖嘗試，想要炫耀一下。

案例研究1 　向「難以企及者」適時伸出援手

　　和別人保持適當的肢體接觸，有助於快速建立連結。英文的「untouchable」這個字，有兩種截然不同的意思：第一個是「賤民」（n.）──印度種姓階級制度的最低階層；第二個是具有無可匹敵的才能，令人「難以企及」（adj.）。雖然是極端相反的兩個含義，但這兩種人都被視為不能觸及、相隔甚

遠的「異類」。

賓州大學任教年資最久的女性教授之一，準備接受頒發終身成就獎。她聲譽卓著，混身散發出獨立氣息。我跟她不熟，但是站在她的身旁，我可以感覺到即將上台的她滿緊張的。我注意到她的衣領歪了，我問她，能否為她整理一下？這只是一個簡單的動作，卻是一個親密的片刻（適當的親密）。把衣領整理好之後，她的身體似乎也沒有那麼僵硬了。在那當下，這位偶像級的大學教授，其實不過就是一位有完美傾向的女性。若活動照片呈現她的襯衫不整齊的話，她大概會有點難過吧！雖然我們只是短暫相處片刻的朋友，但站上台的她，知道自己有一位朋友站在身旁。

案例研究2　你不敢接觸誰？

我的夥伴鄺劉競秀（Kenzie Kwong）被問到，為何投入那麼多時間於我們的組織──旨在促進非常不同背景與世界的人們彼此交流的社會企業「領袖探索」？她說了一個故事。某次，她造訪一間愛滋病診所，一名病患伸手想和她握手，她馬上把手抽離。這個無意識的動作嚇到了她，她很清楚，跟

愛滋病患握手，並不會感染愛滋病，但她當下拒絕了，她的身體動作背叛了她的良知。從那一刻起，她認知到，為了克服我們的無意識偏見，需要人與人的親身互動，透過不害怕與人握手，自在展現對他人的尊重。

12

一起吃頓飯

食物是談話的誘餌，有助於建立連結

　　我們全都得吃飯！讓你的肚子給你提示，讓食物成為建立互信、減少孤立，使你離開辦公桌的理由吧！辦公室生活有時是一種寂寞的體驗，許多人渴望與他人相處，儘管我們周遭有很多同事，但我們往往太忙於盯著電腦螢幕，幾乎沒時間去看到彼此。和他人互通電子郵件，或是邀請他們出席會議，並不能確定你們真的「一起合作」。在快節奏的步調中，我們屈從於簡略的表達方式，甚至沒去建立彼此之間的同事感。有機會認識與你一起共事的人，是在為將來的成功打下基礎，也是不少公司花很多錢進行團隊訓練以促進通力合作的原因。這些機會和訓練可能有所幫助，但我們全都知道，它們往往只是暫時性的人為解方。我們太容易陷入眼前的工作壓力 —— 截止日期

逼近，收件匣中還有122封未讀郵件。

為了生產力，我們往往無法好好用餐。「上班族吃得很可悲，」民族誌學家李君周（June Jo Lee）花了將近十二年的時間，在全美各地調查上班族的用餐習慣，得出了這項結論。儘管很多人有這種印象：「高績效者」快速解決午餐，靠咖啡因和壓力成功；實際上，有效能的工作者在中午好好吃上一餐，休息一下，再回到工作崗位上，會更有活力、更專注。這是很有道理的，但為何蓋洛普（Gallup）在2017年所做的一項調查會得出這樣的發現——67％的美國上班族每週在自己的辦公桌前吃午餐的次數超過一次？這種通常無助於提高工作效率的行為，導致工作滿意度降低，也會降低和同事一起工作的樂趣。

三杯馬丁尼的午餐，或許是企業放縱生活的一種象徵，但它也包含了職場成功的一些基本要素，例如創造一個擺脫會議室的禮儀束縛、彼此坦誠交談的空間，以及超越資料、深入了解辦公室互動氛圍的機會。執行長最近對營運長施加了什麼壓力？那些較資深的團隊成員，真的會用新的顧客管理系統嗎？塞西爾和山姆真的擔任共同主席，共同承擔責任嗎？那些在走廊上的耳語，有可能暗中破壞會議室裡訂定的目標，但如果你不駐足聆聽，將無從得知這些談話。

一起用餐是一種老傳統，展現出想要進一步發展關係的正面意圖。**騰出時間，和同事一起喝杯咖啡、吃點心，**

或是一起吃頓飯，這是獲得資訊、擴大人脈、化解緊張關係的大好機會，卻是經常遭到忽視的機會。

康乃爾大學食物與品牌實驗室（Cornell Food and Brand Lab）的研究員凱文・尼芬（Kevin Kniffin）和同事的研究證實，團隊一起用餐對工作效能具有正面影響。例如，一起用餐的消防隊員，彼此之間的合作程度，是那些不一起用餐的消防隊員的近兩倍。消防隊員一起吃飯的種種合作行為──收錢、規劃、討論、清潔到用餐，全都有助於提升團隊的工作表現。一起吃飯增進同事對彼此之間的了解與賞識，提供獲得非官方資訊和內幕消息的機會。你何不趕快邀請同事共進午餐呢？這可是建立連結、增進人際關係的好途徑呢！

這項技巧適合你，如果你……

- 常常用app叫外送，在辦公桌前吃飯，而且戴上耳機，邊聽音樂邊吃。
- 在寶貴的午餐時間，避免和同事目光接觸，好讓你不必「浪費時間」彼此交談。你的「錯失恐懼症」（fear of missing out, FOMO）升高，你利用午餐時間瀏覽朋友的Instagram帳戶；或者，更糟的是，你在社群媒體上追蹤同事，不是直接找他們交談。
- 想不起上次和隔壁同事一起開懷大笑是什麼時候的事了。
- 感覺自己好像一部文件生成機，或是接聽電話的語音

機器人，不是一個有心跳的活人。

- 十分好奇那個髮型很酷的傢伙午餐吃什麼，或是不知他休息時間用手機看什麼，笑得那麼開心？卻不知道如何開口問他。

如何採取行動？

▶ 食物是一種等化器。我們喜歡和避開的食物，就像我們的姓名那般個人化。食物選擇呈現了我們的文化，表達出我們的價值觀，顯露一些有關工作生活以外的我們。你們組織裡的每一個人，都有關於他們喜愛的食物的故事。若你或其他同事遠距工作，找個時間讓整個團隊一起聚在辦公室或某人的家中共進一餐。別遲疑，現在就傳訊息給你的同事，看看你們能否找到一個大家都方便的時間，來場一人帶一菜的午餐聚會。這種聚餐的目的是建立連結，所以別勉強，造成大家負擔。別要求人們為了團隊聚餐，犧牲個人時間。向大家強調，不鼓勵準備昂貴菜色，若烹飪太花時間，你可以請同事贊助甜點，帶一盒他們喜歡的餅乾也可以。

▶ 鼓勵你的同事帶他們喜愛的食物，也許是他們童年時期的「療癒食物」。若你的團隊成員來自各種文化背景，這特別有意思。向你的同事秀秀你的廚藝，你做的千層麵不是很美味、大受好評嗎？請那位坐你隔壁

的同事帶媽媽做的炸雞來（他常說週日吃了太多媽媽做的炸雞），或是請櫃台夥伴準備那道她帶來辦公室分享、大家都很喜歡的菜。預告會有哪些佳餚，讓大家興奮期待。期待及籌劃，能夠馬上提供輕鬆愉快的玩笑素材和良性競爭。

▶ 供應食物是一種關懷。今晚，你上網飛（Netflix）追劇時，何不烘烤一些布朗尼？若你不想自己動手做，那麼在早上買咖啡時，順手買些糕點吧。出其不意地小小請客一下，固然無法使一位工作表現不佳的同事變成一個超級巨星，但能夠使距離感強烈的主管變得更有人情味一些。當工作令大家變得脾氣愈來愈上火、氣氛愈來愈緊張時，來點這樣的小請客，能夠展現出你的關懷。食物交流的目的是為了看著對方，表達感謝，共享無關職務位階或工作事項的須臾時光。

▶ 一起吃飯有助於增進關係。你是否在想：「我是執行長，我才不要為同仁烘烤糕點呢！」OK，沒問題。儘管你可能喜歡做料理，但可能不喜歡為部屬做這種事。那麼，共進午餐呢？許多高階主管藉由一起吃飯來建立和增進客戶關係，卻不會主動邀請位階較低的團隊成員一起吃飯；或者，他們邀請一起用餐的對象僅限於一小群熟悉的人，不會擴大至包含具有影響力的社群領袖、有趣的創新人士，或是相關領域的學術界人士。在餐廳用餐有其自然節奏：點菜之前，先小

聊一下；一邊用餐，一邊談話；然後有個自然的結束。一起吃頓飯是個很不錯的「論壇」，把原本不會碰在一起的人聚在一起。

▶ 有策略地規劃你邀請一起用餐的對象。每週找一天和你不是很熟的同事一起用餐。現在就列出名單，寄出一些邀請。在你的手機上，列出你想要結識或進一步認識的人，包括公司內部的同事和公司外部的人。請你持續瀏覽這份名單，每個月提前幾週寄出共進午餐的邀請函。你可以邀請各種年齡層、各個階級、不同部門的人。

▶ 點心、小零食可以幫你取得情報。當同事下午來找你蹭塊巧克力吃時，可能會順便分享一些觀察或內幕消息。辦公室裡，誰有好吃的點心零食，很快就會傳開來的。所以，你也可以當個零食供應者，換取一些小道消息，或許能夠幫助你把工作做得更好。

▶ 一起喝杯咖啡，試著排解問題。你的同事是否很希望能夠找你問一些事，但是不得其門而入，只能試著從你的助理那裡取得資訊？或者，更糟的是，他們常常自行猜測，但是經常猜錯？許多公司聲稱有透明的文化，但實際上，員工往往很難和決策者說上話。你可以設立一個專門時段，例如每週三早上十點是「和凱利喝咖啡」的時段，讓同事（無論是不是你的直接部屬）有機會向你提問，或是分享成果。幸運一點的

話，可能會有初級員工向你推銷新穎的好點子呢。

▶ 在國外研討會上和同儕碰面時，或是出差到他們的海外辦公室時，請記得從你的家鄉帶一些傳統的點心零食。仁尾先生每次從東京前來田納西州諾克斯維爾（Knoxville）時，總是帶來包裝精美的紅豆糕，大家總是笑臉迎接他。當然，不是所有人都喜歡紅豆糕，但是他們喜歡這種處世的圓滑。若你經常差旅，可以準備一些不易壞的糖果，隨時可以打包入行李箱。若你缺乏想像力，那就準備一罐雷根糖吧！屆時，把它擺在會議室裡，讓大家笑著「爭搶」自己喜歡的口味。

切記

● 不要把一起用餐變成強制性質。一起吃頓飯，應該是一種樂趣，有些公司卻被批評為把供應餐點變成一種「綁住」員工的方式。

● 留心同事的食物禁忌，但是別被這些禁忌給束縛了。你可以試著準備一些比較不會有問題的點心零食，絕大多數的人不忌蔬果，擺盤起來也很美觀。

● 別拿部屬盤裡的食物！我共事過的一位主管，拿同事盤子上的薯條來吃，被制止了。她以為這麼做是展現友善的行為，但是她的員工認為這種行為太自來熟，有點過頭了。

● 團隊在會議室裡為當月壽星慶生、分享蛋糕後，記得

留下來幫忙整理一下。這種清理工作太常留給女性同仁了，各位男士，你們不是隱形人，若你們太聚焦於吃，吃完就走人，可是會招人閒話的。

* 不論男性或女性，食物只是建立和增進關係的橋梁，不是取代品。縱使你招待了美味的布朗尼，仍然有責任透過本書介紹的許多技巧來建立尊重。

案例研究1　每間辦公室都需要一個席薇雅

　　巴西一家新聞社的員工向我吐露，他們辦公室裡的士氣低落，他們甚至有一個指責的對象：「都怪席薇雅！」席薇雅是誰？她是主管的母親，用貨車擺攤販售自製的角形餡餅恩潘納達（empanada）。每週三，她把美味的特製恩潘納達送來她女兒的辦公室，大家都愛週三，大家都愛席薇雅。自從席薇雅過世以後，這家新聞社的記者們，不再有每週共進午餐的習慣了，大家不再騰出時間共聚。以前，席薇雅的美味食物吸引大家離開辦公桌，席薇雅親切問候每一個人，讓大家聚在一起交談。

　　如何重振辦公室士氣呢？這家新聞社恢復「席薇雅的點心時間」，每週三，團隊輪流訂購外送午餐，大家一邊吃午餐，一邊聊過去一週發生的趣

事。這些記者再度每週在同一時間共聚一地，能夠匯聚一地，強化了他們的工作的重要性，也為他們提供了諮詢建議和炫耀最近成功事蹟的機會。他們開始在每週聚餐時拍照，和同業的其他記者（以及席薇雅的家人）分享這些照片。恢復每週聚餐之後，團隊體認到，他們有多喜歡彼此相伴的時光；毫不意外，這間辦公室的士氣重振了。

案例研究2　從料理品味人生哲理

在一家德國卡車公司的主管會議期間，我的同事鄺劉競秀擔任諮詢顧問，她讓這些工程師穿上圍裙，做一頓飯，讓他們在切菜、炒菜的過程中，學到中國哲學的一些重要概念。他們發現，中國菜充滿了陰陽調和的概念——每一道菜必須色、香、味平衡兼顧，每一種食材必須能夠和其他食材調和，既不蓋過其他材料，也不會被其他材料蓋過。鄺劉競秀站在他們旁邊講解，他們發現，中國菜食譜並非只是教你烹飪步驟，還教你人生哲理。翌日早上，他們參加正式的策略會議，前一天烹飪時學到的那些隱喻派上用場，為他們提供了思考的啟發。（他們也在烹飪時拍了很多照片，和家人及同事分享。）

案例研究3　以食物作為和平敲門磚

　　現居約旦河西岸地區的巴勒斯坦人安宛，站在以色列和巴勒斯坦之間的隔離牆前，過去十年，他致力於透過「聖地信託」（Holy Land Trust）組織，促進以色列人和阿拉伯人之間的溝通。這個巴勒斯坦非政府組織，側重透過提倡個人寬容及非暴力社群賦能的研習營來建立和平。

　　被問到他是如何開始的？安宛解釋，他家在知名景點「拉結之墓」（Rachel's Tomb）附近經營一家觀光商店，這個猶太教聖地位於前往耶路撒冷路上的伯利恆市。安宛在店內遇到的許多導遊和巴士司機是米茲拉希猶太人（Mizrahi Jews）——1948年戰後從鄰近阿拉伯國家搬遷至以色列的猶太裔。他們對安宛說阿拉伯語，在辦公室廚房加熱自己帶來的食物，氣味和味道跟他母親做的菜很相似。和這群猶太人相處，儘管雙方政治立場對立，但他卻宛如置身在家。「這些人不是我的親屬，但他們在廚房裡弄的食物味道，為何聞起來就像我媽媽的菜？」安宛的鼻子不會撒謊，以色列人家庭和巴勒斯坦人家庭之間的相同點，其實比一般討論的還要多。於是，他展開了籌辦活動以促進族群和平的生涯。

第三部

如何提升人氣？

改變從自己開始！別讓你的職務角色或頭銜限制你，在所有境況下，展現最迷人、討喜的你。「工作時的我」和「真實的我」正在會合，社群媒體使我們無從隱藏，現在的職場重視透明化，無論你喜歡與否，我們的個性就是我們的品牌，你必須負責管理自己的聲譽。

　　你的態度與行為，將左右你在辦公室的這一天過得愉快或煎熬。在快速變化的世界，成功的必備技能恆常改變中，但永遠不可或缺的一項技巧，就是自我意識 —— 自省，了解自己對他人的影響。本書的前兩部幫助你展現尊重、聚焦於他人，重新設定並擴展你的視角。

　　這一部將進一步擴充這些能力，教你如何成為其他人想要連結、往來的對象。你應該對個人的敘事技巧下點功夫，學習說故事，學習如何應付可能性、不完美、困惑與緊張。你既要發展自己的觀點，提升你本身的價值，同時必須知道何時該承認錯誤。當你是一個人們想要共事的對象時，機會就會倍增，你將會變得更快樂、更成功。

這一部的建議適合你，如果你……

- 想要參與、總是被考慮在內，想要變得有影響力。
- 想要幫助同事發光發亮。
- 希望自己錯了或害怕時，也能具有一些程度的魅力。
- 最近獲得晉升，想要發展你的領導風範。
- 電子郵件未獲回覆。
- 難以和不認識的人建立連結。
- 有取得資訊的管道，誤以為其他人也都有取得資訊的管道。
- 內在聲音在折磨你。

13

現身
出現只是開始

> 我們能夠給予他人的最珍貴禮物，就是我們出現參與。
> —— 釋一行禪師（Thích Nhất Hạnh）

「他拆除了他的心牆，」我的一個客戶的同儕向我這麼形容他。當我把同儕的反饋告訴我這個客戶時 ── 三十二歲的電腦程式設計師尼克，他的回應是：「我只是在做我分內的事。」尼克很訝異，他參與一項專案，竟然馬上提高了這項專案的信譽。我們經常忘記或甚至根本不知道，我們的出現（或是沒出現），往往對周遭的人有深切的影響。

現身很重要。遠距工作者平日裡的能見度，是他們在工作上的貢獻，他們對事先安排的到場參與懷抱期望，但那位應該現身辦公室的人在最後一刻打電話進來，透過電話與會，因為他按下鬧鐘的貪睡鈕，或是不想應付尖峰時段的交通。他不出現！

　　你有過多少次這樣的經驗——在開會時，該出現的同事沒出現，成為大家的關注焦點？「他們為何連出現都做不到？是我們不夠重要嗎？」否則，就是團隊成員都出現了，但是沒有看著彼此，只是對著麥克風說話！若人們預期你會出現在會議室，請別只是成為透過音箱發聲的人！

　　當然，也別成為只有在有需要時才會出現參與例行會議的人。若你是受邀演講的人，請在演講以外，留一點時間給你的聽眾。我參加過許多研討會，專題演講人是大家想要求教、結識的專家，但他們只現身講臺。這太令熱情的與會者失望了！為了和一位在他們所屬領域具有高度影響力的知名人士講幾句話，他們有很多人可能事先做了辛苦的行程安排，拋開繁忙的事務，甚至不遠千里而來。

　　我經常受邀指導客戶「領導風範」（executive presence），我發現，很多主管抱持錯誤的觀念，以為領導風範就是發號施令。領導風範並不是你本身成為備受矚目的明星，領導者的力量來自於能夠聚焦於周遭人的需要。這是一個很顯然的道理，但仍然值得一提：若你不適時出現參與，不可能注意到別人的需求！

　　好，你出現了，然後呢？你有機會應用前面多章提供的建議，包括：目光接觸，平息你腦海中喋喋不休的聲音，專注聆聽，放鬆於當下。早年身為舞蹈家、後來教導如何展現領導力的教練丹尼爾·盧維格（Daniel Ludevig）提醒我們：「你的身體並非只是大腦的行動載具，把它從

一場會議載到另一場會議。」不論你正走進會議室，或行走於走廊上，或是正在吃三明治，你都透過你所有的非語言行為，展現你的可接近性，以及你的興趣。

隨著你的職階愈高，你的每一項行為與舉動，愈可能被周遭的人觀察與解讀，而且往往是錯誤的解讀。妳是個主管，妳姐姐瞧不起妳現任男友，這使妳深受困擾，陷入沉思。當心了！妳邊走邊想，不知不覺皺眉，妳的團隊可不會這麼想：「喔！她姐姐跟我姐姐一樣煩」，他們更可能會這麼想：「我做錯了什麼？我的經理看起來不是很高興。」

你可能會覺得這聽起來很不公平，你可能會問：「難道我必須無時無刻不在意自己的行為和表情嗎？」當然，你可以選擇不去在意，但若別人覺得你不好親近或很有距離感，那你就別感到詫異了。好消息是：**當一個人充分專注於當下時，那是一種近乎擋不住的力量，人與人之間的連結自然發生。**若你和同事坐在一起，心無旁鶩，積極地用你所有的感官去注意，若你的行為傳達的訊息是：此時此刻發生於你們之間的事情才是重要的，那麼你的專注參與也會促使別人更投入、更聚焦，採取行動。

這項技巧適合你，如果你……

- 希望別人認真看待你。
- 無法輕易取得想要或需要的資訊。
- 謙遜是你的座右銘，但是你忘了自己可能如何影響他人。

如何採取行動？

▶ 妥善管理你的情緒、表情和肢體語言，發出正確的訊號。

▶ 用心觀察一下，看看誰需要你當面關注。

▶ 可以在開會時手寫筆記，讓其他與會者知道你在認真
聽，沒有用電子裝置查看電子郵件。

▶ 若你的個性比較強，可以遵循我的同事馬克斯・梅特
卡夫（Max Metcalfe）的忠告：「學會藏鋒斂鍔」，小心
別太強勢，令人受不了。

▶ 評估你的個人影響力。若1到10分的影響力量尺上，你
自認為有7分，那麼實際上你的影響力可能有11分。

▶ 如果人們預期你會出現，或是你的意外出現會激勵與
肯定他人的話，請記得出現。

切記

• 谷歌的Hangout即時通訊，或是其他種類的數位互動，
都不能取代面對面交談。

• 噪音帶來壓力，請記得關閉不必要的電子郵件和簡訊
通知鈴聲。我們都知道你是個大忙人，時時都有訊息進
來，但你不需要用鈴聲通知所有人，你有訊息進來了。

案例研究1　勇敢把球砸向你的上司

艾美是個熱情洋溢的經理人，經常和部屬開玩笑、互動，當她得知她的團隊會看她的心情互相傳訊告知彼此：「現在可以去找她」，「現在別去惹她」，「等一下再去找她」時，感到很吃驚。沒錯，她正在打離婚官司，爭取孩子的監護權，但她自以為是個很好的演員，把情緒隱藏得很好，顯然不是。她向來自在於與團隊互動，在得知團隊的反饋之後，她拿了一個桶子，在桶內裝入海綿球，把桶子擺在她的辦公桌上。她告訴團隊：「每當我脾氣變壞時，請你們把球砸向我，我不想你們在背後議論我。」她提供的道具和滑稽點子，使一些陰霾時刻轉變成分享的美好時光。這不僅僅是在管理主管的情緒，另一個重要的目的是：提醒艾美恢復她和團隊相處的那種迷人風格。

案例研究2　別人覺得你很高冷嗎？

大宗物資交易部主管傑森，在績效評量中收到負評。交易廳的工作人員覺得他只在乎自己、輕視他人、自負，傑森對這些負評似乎很震驚。深入檢視他的自我評價，顯然和他人對他的觀感差異很

大。傑森自認為是個害羞的人，不自在主動與人交談。此外，他是個做事很重效率的人，因此低估了寒暄閒聊的價值。我問傑森，我能否在他離開辦公室前往洗手間時跟著他？他覺得我這項請求很怪。

　　別緊張，我沒有跟著他進入洗手間！但是我發現，傑森這一路上，都是低頭看他的手機，沒有和任何人目光接觸，完全忽視周遭的人試圖吸引他的注意力。團隊把他這種不注意的態度，解讀為冷落、怠慢。我們進行測試，把傑森往返洗手間的路途，變成和他人閒聊、目光接觸、說話、近距離接觸的機會。為了幫助同事互動，傑森鼓勵同事裝飾自己的桌面，促進聊天、交流的機會。其實，和傑森熟稔之後，就能體驗到他的自然幽默了。現在，交易廳的工作人員，形容他是個謙遜、值得信賴的好夥伴。

14

分享資訊

情報是虛擬的抗焦慮藥

企業文化往往顯露一種差異 —— 有些人是「知情人士」，其他人只是等候指示，對實情一知半解。資訊取得管道提升一個人的組織地位；知識就是力量，也是虛擬的抗焦慮藥，一種鬆弛劑。資訊能夠激勵人們，能夠舒緩緊張，但是這種人際鎮靜緩解劑往往被領導者扣押，他們誤以為必須擁有所有的解答之後，或者至少有了近乎完美的因應之道以後，才能夠面對他們的團隊。

更糟的是，有不少經理人忘記或不撥出時間和員工交換資料、分享資訊，導致熱心的員工變得氣餒。你需要帶人嗎？若要，很好，你是經理人。你是組織的基層員工嗎？若是，我敢打賭，你一定知道很多情報。記得分享你知道的東西，我常聽到我的客戶這樣抱怨：

我很生氣！我老闆知道我因為缺乏資訊而抓狂，每當我必須到處打聽究竟是怎麼一回事時，我覺得自己非常不受尊重。但他們總是這樣，提供資訊，有那麼難嗎？他們花錢讓我來諮詢妳，請妳指導我變得更圓融一點，但我來這裡，只是白費勁，因為問題到底是出在我身上，還是出在他們身上？我希望我的主管能夠定期讓我知道實情，想想看，這麼一來，我就只需要聚焦在我的工作上就行了！我的工作表現也一定會更優秀。

　　資訊真空造成不良的工作環境，在快速變化時期，這種情形更加惡化。許多經理人以為他們可以隱密地作出重要決策，非但不敢開辦公室大門，反而像「封艙」式地把門關上。但是，最新消息外洩是無可避免的，屆時緊張的情況將會變得更加複雜，領導者必須應付錯誤資訊，還得修復和原本忠誠的同事之間的關係。下列是很常發生的事：他從一名前同事那裡聽到消息；她從她公公那裡聽到消息；他們在公司走廊上聽到消息；你是唯一以為這樁購併案／交易是公司機密的人。

　　尤其對部屬而言，無法掌控行動，又不知道接下來可能會發生什麼事，這些結合起來，對他們的身心健康造成一定程度的傷害。

　　當人們無從影響周遭活動時，最終將放棄、不再嘗試，因為他們的行動無足輕重，心理學家馬丁‧塞利格

曼（Martin Seligman）稱此為「習得的無助感」（learned helplessness）。我們無法神奇地使人人成為自身命運的主宰，要如何減輕這種由環境導致的消極感呢？提供資訊！研究一再顯示，讓人們能夠預測事情可能在何時發生，縱使他們無法控制那些事件，也有助於使他們保持積極心態，減輕絕望感。

　　你曾經搭過紐約市或倫敦的地鐵嗎？多數地鐵站現在有螢幕更新狀態，讓你知道你等候的列車還有多久即將進站。雖然你無法讓北線開得更快，或是讓它在你希望的時間點到站，但你至少可以決定要不要繼續等候，或是改搭計程車或步行。讓人們有得選擇，可以減輕他們的無力感，往往也有助於成功。

這項技巧適合你，如果你……

- 創辦的這家公司，員工人數已經從最早的三人，成長到現在的三十人，你習慣於在見到員工時才讓他們知道最新的發展情況。
- 傾向有了明確答案（並且能夠預期人們將提出什麼疑問）才開口。
- 當情況變得緊張時，你就變得沉默。
- 希望同事和你分享資訊。
- 發現流言蜚語愈來愈多。
- 雖然沒有顯赫頭銜，但是知道實際情況。

如何採取行動？

平時：

▶ 每天工作的一開始，先舉行五分鐘的團隊站立會議。站立使集會乾淨俐落且聚焦。在站立會議中，每個團隊成員應該分享至少一件能夠幫助所有人把當日工作做得更好的重要資訊。這些資訊可能是來自公司外部的消息，可能跟戰術有關，例如，通往購物商場的道路施工，可能延誤上班族及顧客；或者，天氣預報今天下午南部將會下雪，所以通勤路程較遠的人應該提早離開。若團隊成員不在同一地點工作，挑選一個所有人都能聚集在電話旁的時間，讓大家快速互通情報，例如，詢問：「你需要什麼資訊，幫助你今天的工作做得更順利？」

▶ 在你的每週團隊會議議程中，納入「更新資訊」這一項。快速輪流，讓每個與會者提供過去這一週從其他團隊成員未參與的會議中得知的新訊息。

▶ 若你在公司外部出席銷售會議、訓練課程或策略會議，可以利用晚上的時間，把你得知的要點彙整成簡單報告，發送給你的團隊。這既能幫助你綜合資料，又能增進你對整個團隊的價值與貢獻。當你結束在公司外召開的管理會議，返回辦公室之後，別一頭栽進你的電子郵件信箱裡。首先，召集你的團隊，分享會

議重點。當然，會議的某些主題可能是機密，因此在公司外召開的管理會議結束前，管理團隊必須針對下列兩件事達成共識：（1）確定哪些是不可公開的機密，哪些是可以分享的資訊；（2）返回辦公室的第一天，就和團隊溝通應該分享的資訊。若你是相關會議的主辦人，記得在會議結束前預留時間，讓所有與會者共同決定哪些重要訊息可以分享給員工。

▶ 若你剛結束的會議有重要情報可以提供給你的團隊，別拖延，善用你已經建立的任何形式的辦公室聊天工具，發送可以立即據以行動的資訊。別把「高興得知」和「必須知道」這兩類資訊給混淆了。團隊成員應該事先商議好，何時使用哪種通訊工具 —— 電子郵件、語音留言、Slack團隊溝通平台、文字簡訊等。

▶ 安排交流時間，集合來自不同背景和年齡層的員工，請他們分享一些非傳統、非工作人脈圈的資訊。在社群媒體興盛的現在，許多較年輕的員工從公司外部取得的資訊，對資深同事而言是寶貴的資訊。

大變動期間：

▶ 在公司改組或進行潛在購併案的期間，不可能馬上通知所有人關於他們未來職務角色的變動，這類決策往往直到最後一刻才明確。但是，通知將宣布裁員的日期，以及員工可以透過什麼流程申請職務輪調，可以

幫助員工預先計畫，不必日日惶惶不安：「我今天可能要被裁員了。」

▶ 切記，你知道資訊，不代表其他人也知道。千萬別一再拖延，想等到有完美、完整的答案之後才開口。認真思考你可以分享什麼情報，盡可能提供愈多資訊。

▶ 情況愈難預測，人心愈焦慮；人們愈是擔心害怕，就愈難記住資訊。所以，經常溝通，口頭或書面傳達你的訊息，寧願重複訊息，也好過讓人們沉溺於未知中。

▶ 若你真的不知道，就說：「我不知道」，這也算是資訊。在不知道實情之下，人們有時會作出推論，而推論可能遠比事實還糟，更加煽動焦慮感。所以，最好告知人們，有些決策還沒出爐，別自行揣測。

▶ 容許討論。別像一家製藥公司最近做的：向員工播放影片，宣布一樁即將進行的合併案，以及伴隨而來的縮編，卻沒有舉行任何互動會議，員工無法提出疑問。

▶ 有時候，員工因為不安全感，不敢公開具名提出疑問。因此，可以考慮使用一些匿名機制，例如讓他們寫在紙上提出疑問，或是善用數位技術，發送疑問至螢幕上。

▶ 在所有體制中，有人握有權力作決策，其他人則被告知接下來的行動。因此，在發送訊息時，你應該釐清哪些人需要被同步告知。

切記

- 你的主管有時需要你提供資訊，請帶著「禮物」（你的情報）上門。
- 不要亂傳八卦，若你說的訊息純屬猜測，請明白告知這些只是你的猜測。

案例研究1　究竟何時？！

「我不知道四月時，我的工作會不會有異動，若有異動，新職務是什麼。若公司要整併後勤作業部門，我可能被調到亞特蘭大。我現在住在波士頓，得照顧我的母親，還得為雙胞胎申請幼稚園。我真的很焦慮！」

焦慮的不只貝兒，她的上司，以及她上司的上司，也一樣完全不知道狀況。大家都想知道，但只能靠謠言來止渴。該公司人資部門請我來輔導大家如何因應不確定性，參與者擠爆會場，高階管理團隊成員也參加，雖然基於法律限制，他們不能分享太多關於購併交易的資訊，但是他們知道，他們還是能夠溝通一些資訊的。

提供時間軸，有助於減輕員工一些焦慮。例

如，支援部門的人員可能參與轉型團隊，因此若購併交易成了，他們的工作飯碗至少可以保住一年。購併交易可能受到質疑，若接下來要打官司的話，那麼至少在六個月內，任何人的工作都不會有異動，至少半年內不會有任何裁員。此外，公司正在評估自願提早退休方案，將在四週內作出宣布。

　　管理部門提供了一些可預測性，讓員工能在一定程度上掌控生活。領導階層同意，每週四早上十點進行一場Q&A會議，並且錄影，讓所有人能夠取得最新訊息。員工可以提出疑問，主管團隊將盡所能提供最新發展的相關訊息。這麼做，至少能夠平息不實傳言，雖然不是一個完美解方，大家還是想知道「何時？！」，但至少他們可以預作準備。

案例研究2　在媒體得知前，請先告訴我們

　　「我怎麼會在《綜藝》（*Variety*）雜誌上得知這個消息！」提喬非常憤怒，他所屬的媒體公司收購了一個新頻道，竟然沒有事先告知他？他是銷售團隊的一員，在外推銷生意，理應是知情人士，卻一直被蒙在鼓裡，直到媒體報導才得知這件事。

　　他現在覺得自己像個白痴，凱恩（他的上司）

到底還有多少事沒讓他知道？我盡所能安撫提喬，這類交易被隱瞞到最後一刻並非不常見。我鼓勵他直接詢問凱恩，為何這樁交易已經到了確定將成交的最後一刻了，還不透露訊息？或許，他是有原因的。被詢問時，凱恩溫和有禮，自我反省。他承認，他的老闆在禁止洩露訊息方面是很嚴厲的，她要求高階領導團隊不得透露關於此項潛在交易的任何資訊。凱恩理解此舉讓提喬陷入非常困窘的局面，他把反饋意見告訴他的老闆，老闆說，她以後會更明確說明誰能夠取得什麼資訊，以及如何、何時分享這些資訊，而非只是交代一下：「這件事，就我們這些人知道就好了。」

15

讓自己變成一塊磁鐵

成為別人想一起共事、往來的對象

我指導我的客戶變成磁鐵 —— 人人都想一起合作的同事,令人覺得相處愉快的對象。當你是塊磁鐵時,你的同事在公司聚會時會主動走向你;當籌組團隊和探索新機會時,你的名字會被列在名單的最上方;臨時起意的戶外活動一定會邀請你。**成為一塊人氣磁鐵,並不是說你一定要活潑、外向,經常受到讚美,或者從不單獨。但是,有你在場,人們會自然感到放鬆、自在,感覺安全,知道你站在他們那邊。**職場人氣磁鐵會說有趣的話,激發討論,讓人們熱切互動,而且有專業素養、可靠,敢於玩樂。

我在顧問服務中,聽到人們抱怨主管讓自己的大腦停擺。寫錯一個字就被指責,但加班幫三個請假的同事代理工作,卻得不到一句讚美。只顧自己或一味目標導向的同

事，讓職場環境死氣沉沉。他們抱怨：「我沒學到任何東西」，「他們不尊重我的經驗」，「我能做的，遠多於這些基本工作」，「他們為什麼不賞識我的價值？」，「我的聲譽正在下滑。」

你可能已經獲得晉升，但你仍然感覺自己像個雜工。你渴望參與，但他們不邀請你參加會議。你的上級令你感到很是挫折，你也叫不動你的部屬，我們全都有過這樣的體驗，你渾身散發出消極，這都是他們的錯！經常有人來找我諮詢，想要改變他人的行為，但是誠如一個老掉牙的笑話：「想要改變一顆電燈泡，需要多少位顧問，或是教練、心理師？答案是：「都不用。燈泡自己必須想要改變。」這就是我們聚焦的：如何成為你想成為的那種人，而不是被塑造成感覺他人會喜歡的人。

磁性並非只是一個專業術語。我們的神經系統透過受到周遭人影響的電磁波傳輸資訊，打從出生之後，我們靠著「腦邊緣系統的共鳴」（limbic resonance）的過程模仿他人而生存。新生兒和母親的心跳和呼吸率相配，這點非常重要，因此那些一出生就失去母親的孤兒，通常被給予模仿這種暗示的泰迪熊。這種無意識的過程開啟相互連結之門，我們受到那些提供安全可靠節奏的人的吸引。不論你是企業主，或是為四樓主管接聽電話的助理，請善用這些生物性。

占星家羅伯‧布瑞茲尼（Rob Brezsny）使用「正向妄

想症」（pronoia）這個名詞，來說明持續在你的環境中探尋機會的重要性，別總是聚焦在問題上找碴。磁鐵型員工對他人感到好奇，留意自己出現所帶來的影響，願意介入衝突 —— 未必是解決衝突，但他們展現出不畏歧見的態度。他們在自己的腦海中挑戰負面、消極性，當他人表達悲觀時，他們勇於反駁。

　　想要點燃工作中的樂趣，請創造驚奇，樂於投入，無論發生什麼事都感到自在，留意人們如何被你吸引。

這項技巧適合你，如果你……

- 希望自己富有魅力，卻覺得自己似乎相當笨拙、不靈巧。
- 渴望引起別人的注意，但好像一直做不到。
- 「經營人脈」、「建立關係」之類的事令你感到不自在，對於在辦公桌前打電玩比較自在，因為沒人注意你。
- 被誤以為是不尊重他人的上司，需要重振你的聲譽。
- 當你的同事看到來電顯示是你打來的電話時，會不接聽電話。
- 一再被告知，你還不適合承接新機會，但你的同儕並未因為相同理由未獲派任新機會。

如何採取行動？

▶ 放鬆一點。最熱情、投入的人，往往在組織中製造太多激情與壓力，我常常得提醒人們別太緊繃、太在意

了。學會當具突波保護器（surge protector）── 吸收負能量，保留一點空間以供探索。讓別人說話，傾聽，別聚焦於推銷你的想法或尋找解方，創造不主觀論斷的討論空間，提高你的參與價值。

▶ 準備談資。別只是趕著開下一場會議，停下腳步，想想你的聽眾，你可以如何催化有品質的討論？你可以提出什麼問題激發思考，確保談話跟上時事？你是否有一些切要資訊可以分享（顯然不是聽了會乏味的），使大家的互動更有趣、更難忘？你可以準備一、兩個故事，例如你最近在旅行中發生或見聞的故事，或是你從最近的政治或媒體事件中獲得的觀察。你的故事切忌太過複雜、有指涉意含、自我吹捧或貶低他人，目的是要提供一點娛樂和一些新知。

▶ 別「獨占」你做得很好的事情。把自己不擅長或不喜歡的工作委任出去很容易，更難的是訓練別人承接你喜歡的工作，尤其是這麼做對你的長期聲譽（或成長）不會有幫助。挑選一項這樣的工作，例如，向管理委員會提出月盈虧報告，這是在高階領導人面前曝光的大好機會，你決心把數字做對，做到小數點最後一位。請利用右頁表格，檢視一下是否只有你能做這項工作，以及你是否喜歡做這項工作。

工作：	只有我能做這項工作！	我喜歡做這項工作
是		
否		

▶ 好好想一下，或許可以訓練誰去執行你非常喜歡的工作？你是否說服自己相信，只有你能夠勝任這些工作？把可能建立你的聲譽的機會分享給別人，是在有力傳達你的角色很穩固，你致力於幫助同事發展。完成上列這張小表格之後，請檢視你的待辦清單，你占著哪些令人垂涎的工作項目？你能否辨識出幫助別人發展的機會，把自己鍾愛的職責委派給他人？

工作：	只有我能做這項工作！	我喜歡做這項工作
是	現在由我做	訓練他人
否	別霸占著	可以的話，委派他人

▶ 快樂具有感染力。娛樂業及郵輪業顧問道格拉斯‧葛雷（Douglas Gray）有非常多的幽默道具，可以打破冷場，逗人微笑，你會想要與他親近。卡菈會放一些解謎遊戲在辦公桌上，這有助於啟動交談，吸引人們過來。放些照片也有幫助，珍娜擺了一張玩空中飛索放開雙手的照片。身為公司的審計長，她總是監督費用，追著同仁要財務報告。她想讓同仁知道，下班後的她熱愛刺激冒險，有能力「完全放手」。

▶ 注意對他人而言重要的東西，這會令他們感到開心。例如，問問同事關於他／她擺在桌上的那張照片的一些問題 —— 舉例來說，珍娜放那張玩空中飛索的照片是有原因的。你同事是否剛完成她利用晚上進修的研究所學位？她最喜歡哪堂課？坐你隔壁的女同事，最近開始帶自行車安全帽來上班，你可以問問她的通勤方式是否改變了？

▶ 你可以特別花點心思，啟動與比較害羞的同事的交談。在組織中位階比你高的同事，人際關係技巧未必比你好，別害怕向對方打招呼。

▶ 管理好你身上的氣味。看到我這句話，我猜你大概翻白眼了，但我是認真的。想成為一塊人氣磁鐵，別散發出不良氣味。多年來，我真的必須提醒我的客戶，當他們脫掉鞋子，把腳抬高在辦公桌上時，散發出來的腳臭會令同事退避三舍。還有，你在自己桌上津津有味吃著辛辣食物時，通常是你很享受，但你隔壁的同事未必喜歡。對了！別忘了吃顆薄荷糖保持口氣清新，你會感謝我提醒你這點的。

切記

● 想成為職場人氣磁鐵，你必須有所準備。不過，你的努力可別太誇張，應該自然在和他人的互動中挹注賞識、創造機會。

● 一、兩天感到煩躁，這是很自然的現象，盡量減少這
種情況就是了。你今天的心情特別差嗎？可能的話，
就別向同事作出要求了，延後到你心情比較好，比較
親切可人時再提出要求吧。

案例研究1　跟我說話，別害怕

　　柯里通常不是在他的電腦前，就是在健身房，
他很安靜，當他說話時，人們總是聆聽，因為他經
常提出深刻見解。有些同事覺得他不願意說話是一
種疏遠，甚至自私。其實，他是個害羞的人，行進
間，他通常不和他人目光接觸。隔著襯衫都能明顯
看出柯里健壯、結實，緊張時，他雙眼上方會浮現
青筋。「我真怕他發怒時，會把電話摔向我，」柯
里任職的科技公司一位同事這麼說。

　　柯里最近未獲晉升，當我跟他分享這些觀點
時，他既驚訝又難過。「我很認真工作，這樣還不
夠嗎？」表現好當然重要，這點毫無疑問，但是柯
里的緊張對他不利。在公司裡，他的個頭比多數人
都高，他也比多數人安靜、含蓄，「看起來」可能
也比多數人強硬，令人生畏。

　　柯里努力多離開辦公桌，尋求他人意見，也分

享自己的意見。他變得更常微笑，和他人目光接觸，對團體談話作出更多貢獻。他留意使臉上的表情盡量保持柔和、不再冒出青筋，同事感覺他變得更懂得賞識他人。翌年，他被公司任命為營運長。

案例研究2　別太在意，反而能夠成就更多

愛佛莉的薪酬很好，績效評量佳，但她總是對自己的工作表現不滿意，老是抱怨她沒被認真看待。她的主管調查她的抱怨時，同事很惱怒，他們說：「愛佛莉總是尋找大家批評她的證據，這是一個步調很快的部門，她為什麼要這麼封閉、這麼容易感到挫折呢？」她的主管建議她尋求教練指導，變得更像個領導者，減輕受害者心態。主管說，愛佛莉應該少談論自己，多談論別的，應該主動當個導師，多參與全公司的試行方案。無疑地，愛佛莉的前途看好，但前提是她的排斥心態不能那麼重。

愛佛莉本身的境況感受卻是大不相同。她是家中的主要經濟支柱，有兩個小孩，通勤時間長，總是擔心自己做得不夠好，晉升得不夠快，錢賺得不夠多。她焦慮到睡覺有磨牙的習慣，磨到兩顆牙都裂了。不論在家裡或在工作上，她都感到精疲力

竭、易怒。她覺得自己付出所有，若她不為自己辯護的話，誰會幫她說話？

　　於是，我們的輔導展開：我們探索她感受及投射到別人身上的痛苦，這其中有很大成分跟她對自己抱持的不切實際期望有關。

　　在我們會面時，愛佛莉展現的幽默感其實很明顯，我也可以明顯看出，她認知到自己身為女性的獨特地位：她是一名交易員，也是優秀的產業分析評論員，有不少追隨者。她認知到，她的過度緊張妨害了她的成功。我給她的建議是：別太在意。這聽起來當然違反直覺，但是她願意嘗試兩週看看。愛佛莉嘗試放鬆壓力，結果她的工作產出品質並未降低，但執念減少了。她開始花時間和他人交談、開玩笑，甚至為他人提供建議，也變得不是那麼麻煩了。她花半個月嘗試不去擔心她的薪酬 —— 她的薪酬本來就已經相當不錯了。半個月下來，她感覺不錯，也喜歡這種感覺。她的家人和團隊注意到她的變化，她先生下班後想和她一起搭火車回家，她再度成為一個好伴侶。

　　接下來四週，愛佛莉開始找方法讚美別人，進行跨部門合作。當其他交易員因為市場變化而大發

脾氣時，愛佛莉能夠保持冷靜。這種「不把事情個人化」的處事態度，只要愈練習就變得愈容易。幾個月後，愛佛莉宣布：「我不再生氣了。」務實說，我不認為愛佛莉永遠擺脫躁怒了，但我們成功破除她原本強烈的防衛心，露出她機智、風趣的內在，她其實致力於每一個人的成功，不是只追求自己的成功。

16

知道如何開始

第一印象難以改變

　　多年來，我跟我的朋友卡翠琳・波伊松納斯（Catrin Boissonnas）一起滑雪時，總是在她身後望塵莫及。不久前，我們一起到海邊衝浪，我很驚訝看到這位敏捷好友在海邊躊躇。「我不知道該如何進入海洋，我對海浪的節奏沒有經驗，」她一邊說，一邊從碎浪中跳回岸上。

　　我想了大約一分鐘才理解，卡翠琳對衝浪的不開竅，正是因為她的高超運動本領所致。衝浪是反直覺的：你要潛入過你頭部的浪，而非遠離；當浪潮退去時，你必須投入水中，向大海跑。觀察韻律，加入現有活動的節奏，這是一種技巧，問問任何爵士樂手就知道。綽號「書包嘴」（Satchmo）的路易・阿姆斯壯（Louis Armstrong），人雖到了演奏現場，他會一直等到和樂隊的旋律輪廓契合後，

他的小號才開始即席演奏，把樂隊帶往另一個方向。

　　我們天生傾向作出快速決定，科學家已經辨識出一種名為「快速認知」（rapid cognition）或「薄片擷取」（thin slicing）的無意識流程：非常快速地推斷一項體驗中什麼是重要的。**贏得諾貝爾經濟學獎的心理學家丹尼爾・康納曼（Daniel Kahneman）解釋，有時候，我們的心智走捷徑，只處理「已知的已知」（known knowns），大致上忽視可能使決策變得更複雜的許多事實。**不幸的是，我們這講求效率、但有時錯誤的「內建電腦」，可能不正確地確認預定看法，不去注意更細微的資訊。所以，當你尋求和他人建立連結時，當心你的行為流露出的訊息。

這項技巧適合你，如果你……

- 總是得思考：「我要如何開始？」
- 經常衝進會議室或辦公室準備採取行動，卻驚訝發現現場的談話戛然而止。
- 每當加入新事件或新場合時，總是希望能有神奇藥水，讓你隱形，不被注意。
- 抓到了，換你當鬼！這次派你去社區負責建立良好關係。
- 是辦公室的新人。
- 是辦公室的資深怪咖。

如何採取行動？

▶ 設法融入環境，方法可能很簡單，例如走過去，站在人們身旁，看看他們的反應，而不是假設自己是個很受歡迎的人。你可以先聽、先看一個團體的表現，才提出你的看法。

▶ 切記，你在評估行動時，你本身也正在被觀察。你的臉部表情和非語言行為有著巨大的影響，若你是掌權者的話尤其如此。當你介入或參與時，你感受到的量能與強度，可能超乎你的想像與覺察。心理學家娜莉妮・安貝迪（Nalini Ambady）的研究發現，讓一組學生觀看十秒鐘的影片後，對影片中的教授給予評分，結果這些評分跟上完教授一整學期課程的學生給的評分幾乎完全一樣。和學生有目光接觸、面帶微笑、姿態大方的教育者，獲得的評分高於那些生硬、拘謹的教育者。

▶ 當你即將和他人會面時，請帶著微笑出現，主動伸手和對方握手，機靈地讚美對方。設法使他人對你的在場感到自在。紐約大學的研究人員發現，那些以豐富表情和生動方式溝通的人，往往比面無表情的人更容易討人喜歡；心理學家稱此為「表現度光環」（expressivity halo）。和容易解讀的人往來、相處，使我們感覺較放鬆自在，這或許也可以解釋你為何「討厭

那個傢伙，直到你認識他之後才改觀。」所以，幫助別人更快認識你吧！使用你的臉部表情。

▶ 做好準備，別以為或希望他人的第一眼快速判斷不重要。別帶著一疊亂排的文件和滿手的袋子進入會議室或辦公室，它們妨礙你立即與他人接觸。在即將和新同仁見面時，若你和你的朋友在講一些只有你們懂的玩笑，會立刻產生排外感，你們可以稍後在外面講完。

▶ 留意你的行為和服裝引起的假設。有時，你可以有點彈性，給人不一樣的印象。你通常被視為拘謹的銀行家，而你即將和社區領導人會面嗎？不妨考慮穿著稍微輕鬆一點。和你共事的同事，來自比較保守的背景嗎？你的信仰可能沒有要求你不能露腿或露肩，但是他們的信仰可能有這些要求，你不妨配合。

▶ 別假設你的位階就是你的自由通行券。在進入私人空間之前，先徵詢許可，等候回答。注意你的行動可能會打擾到別人，先留意你是否應該觀望、直接加入，還是稍後再來。若合宜，找找看有沒有你可以幫忙的地方。

▶ 保持好奇心，若你是個「外來者」，試著詢問一些開放式的問題，打破一開始的尷尬。將談話順暢當作自己的責任。

▶ 視情況而定，把傳統的緊緊握手，變成因應對象改變力道和節奏。別讓桌椅阻礙了你向對方親切地打聲招呼。

▶ 在你出現時，或是當別人加入時，率先和他人目光接觸。你可以假設他們跟你一樣，都不是很自在、相當羞怯，並且試圖營造良好的對話。和人打招呼時，告訴對方，你很期待和他們談話，因為……（說出真誠的理由），這有助於互動持續下去。

切記

- 希拉蕊·柯林頓（Hillary Clinton）說：「不論和誰見面，都表現出很高興看到對方。」或者，如同比爾·柯林頓（Bill Clinton）所言：「不論和誰見面，都表現出彷彿對方正端著一盤美味肋排。」
- 若你會面的對象來自其他文化背景，請務必敏感於握手是否適宜，也別擁抱對方。若你身處的文化偏好以碰觸手指向對方請安，那就這麼做。若你身處於習慣鞠躬問候致意的社會，那就請你鞠躬。
- 一旦你掌握了如何給他人留下良好印象的方法之後，你就可以影響別人對你的印象，這是和互動對象建立連結的好途徑。

案例研究1　先問一下是禮貌

我的母親曾說，醫院人員叫醒你，看看你是否需要來顆安眠藥，顯然不是最敏感的互動方式。反觀巴西的「快樂醫生」（Doctors of Joy）組織創辦人威靈頓・諾蓋拉（Wellington Nogueira）扮成小丑，示範徵詢許可的重要性：他用誇張的敲門方式和暫時脫下他的超大鞋子，問病患他可不可以進入病房？病患往往開懷大笑。其他醫生觀看諾蓋拉的行為，從中學習。不尊重他人空間的神聖性，是一種權力的主張。無論你想要把頭靠過去和鄰座同事說話，或是進入倉庫查看一下庫存，最好都先徵詢一下。

案例研究2　用行動破冰

一個軍人和一個小丑醫生有何共通點？他們都懂得展現尊重來建立連結。退休將軍傑夫・辛克萊（Jeff Sinclair）和我一起造訪印度齋浦爾沙漠（Jaipur Desert）的一個社區，此行目的是了解當地織工的生活，以及他們和地毯交易商的關係，這名交易商致力於促進供應者的經濟發展。從村莊走到地毯公司據點大約五分鐘的路程，這裡少有外來訪客，因此我們引起當地居民注目。

辛克萊將軍沒有直接走向會面目的地，而是停下腳步去接一顆板球，把球丟回給一旁湊隊比賽的孩子們，那些孩子咯咯笑。我也跟進，但是投了一記歪球給孩子，然後我們停下來，向他們自我介紹。在欠缺共通語言之下，辛克萊將軍走向本壘板，做出請求讓他擔任擊球員的動作，那些小孩發出開心的尖叫聲。

整個交流只進行了幾分鐘，然後我們前往正式會面地點。我們和小孩玩板球的趣味小插曲，已經被口耳相傳到那裡，為見面破冰，我們不再是陌生人。我們首先談論小孩、運動，以及尋找好學校的挑戰。等到我們進入主題 —— 這個貧窮小鎮的經濟發展 —— 時，他們視我們為真正關心的朋友，想更了解當地編織工人和地毯採購銷售商之間的關係。

17

懂得說故事

藉由劫持同事的右腦來建立連結

　　故事刺激分泌催產素，這是激發合作的神經化學物質。說故事引起情緒，促進同理心，增進連結。故事是一種原始形式的溝通，遠溯至我們的「平板螢幕」為洞壁的年代。透過故事，我們分享熱情、艱辛、悲傷和快樂，故事幫助我們找到意義。

　　神經經濟學家保羅‧札克（Paul Zak）的研究指出，人類處理故事的流程彷彿它們是真實體驗，聽故事的人和說故事的你一起感覺，和你契合。不論是一對一會面、團體討論，或是在台上說故事時，都是邀請你的聆聽者和你一起回溯過去或進入未來。分享一個故事形同在說：「我將用我本身的一部分信任你。」當你用真誠領導時，他人傾向追隨你。你上班時穿著的衣服是外形，你內在的故事

使你成為一個真人 —— 一個同事能夠產生共鳴、學習、結交為友的人。

　　故事提供秩序，而人類尋求確定性，敘事結構是人們熟悉、具有可預測性、感到自在的。在一個故事弧的脈絡中，我們禁得住強烈情緒，因為我們知道衝突必有化解，我們能用一道安全網去體驗與感受，我們能夠聆聽、吸收與理解新資訊，不會有尋常的心理防禦。

　　工作簡報有統計資料、各項指標、數字，吸引人們的左腦，但這種做法正在改變。誠如丹尼爾・品克（Daniel Pink）在《動機，單純的力量》（*Drive*）一書中所言：「右腦支配力是競爭優勢的新源頭。」**理性的吸引投入，靠的是刺激腦部；情感的吸引投入，靠的是打動人心**。有成效的說故事，能夠穿透我們的工作盔甲，讓我們成功建立連結，接著我們就能夠談正事了。

這項技巧適合你，如果你……

- 發現在座所有人似乎背景和見解大不相同。此時，該從建立純粹的「人性」連結著手。
- 在請求資源或一點點協助時，總是採用投影片簡報。
- 非常拘謹，令人覺得乏味。

如何採取行動？

▶ 用心思考一下：我為何關心此事？讓你的聽眾聽到你

的心聲，而非場面話。若最近發生在你家、辦公室的事件或新聞令你感動，和你想傳達的訊息有關，別害怕脫稿說故事。

▸ 從你的私人生活中，找一個簡短的故事。先向一位朋友講述，確定這個故事很合宜之後，才向公眾講述這個故事。

▸ 練習示弱。提醒你的同事或聽眾，雖然外表看來，你的生活光鮮亮麗，但你的成功之路其實犯過和他們一樣、甚至更糟的錯誤。你不需要把整個場合變成一堂心理治療，沒人相信（或喜歡）完美的人，別把自己描繪成一個無瑕可擊的人。

▸ 用心思考一下：他們為何應該關心此事？請求管理委員會投入更多資金於產品發展時，別細述現行制度何以行不通的種種理由，改為描述這些新增投資可以如何減少挫敗感，立即提高獲利。

▸ 分享你的體驗時，生動描繪你在體驗中看到、聽到或嚐到什麼，以觸發聽者的感官。

切記

● 你的故事必須真實，而且別太冗長或自鳴得意。
● 我們的大腦天生傾向忽略一些過度使用的字詞，所以請你避免陳腔濫調，以免失去聽眾。

案例研究1　是這樣的，我曾經混過幫派、坐過牢

「你會雇用你自己嗎？」

德魯發展了一項招募大學中輟生的方案，他正準備說服人資主管錄用大學中輟生擔任向來雇用大學畢業生擔任的職務，他正在找一個具有吸引力的說詞。德魯是人員招募領域的新兵，但他努力使自己顯得有見識，他說：「我想，一開場，我會問聽眾：『你會雇用你自己嗎？』」他的理由是，現今多數雇主訂定的人才招募標準，高於他們當年初入職場時的標準。不行，這種說詞行不通。好吧，那麼提出有關失業者暴力犯罪的統計數字呢？也不行，他們不會買單的。好吧，若他在開場時解釋「為什麼」呢？

德魯講述他的個人故事作為開場。高中時期，他是個運動員，體格健壯，在街坊受到敬重，於是被招募成為販毒者，加入幫派。後來，他被捕入獄，所幸只吃了短時期的牢飯。出獄後，他的教練的一位友人提供他一個機會，讓未受大學教育的他，受訓成為倫敦證交所的交易員。他誠實工作維生，工作改變了他的人生，也改變了他的母親和姐妹們的生活。如今，他是個自豪的父親，結婚已超

過十載。

德魯站在一群人資主管面前，成熟、有自信，口條清晰。他自己不說的話，你根本無從得知他從運動明星變成幫派成員，再變成交易員的人生歷程。他的故事打動了在座的人資主管，他們聽了德魯如何轉變生活的經歷之後，想要幫助他，也想要幫助他的新穎方案的應徵者。

案例研究 2　脫稿演出沒什麼，真情流露更動人

歐默拉意想不到她能獲邀參加新創公司研討會，她有八分鐘的時間可以推銷她的新創事業，接下來是她和另外四位創業女性共同參與的三十分鐘小組討論，爭取一筆創業獎金。研討會前，歐默拉不斷演練；在研討會上，她流暢地陳述她的創業實情和相關數字。她的美髮沙龍事業招募、訓練、雇用出身貧困背景的婦女，事業快速成長，令她引以為傲。

她的推銷精確，但這大概不是聽眾票選歐默拉贏得2萬5千歐元獎金的原因。歐默拉預期小組討論主持人會詢問她創立美髮沙龍事業的原因，因此她事先準備了一個回答──關於她在商學院時所做的

一項計畫，她的熱愛運動，以及每天運動後，她負擔不起洗護頭髮的費用。

但臨場時，歐默拉決定說出真心話。她創立事業的真正動機是，她媽媽單親，找不到工作，最後去一家髮廊當清潔人員，這令她感到羞恥。超過十年間，她母親靠這份乾淨、安穩，但沒有前途的工作養活她們家，從未能改善家庭財務。歐默拉靠獎學金上學，她試圖擺脫貧困出身。在小組討論會上，她公開講述她的真正創業動機。如此公開講述自己的故事，使歐默拉再度和她的創業初衷連結，也感動了她的聽眾。

18

不急著介入，給別人空間
別急著提出你的答案

　　採取行動是許多人在工作及私人生活中的自動模式，我們施加我們的意志，而不是讓事情自然展開。不行動是一個很困難的選擇，但我不是在建議你消極或刻意漠視，我是在建議你，有時候要刻意無為，刻意留點空間，讓別人發揮長處。別急著找解答，相信制度，讓團體有時間去迭代各種選擇或辦法。

　　生活於競爭的社會，我們學到的是成功需要幹勁、投入、果決，必須投注大量心力，必要的話，得用力去達成或取得我們想要的。但是，我們也可以考慮不同的做法，別總是用盡全力。

　　當脾氣上來時，當人人都想主張自己的觀點或爭搶資源時，我教導我的客戶考慮後退一步。但是，罩子要放亮

一點，若是緊急狀況，別當縮頭烏龜，推卸責任。然而，大多數的情況並非緊急狀況，觀察，等候適當時刻。有時候，你的參與只是增加噪音罷了。你或許有好點子，但是自視聰明的人，通常不只有你，等到騷動平息時，你可能會發現，團體已經得出一個完全合理的解答了。若他們還未得出一個完全合理的解答，此時你便可以發言，細述何以前面提出的解答行不通，說明你的點子為何值得一試。

若你是團隊較資淺的成員，當大家熱烈爭論時，你最好展現耐心。若你是經理人，不妨提供一段時間，讓團隊自行謀求解決。誠如一位睿智客戶教我的：「別在團隊一餓時，就馬上餵他們」，對他們解決問題的能力有信心一點，注意觀察，但別過度干預。

若你先袖手旁觀，讓別人想辦法，但最終仍有問題有待解決，此時你再出手，可能是最有利的時機。前洋基隊投手馬里安諾・李維拉（Mariano Rivera）就是個很好的例子，他的技巧總是留在最後幾局。「睡魔」（"Sandman"）總是及時上場救援，保住勝利——李維拉上場時，洋基主場都會播放《睡魔降臨》（"Enter Sandman"）這首歌曲。

這項技巧適合你，如果你……

- 總是認為，因為你能，所以你應該。
- 一直扛責任，像座燈塔不停照射迷航船隻。

- 被人們指責專權。
- 有胃潰瘍或磨牙的毛病。
- 不參與總是令你抓狂。

如何採取行動？
（在這一章是：如何不採取行動？）

▶ 在介入前，思考你這麼做，是為了改善結果，還是增強自尊？

▶ 把精力當成有限資源，妥善分配。

▶ 不要害怕「留白」，有時體制會自我修正。

切記

- 別把消極、漠不關心和刻意無為給混淆了。
- 留給他人行動的空間並不等同於委任，而是讓他人有站出來的機會。

案例研究1　超人好累，收拾披風

　　明俊來到我的辦公室，全身上下光鮮整潔，露出筆挺西裝的襯衫袖口，別著精緻的袖扣。他剛在四個國家成功開完六場客戶會議，從機場及時趕到我的辦公室。他嫻熟於風塵僕僕的差旅，這令他感

到自豪，不過在放鬆下來和我交談時，他承認自己精疲力竭。明俊總是隨時準備進入戰鬥狀態，追求他想要的成果；超人披風就藏在他的西裝外套裡，他隨時準備採取行動。若他被排除在活動核心外，那可是會惹他難過、生氣的。

經過十五年的危險高速運轉後，明俊的身體開始發出抗議。背痛和頭痛的問題，已經劇烈到難以忍受的地步，他終於開始考慮，他堅持不懈的控管和親力親為可能是不適當的。雖然明俊認為，他差旅全球各地的行動為客戶及同仁遞送活力陽光，但我們檢視證據後發現，他不放手讓別人主導，其實意味的是他往往帶去烏雲，遮蔽他的團隊同仁。我們決定，把明俊的長處重塑為魔力觸碰，不再是強力涉入。他不會開始縮減責任，但他將不再總是馬上插手救援，而是讓別人有機會多嘗試，有必要的話，他隨時可以伸出援手。這項改變使得他的團隊成員有更多曝光和肩負更多責任的機會，他們在工作上獲得更多意義。

案例研究2　不邀請，有時不代表不受器重

多隆是一家地產公司的法律總顧問，他覺得自

己不受器重，被排除在外。顧客上門時，他看到公司財務長、銷售主管和其他團隊成員進入會議室和顧客商談，卻沒有邀請他與會。他承認自己去找助理，拜託他們取得同事的行事曆，看到行事曆上那些沒有邀請他參與的多場會議之後，他很難過。公司付給多隆的顧問費相當優渥，同事也一再讚美他思路清晰，鼓勵他繼續發揮他的領導力。但是，有這麼多會議沒有邀請他出席，哪像是把他視為領導人呢？

我們檢視事實，發現這家地產公司的每樁交易，都會在諮詢多隆的意見後才繼續進行。每當情況變得緊張、棘手時，他們總是會找上多隆。他經常被諮詢關於公司文化的問題，碰上需要作出困難決策的境況時，他們也仰仗他提出不同觀點，而且總是認真傾聽他的意見。了解這些事實後，我對多隆的指導聚焦於施以「心智整脊術」——我們必須扭轉他的頭，改變他看事情的角度。

說不定，就是因為公司非常器重他，才沒邀請他出席數不清的初步會議呢？多隆往往對棘手的商業問題提出一流解方，說不定，公司和相關人員認為，他們應該先處理各種情境後，才諮詢多隆的專

業意見？這是有道理的，事實也確實如此。不讓多隆參與那些初步會議，其實具有策略上的重要性，因為把他視為有限資源，使他最後出現顯得更有力、更特別。經過這番分析，多隆了解他的情況：少即是多，稀有就是珍貴。

19

質疑負面思維
停止噪音汙染

> 我的腦袋就像個惡鄰，我盡量不單獨拜訪。
> ──安‧拉莫特（Anne Lamott），美國國民作家

　　我聽到我指導的一些執行長說：「我不夠好、不夠快，不夠聰敏」，表面上，他們看來是那麼從容、那麼有把握，但他們內心時常翻騰不已。這位看來很有自信的文青創業者也是如此，他不久前才在紐約市布魯克林區開了他的第三間咖啡店。他告訴我：「我的速度不夠快，大家都在抄我的點子，我離被法拍總是只差一步。」人們對自己說的話總是不中聽，在工作上，最具破壞力的對話，往往出現在我們自己的腦海裡。

　　外面的世界或許看似險惡，但使你失足的，往往是你的內在。有時候，我們太自然就陷入失望的狀態中，甚至毫無自覺。為了使你內在的惡魔安靜下來，你必須抓住你的負面思想，認知到是你自己在折磨自己，並予以回擊。

「善待自己」是句空洞的話，我們應該採取不同的方法：
「嚴厲待己」，別容許具有腐蝕作用的內心獨白左右了你
的情緒，要質疑你的負面思想。下列是認知行為治療的一
種速成法，很簡單，名為「ABC」。

正向思維練習：ABC

刺激事件
activating event

結果
consequences

信念與想法
beliefs and thoughts

　　一個事件發生（A），舉例而言，你在公司的「美味
蛋糕」產品線工作了六個月後，收到一封電子郵件，通知
你已經被調出此團隊，轉往「正念飲食」產品線團隊，並
且要求你在明天下午三點前往該團隊報到。收到這封信
後，你當然可以去問主管這是怎麼一回事，但你必須先控
制你的思想，才能進行強而有力的談話。

　　你可以有所選擇，選擇如何評估這個事件，選擇你要相信什麼（B）。你可以選擇相信，你被調走是因為（1）你的工作及努力未獲賞識；或（2）你的主管更喜歡另一個同事；或（3）這將是你被炒魷魚的第一步；或是以上三者皆是。這些信念的結果（C）是，你過了很糟糕的一晚，第二天很煩躁地去上班，對鄰座同事發脾氣。你發了一封不怎麼友善的簡短電子郵件給「美味蛋糕」的產品線主管；午餐時間，你選擇瀏覽徵才廣告，不和團隊一起去聽客座演講。你的這些反應在在顯示，你在應對壓力或變革時，很容易表現得剛愎、易怒。到了下午三點，該去「正念飲食」產品線團隊報到了，但你可能已經無法專注。

　　現在，試試不同的反應。若你改變你對這個狀況的評估（B）呢？你心想，我被調離這個產品線，是因為（1）我已經把接替我的人訓練好了，可以調往另一個更複雜的工作了；或（2）「正念飲食」產品線團隊主管欣賞我的工作表現，向組織要求我加入團隊，提供助力；或（3）我已經在零售食品部門發展出專長，可以承擔更多責任了。這種比較正面的評估，使你以擁抱新機會的心態上任新工作。你不會對同事或主管說話口氣差，你會出席團隊午餐，聽客座演講，學習新東西，鞏固自己是個有彈性的同事的聲譽。

　　你仍然不知道自己為何被調離「美味蛋糕」產品線，但可以確定的是，在第一種情境中，你的負面假設使你

陷入壞心情，而這對你的聲譽或任何遇上你的人，都沒有幫助。

這項ABC思維練習並不容易做到，需要花點功夫，但切記，**正向思維是可以學習的。責備自己或認為你不會成功，將導致消極和沮喪。你必須學會克制破壞性思想，成為自己更好的朋友、他人更喜歡的同事。**在工作上，當我們的內在環境擺脫負面假想時，就能夠產生更愉快的工作體驗。

這項技巧適合你，如果你⋯⋯

- 憂慮之牆從不倒塌。
- 花太多時間作不必要的揣測。
- 擔心你們公司。
- 總是往最壞的情境去想。
- 總覺得有什麼事情「不大對勁」。

如何採取行動？

▶ 思緒只不過是你腦袋裡的想法，未必是事實，你應該當成「可被檢驗」的理論。別說服自己相信情況不公平、有問題或即將爆發，向朋友和同事查核你的假說，事實是極有力的抗沮喪解方。

▶ 若你無法平息你腦中的破壞性思想，把它們寫下來，別讓它們在你的腦海裡不斷重複。隨身攜帶一本小筆

記本，抽空檢視這些負面思想，練習你的正向思維
ABC。

▶ 別沉溺於你的內心戲，請寫出至少三種看待某一情況
的不同方式。翌日去上班時，表現出彷彿至少其中一
種是正確的。

▶ 別習慣性地覺得自己受委屈，關注發生在自己身上的
好事。

▶ 傾聽腦海中正面的呢喃，試著把音量調高。有時候，
腦海中有聲音是有趣的事。

▶ 試著做些想像：打開你的心窗，讓負面思想飛出去，
別邀請它們留下來喝杯茶。若你忙著說：「我是個笨
蛋，我是個冒牌貨」，試著把這些話裝入一只想像的皮
箱裡，整箱丟進垃圾車。

切記

● 光是改變你的思維有時不夠，你還需要改變情況。

● 若你無法改變你的極端負面思維型態，你可能需要尋
求專業輔導。

案例研究 1　放下完美主義，贏得敬重

即將從倫敦遷來美國的一對夫婦前來尋求我的

輔導，美國裔太太對她的工作停滯不前感到沮喪，義大利裔先生道出他的觀察：「她善於贏，不善於休假。她凡事都得做好準備，這使得她總是處於焦慮狀態。就連烹飪時，她都要做到精準才行。有一天，我正在做義大利燉飯，我主管打電話來問我的意見，我一邊烹飪，一邊講電話。執行長並不是打給我太太，她就緊張不安了。她最大的敵人，就是她自己。」

追求完美會導致一種緊張力場，想讓安東妮特認知到這點並不容易。身為公司的地區營運長，她預期及因應棘手事件的能力向來受到肯定，但她總是擔心自己做得不夠，這使得她被視為不夠穩健，也傷害到她的成功。

我們進行了一系列的實驗，用實際結果來檢驗她的思維與假設，改寫她的內心獨白劇本。實驗結果顯示，安東妮特的理智必須承認，她在工作上表現得很好，關鍵挑戰在於：她必須以自信當權者的姿態面對他人。當安東妮特放鬆下來時，她的聲音似乎降了八度，她帶著更大的自信進入會議室，以更有把握的態度提出她的觀點。她的同仁感覺到她這種外在性格的轉變，大家都鬆了一口氣。他們這

位營運長不再那麼難相處，樂於處理同仁的疑慮，因此有更多同仁找她商議。

案例研究2　採取行動，打破誤解

　　班為他的律師事務所賺很多錢，他很討喜，非常聰明，人際關係極佳，在辦公室的評價甚高。但是，長久以來，他一直抱怨事務所裡沒有足夠的人才可以讓他委任工作，他很疲累，健康和私人生活都受到影響。班接洽我時，有點驚慌。在公司全員參與的一項敏感度訓練課程中，輔導員請他留下來接受私下輔導。他訝於得知，一位應徵他的律師事務所工作的女性詢問面試官，若是她和班共事的話，會不會愉快？因為她聽說，班不讓女性參與他接的案子。雖然沒有人正式指控班做錯了什麼，但是聽到這樣的評價，令他十分難過。他說：「我非常希望有女性律師參與我的案子，但我們事務所沒有水準合適的女性律師啊！我絕對不會刻意排除任何人。」

　　經過商談之後，我發現，雖然班從未作出排除女性參與案子的行為，但也沒有努力確保她們參與和晉升。班決定採取行動，改變這種情形，扭轉他

的聲譽。他要求加入事務所的招募委員會，發出信函給同仁，請他們推薦能力優秀的女性人選。他據理請求公司自外招募兩名成員，並且堅持要招募女性，更是親自接洽人才招募專員。他開始每個月提供一次指導課程，開放部門的任何同仁參加，並且親自寫信邀請較年輕的同事參加。班也指導較年輕的女性同仁，在他安排的客戶午餐會上率先發言，確保她們有發言和表現的機會。班沒有因為聽聞被誤解的評價而沉溺於沮喪之中，他選擇正面、積極的做法，為其他同仁創造機會。

20

擁有自己的觀點
建立有情報或資訊根據的觀點

我沒有特殊天賦，我只是懷有高度好奇心。
—— 愛因斯坦

接待來訪的一群主管，回答他們在長達約一小時提出的種種疑問後，巴西保險業巨人塞古魯港集團（Porto Seguro S.A.）的董事長傑米・葛芬柯（Jayme Garfinkel）反問他們：「你們有沒有看到什麼我看不到、但必須知道，以便作出明智抉擇的事情？」這是一項很好的提問，有助於為決策做準備。不論你位居組織的什麼層級，建立並持續更新有資訊根據的觀點，能夠使你成為組織的寶貴資產。若你只是一味重複人們已經知道的東西，很可能在公司變成一個可有可無的存在、一個乏味的同仁。所以，請勇於差異化自己，至少針對下列這些事做點功課：

- 了解對你們組織而言重要的主題，擴增你在這些主題領域的知識。

- 幫助公司和同事得知及注意他們應該注意、但未能覺察的主題。
- 針對你負責準備的材料，表達有資訊根據的觀點。

　　法國巴黎銀行（BNP Paribas）董事會成員費爾茲・韋克穆林（Fields Wicker-Miurin）認為，觀點就是來自特定角度的看法，若你能夠清楚陳述你的建議，讓人們知道你的立場，縱使他們不認同你的意見，也能夠激發健康的辯論。以開放心態看待他人提出的新點子或觀察，並不會消減你的意見的重要性。當我輔導亟需尋求建議的客戶時，我會幫助他們從指令接收者變成意見提出者，使他們成為能夠啟動討論、促進高品質交談的專業人士。前面多章談到了建立情感連結的重要性，在這種境況下，你有機會建立認知上的連結。我建議我的客戶別只是出現在主管的辦公室，也要記得問：「你的看法如何？我該做什麼？」我鼓勵他們在會見上司之前，先對要討論的情況多方設想一些可能的解決方案。畏怯於表達個人意見，可能會被人認為你太懶惰或能力不足，不用心做點功課！

　　同領域裡的一群人、部門主管或專家，很容易形成一種固定思維模式，經常採取強化版的定型心態，而非善用拓展思維與心態的語言。現在，有各種科技可以用來蒐集資訊，若你總是提出一些很明顯、大家都知道的資料，可能會損及你的聲望。還有，**你在尋找答案時，別只是靠谷歌搜尋，可以試試參加你目前專長領域外的研討會，閱讀**

其他學科的期刊，和你同溫層以外的人交談，然後把這些寶貴的見解帶回辦公室。

這項技巧適合你，如果你……

- 即將被組織裡的人視為更資深的同仁。
- 想成為一個大方幫助他人發展的人。
- 發現大家都使用相同的資訊來源，認為該是有所改變的時候了。
- 注意到團隊提出的解決方案，都是預料中的方案，欠缺新鮮感。

如何採取行動？

- ▶ 保持好奇心。利用旅行時間閱讀部落格，聽你專業領域之外的播客，下載電子書，或是帶本你想看的書，別總是看飛機上的雜誌。
- ▶ 想像你可以提出新知的時機點，事先演練如何把你要傳達的訊息陳述得簡單扼要。小心，別顯得誇耀你知道別人不知道的東西。
- ▶ 試著了解你不贊同的論點，社群媒體可以加一些持有相反觀點的好友或官方帳號。
- ▶ 訂閱每天或每週快速供應資訊的新聞匯集服務，務必取得你喜歡的媒體之外的多元化報導觀點。
- ▶ 閱讀一些有益的書籍，例如漢斯‧羅斯林（Hans Rosling）

等人合著的《真確》（*Factfulness*），該書推翻了人們對
於世界狀態普遍抱持的觀點。提出令人訝異的反直覺
資訊，幫助你的團隊增廣見聞，但別使任何人對他們
原先抱持的假設感到羞愧。

▶ 詢問你敬重的人，他們如何形成自己的意見，從何處
取得資訊或知識？

▶ 經常問：「有沒有什麼是我應該知道的？」保留足夠時
間聆聽回答，有必要的話，安排更多時間，充分了解
你的視野之外的東西。

▶ 和受到你倡導的策略及產品影響的人直接交談，把談
話中獲得的新觀點帶回你的團隊。

▶ 參與定義成功的流程。內部或外部客戶起初要求的東
西，未必是將幫助他們達成目標的東西，請你帶著一
個有根據的論點和自信，向他們建議另一種方法。客
戶或許不會改變他們的要求，但至少你已經激起建設
性的討論，作出你的貢獻。

▶ 在工作上適時教導別人新東西，幫助他們感覺更聰
明，變得更有見識。你在工作之外的嗜好或興趣，也
許能對你工作上正在處理的問題提供有趣的觀點。

切記

• 時機的選擇很重要，別在會議快要結束時，才提出你
的新資訊。也別在你的主管要下班或離開公司時，在

走廊上追著對方，要對方看看一場有趣研討會的手冊。

- 你發展出觀點或意見，並不表示你的想法是對的。總是檢驗你的觀點，保持樂於學習的開放心態。

案例研究1　主動提議，幫助客戶成功

　　瓊安是一家國際顧問公司的行銷主管，她教導她的團隊別只是回應客戶的要求，應該提出有助於他們達成目標的好觀點。她的徒弟艾娃支援的部門，專門為替代能源公司提供顧問服務，該部門主管總是很快建議應該出席什麼研討會，認為哪些媒體報導有幫助，以及他想會見這個領域中的哪些名人。

　　艾娃以往的做法是：在會議中做大量筆記，會後花一週時間研擬並提出計畫。「先用妳的腦，」瓊安堅持：「顯著的媒體報導，或許能夠提高個人自負，但不會幫我們公司賺錢。」她鼓勵艾娃去追查這個領域誰是高度影響力人士，並且辨識哪些主題未被討論，查查看哪些產業通訊媒體有最大的讀者群，發掘即將在未來一年推出的新替代能源產品。

　　艾娃遵循這些建議，在客戶會議前，研擬了一份行銷計畫，結果客戶會議的討論與結果品質大大提升。雖然她提出的點子不全都合客戶的意，但她

激發了更好的交談，改善她本身的專業聲譽，也對公司的業績作出明顯貢獻。

案例研究2　保持好奇心，展現專業智識

在輔導即將被晉升的主管時，我鼓勵他們成為思想領袖。兩家投資銀行分別請我為它們的女性主管打造領導力訓練方案，我們聚焦於積極訓練她們在和組織重大相關的主題上作出貢獻，藉此提升她們的專業風範、能見度與價值。每位女性都根據獨特專長，進一步精煉自己提出的建議。她們抽時間找跨部門領導人談話，學習他們如何思考、閱讀什麼素材、運用什麼工具來幫助自己作決策。雖然她們起初擔心這會被視為一種打擾，但是事實顯示，她們展現的好奇心，令那些接受訪談的跨部門領導人受寵若驚。她們訪談的討論內容包括新興趨勢、市場現況，以及對以往重大事件與時刻的解讀，展現出豐富的專業智識。當參與這項領導力培訓方案的女性主管被提名晉升時，許多管理高層已經接觸過她們，看過她們如何鎮定自若，以理性的方式、而非理想導向的態度處理資訊，這幫助她們取得支持晉升的必要選票。

21

別堅持自己凡事都對

相信我，我不會錯的

> 若你從不改變你的想法，那又何必有顆腦袋？
> ——愛德華・德・波諾（Edward de Bono），
> 心理學家暨醫學博士

不堅持自己凡事都對，有助於維護你的聲譽，也幫助提高他人的聲譽。若你非常害怕自己犯錯，這就是一項警訊了，顯示你有很大的錯誤：過度執著於絕對正確，而這是缺乏安全感的徵兆。若你想展現你的力量，確立你在團體中的地位，你應該承認你的所知有限，並且好奇看待反對意見。剛愎自用，閉上耳朵，雙臂交叉，排拒新資訊，這些姿態顯露的是脆弱和害怕。

捍衛自己的意識形態、難以和他人理性溝通者，將付出沉重代價，可能會被孤立，周遭同事將胡謅或破壞他們的成果。

當你想要凡事都對時，你很可能把真理和事實給混淆了。誰的真理？若兩種不同的觀點分別都符合真理呢？何

者更正確？或者，若我正確的話，是否就代表你錯了呢？
我們當中有許多人生長於強化答案只有對錯二元論的教育
制度下。現今的職場愈來愈專業化，當我們受雇為專家
時，往往很難去思考另類事實，尤其當另類事實的提出者
並不具備提出意見的制度地位時，然而他們提出的觀點可
能非常有價值。你是組織的高層嗎？若是，部屬更難質疑
你，在這種情況下，不堅持自己凡事都對的態度就更為重
要了。

　　你很有抱負，渴望獲得晉升嗎？有時候，縱使你顯然
正確，也別霸占著鎂光燈，別總是想要為你的觀點搶功
勞。若他人提倡的意見和你的意見相同，而他們受到注
意，那就支持他們，讓你的隊友獲得讚賞吧，你的大方將
被感激。當團隊致力於一個你相信的解方時，你的輕鬆自
信，將會提高你的吸引力。

　　有時候，你確實錯了，你只需要承認「我錯了！」感
受一下這種簡單認錯帶來的甜美輕鬆吧。不願認錯，可能
導致傷害。想要團隊或主管對你的能力有信心，這是很自
然的事，所以你會尋求展現你所有的知識，若一切都正確
無誤，那當然很好，但這是不可能的，犯錯在所難免。例
如，你可能作出錯誤判斷；你可能為了省錢，把合約簽給
一家比較缺乏經驗的供應商；活動籌辦者未能準時把桌子
布置好；天公不作美；你的外包夥伴沒有查看手機訊息。
當你試圖隱藏錯誤時，情況就會失控，最好還是全盤供

認。你為了建立優質關係而做的一切努力，很可能因為你不承認一項錯誤而遭到破壞。

這項技巧適合你，如果你……

- 拚命想要事事做對，彷彿你的工作飯碗就靠這個了。
- 你們辦公室不容許犯錯。
- 生活在回聲室裡，你的社群媒體、消息來源，以及你閱讀的素材，都是觀點和你相同的人撰寫的。
- 是主管，認為部屬只要接受你的指令就好了。
- 在團隊中，你是資歷較淺者，急於展現你所知道的一切。
- 在以往擔任的職務中，「他們」做得更好。
- 當別人質疑你時，你的音量提高。
- 當別人請你對你的意見或行動作出解釋時，你覺得這是一種羞辱。

如何採取行動？

▶ 別駁斥，嘗試用加法。即興喜劇表演的第一法則稱為「是的，而且……」，例如，你起了個頭，說：「嘿，浴室裡有一隻紫色猩猩」，接下來，說「不，沒有呀」就是一個錯誤的回應，一駁斥，這齣戲就演不下去了。若改為肯定的回應：「是啊，而且我試圖把牠塞進浴櫃裡，但櫃裡被你的藥占據太多空間了」，這就變得有趣了。

▶ 對其他觀點進行討論，別要求別人接受你的觀點。有

時候，他人的看法或反對論，可以為你的主張補充複雜或細節部分。

▶ 切記，你的觀點正確，並不一定代表他人的觀點錯誤；同理，你的觀點錯誤，他人的觀點也未必正確。所以，享受共同探索的過程。

▶ 對你的錯誤當責並致歉（若你需要這方面的協助，第33章教你如何道歉。）

▶ 到了一個時點，討論結束了，縱使仍然存在歧見，團隊及你應該支持最終決策。總結反對觀點，以示這些觀點被聽見了。接著，提醒團隊，最終決策已經作出。

▶ 表達強烈意見的人，內心可能仍然有點害怕，擔心自己的想法有錯，他們其實可能比起初看起來的樣子更開放於討論。儘管某人堅信你的觀點是錯的，你仍然可以徵求進一步探討你認為可能正確的觀點。

▶ 檢視你是否創造一個不容犯錯的工作環境。這樣的話，縱使是團隊中最資淺的成員，也可能取笑犯錯者，或是對犯錯者說三道四，導致討論關閉。

切記

• 別因為你對自己的意見過度有自信而不邀請或不注意別人的不同觀點。有時候，反論（縱使是錯誤的論點），可以為你的主張／構想補充複雜或細節部分。

• 千萬別說：「我早就跟你說過會這樣了！」

案例研究1   你的出發點或許正確，但是方法錯誤

謝娜是一個陶藝協會的經理，這個協會比較自由，但她的行事風格有點太嚴格。負責督導交易場的她，堅持所有產品必須上至少五種顏色，「這樣才賣得出去，」她說。出口市場的確對色彩鮮豔的陶藝品反應較佳，但沒有一定的規則，主要還是看作品的獨特性。

被選派接受管理訓練，謝娜感到驕傲，她堅持她的管理方法，哪怕這意味的是，她必須計算每件陶器上的顏色數目。但是，這種管理方法惹怒了藝匠，她們覺得受到侮辱；她們了解要求，但是想以自己的方式遵從這些要求。對謝娜而言，她不能接受缺乏標準化，她對這些農村婦女的「無知」愈感挫折。謝娜堅持她的獨斷規定，不尊重她代表的這些女性藝匠的個性。這些藝匠為了表達她們的不滿，便製作出顏色數目符合謝娜的規定，但完全沒有融入想像力的陶藝作品。直到謝娜被提醒她的最終目的為何後，她才停止自己那套僵化的鑑賞方法，這些藝匠也恢復製作優秀的陶器作品。

案例研究2 兩人都對，角度不同

賈梅爾和拉吉特任職同一公司的不同地區辦公室，直到不久前，所有辦公室各自記錄盈虧，但新上任的高階主管想要所有辦公室的盈虧合併記錄。賈梅爾說：「這樣的話，我無法激勵我這裡的員工」，他負責的北部地區的獲利，一向高於拉吉特負責的地區。拉吉特的回應是：「我們是一家公司，薪酬是根據我們合計的年終盈餘，你為何不讓你的部屬看到我們整個組織的實際盈餘呢？」

賈梅爾平息怒氣之後，建議製作一份當地盈虧報告和一份全國盈虧報告，這樣就能夠讓大家看出哪個地區對公司的獲利作出了傑出貢獻。事後回顧，這個解方好像很容易，但實際上，歷經多個小時的辯論之後，賈梅爾才接受拉吉特的要求並非不合理。

第四部

提高忠誠度

工作和人有關，不論你的辦公室處於玻璃帷幕摩天大樓，或是你父母家中的車庫，你都無法獨自達成目標，你需要同事、合作夥伴和客戶。想要使你的同事盡最大努力，你需要的不只是錢，你得善用激勵他們的因子。

在處理待辦事項時，你很容易忘記他們 —— 你的同事。接到你的最新工作要求的同事，可能因此無法去觀看孩子的足球賽，或是必須取消約會或犧牲睡眠，只為了幫助你在截止日期前完成工作。同事向你提出的疑問，或許跟手邊的計畫有關，但他們詢問自己的疑問是：「我重要嗎？」，「我的工作重要嗎？」具有感染力的正向團隊文化的核心是：團隊成員之所以努力，是因為他們關心，並且覺得他們受到關心。首先，請把你的同事與合作夥伴當成人類同胞，預期他們的需要，這是促使團隊團結的黏著劑。採取寬宏、慷慨的心態，樂於幫助他人，展現相互承諾。為同仁的工作釐清脈絡，減少不必要的壓力，幫助事情做得更好，大家更成功。

別被「使命導向工作」這個概念嚇到，我們的所作所為背後必然存在一個「為什麼？」（動機）。花點時間想想你的「為什麼？」，別害怕告訴同事你的

「為什麼？」。安排時間開心慶功，這可以提振辦公室的氣氛。

這一部的建議適合你，如果你……

- 想讓每一天都重要。
- 認為該是強化團隊關係的時候了。
- 周遭的人都是做好事的好人，但沒人感覺那麼好。
- 長程目標遙遠，需要設立過程中的里程碑。
- 發現聒噪、需求高的團隊成員激起過多關注。
- 覺得工作缺乏樂趣。

22

釐清職務角色
提供脈絡與職務權限

世界是座舞台，所有男男女女都只是舞台上的演員。
—— 莎士比亞

　　我們穿著工作服，在辦公室工作，盡我們的職責。雖然我鼓勵人們展現真我，不只是扮演好角色，想讓人們表現出最好的一面，必須讓他們清楚工作期待，以及他們的工作權限。我看到不少客戶想要做更多，又擔心被他人視為抓權，或是逾越了他們的職務角色。前線工作人員有時得控制自己，不願提出有創意的解方，是因為他們擔心這麼做，會被指責為破壞規定。

　　蓋洛普2017年對195國250萬支團隊進行調查後，發布了「2017年美國經理人狀態報告」（Gallup's State of the American Manager 2017）。這份報告指出，職務角色的釐清，有助於增進成功、減輕壓力，是最有助於提升團隊效能的實務之一。**訂定明確目標使員工得以管理他們的時**

間，引導他們聚焦，**這在小型企業或任務導向的組織尤其重要，因為在這類組織中，員工可能肩負太多工作，極易精疲力盡，失去熱情。**當職務角色模糊不清時，關係品質就會下降。我指導的經理人常說：「妳所謂的『職務角色不明』是什麼意思呢？他們全都有職務說明啊！」職務說明是一項必要條件，但並不足夠，因為它們往往只是招募員工時使用的資料說明，並非團隊職務角色的確實定義。因應計畫與工作需求，團隊的職務角色，經常必須再調整與定義。

　　組織的設計始於組織架構圖和職稱，一旦各項職位填入了真人以後，他們的個性不會輕易調適於職務框框內。通常，在這個時候，組織會聘雇我去做「心理清理」的工作。因為人性很自然地想對一個職務加入個人風格，很多時候，這麼做會對工作挹注更大意義，但員工或經理人對職務角色逕自作出過多修改，將導致職務角色變得不清晰明確，突然間，我的職務範圍滑動，影響到你的職務了，我們兩人變得不確定誰負責什麼。在這種情況下，脾氣就來了：「他以為他是誰啊！」，多疑心可能也產生：「為何我的職務範圍縮小了？他們是準備解雇我嗎？」所以，必須盡可能讓每個人的職務角色和經理人的角色明確。

　　你無法想像我的客戶中，有多少人不確定自己真正的主管是誰──好吧！若你有過類似經驗，或許可以想像。某甲被稱為他們的督導，但某乙的行為卻像他們的上

司，兩人下達的指示又未必總是相同，常常搞不清楚到底
該聽誰的？在矩陣型組織裡，這種不明確性更嚴重。舉例
而言，莎莉是芝加哥市的高級跑車業務代表，她的營收呈
報給中西部地區經理，但她出席由豪華車部門主管主持的
會議。中西部地區經理要莎莉這個月努力推銷，因為年底
到了得衝業績，但在此之前，豪華車部門主管才告訴莎
莉，設法拖到下一季再成交，因為他想營造一種稀有感，
藉此抬高價格。想想看莎莉有多頭痛，到底該聽誰的？若
這樣的情況對你來說並不陌生，請讓你們公司的「莎莉
們」保持頭腦清楚，明確知道公司對他們的工作期待。

這項技巧適合你，如果你……

- 團隊得出的工作成果不甚理想。
- 未能在截止日期前完成工作，疏漏了許多細節。
- 常用「這不是我的工作」當作不參與的藉口。

如何採取行動？

▶ 在團隊會議上提供清楚的行動步驟，明確指派負責
　人，並包含一個期限。

▶ 推出一項新計畫時，現在投資時間，可以節省未來的
　時間。召開專案啟動會議，再次檢視誰應該在何時之
　前完成什麼。若有責任重疊的部分，討論由誰負責。

▶ 確定每個職務擔任者及其他團隊成員清楚各自的職務

期待。可以考慮製作一份備忘清單，載明「若……，應該找誰。」

▶ 製作RACI表：每當推出一項計畫時，或是檢討正在執行中的計畫／工作時，集合全團隊，填寫下列的RACI表。每個人必須向其他人提供自己的RACI表，讓大家清楚誰是一項工作的最終當責者，因為此人未必是負責執行工作的人。人員往往對必須諮詢的對象（例如，必須溝通並取得回應的對象），以及只須獲得通知的對象混淆不清。事先釐清這兩群同事，有助於減少電子郵件的混亂。

負責者 (Responsible)	負責完成這項工作的人；執行指派的工作
當責者 (Accountable)	為流程或工作的完成最終當責
諮詢對象 (Consulted)	沒有直接參與執行，但應該被諮詢者；例如，某位重要利害關係人或領域專家
知會對象 (Informed)	流程或工作成果的接收者，或是需要持續告知進度和成果的對象

▶ 試試肯・布蘭查（Ken Blanchard）在《新一分鐘經理人》（*The New One Minute Manager*）一書中提出的建議：「把每一項目標分別寫在一張紙上，整個敘述只須花一分鐘的時間閱讀」，讓員工清楚知道期望。

▶ 若你是一個矩陣型組織架構的兩位督導之一，你應該花點時間和另一位督導及你的直屬上司會商，釐清並調整工作期望。

▶ 對於公司內部職務輪調的人，必須清楚設定舊職務角色何時完成，新職務角色何時開始。

▶ 避免曖昧的權宜之計或取巧做法，因為這可能忽略公司政策，傷害被指派執行工作的人。很多主管會讓自己的愛將或表現優異者多承擔一些責任，請你避免這麼做。若情況容許對職務角色作出改變，應該透明化處理，避免導致不必要的困惑與競爭。

切記

● 若你推出一項新計畫，但還未定義職務角色期望，你應該說：「目前還沒有明確的指導方針」，這樣就是容許大家實驗，控管與負責他們的成果。

● 你的意圖或許良善，但若你擴大了某個員工的職責，卻沒有向其他人溝通這項決定，很可能會傷害你和這位你試圖幫助的員工的聲譽。

案例研究1　我有這項職權嗎？

我和一家營收數十億美元的地產公司的新任營

運長席德會面，他的初期績效評量很差，他被形容為就像急診室醫生，被動地對不健全的實務作出反應，而不是主動消除問題。我問他遭遇到什麼阻礙？他說缺乏清楚的優先要務，沒有每週召開管理委員會，未遵循程序。我說：「這就是你的工作啊！」席德說，一開始，他也是這麼想，但公司執行長的行動使他相信，他沒有職權建立及落實這些必要紀律。我把席德的困惑轉告該公司執行長，執行長立刻釐清對營運長職務的期望，並允許席德在必要時，可以打破一些成規，包括若她作出不好的示範，可以對她直言不諱。

案例研究2　放輕鬆！這不是你的工作

有時候，人們需要被允許少做一點。在某家餐廳的訓練課程中，「向上銷售」是一項必學技巧，這導致服務人員娜塔莉變得像舌頭打結了一般，不知所措。她以為，管理階層期望她現在應該引導老主顧點更貴的葡萄酒。她以往總是展現友善風格，現在則是變得緊張、不自然，因為她不善於向顧客談論葡萄酒的香味、單寧酸、果味。在被告知管理階層只是期望她親切地向顧客介紹餐廳的侍酒師之

後，娜塔莉放鬆了。她恢復個人魅力，透過侍酒師的葡萄酒專業知識，餐廳的業績確實變好了。

23

把工作和更大的使命連結起來

背後總是存在一個「為什麼？」

> 人性的最深層欲望，就是想要成為重要的人。
> —— 約翰・杜威（John Dewey），美國教育家

　　你總是在鬧鐘響起前就跳下床，熱情洋溢、興沖沖地去上班？太棒了！記得和你的鄰居分享你的祕訣。但是，若你連按了兩次鬧鐘貪睡鈕，喝了兩杯咖啡，還是拖著沉重的腳步去上班，心想：「我重要嗎？有沒有我，有差嗎？有人在乎我有沒有去上班嗎？」那麼，這一章就是為你（和你的上司）寫的。

　　我們不是天性愛賺錢，在《如何避免聰明組織幹蠢事》（*The Human Equation: Building Profits by Putting People First*）一書中，作者傑弗瑞・菲佛（Jeffrey Pfeffer）檢視對數十個產業所做的研究調查後得出結論：提供富挑戰性且具有意義的工作的公司，比那些把員工當成生產機器上的輪齒的組織更賺錢。金錢無法買到意義，但是工作可

以提供意義。把我們的工作連結至更崇高的宗旨，可以在人才招募和生產力方面產生有意義的差別。麥肯錫公司（McKinsey & Company）的研究報告指出，搶手人才選擇任職於具有激勵人心使命的公司。貝恩策略顧問公司（Bain & Company）調查全球300家公司後得出結論：一名受激勵的員工所創造的產出，等於2.25名對工作滿意的員工所創造的產出。

　　下列這點就弔詭了：在使命導向的組織，單調的日常例行性工作，可能使員工覺得和最崇高的目的很疏遠；反觀那些執行平凡職務的工作者，可能因為知道他們的工作對最終使用者有影響而受到激勵。沒錯，比起那些審核平價住宅的社會工作者，製造管材、讓人們獲得可靠衛生設備的工廠勞工，工作時腳步可能更歡快。

　　組織行為學家丹尼爾・凱博（Daniel Cable）在《激活：幫助員工熱愛工作的神經科學》（*Alive at Work: The Neuroscience of Helping Your People Love What They Do*）一書中解釋，當受到刺激而分泌多巴胺（當我們獲得快樂體驗而分泌的好感覺化學物質）時，可以使員工變成志願軍。多巴胺會改變我們對時間的感知，當我們被「激活」時，就會感覺時間飛逝。不幸的是，聚焦於無瑕疵重複性的組織流程，往往阻斷了工作者的活力荷爾蒙分泌流，所以組織應該設法消除單調，把工作變得有生命。

　　賓州大學華頓商學院教授亞當・格蘭特（Adam

Grant）指出，收到內含病患照片檔案的放射師撰寫的報告長了29％，診斷正確度也高出46％。把自己視為保護病患的第一線人員，使這些在暗房、且往往是獨自工作房中作業的專業人員，更能以同理心站在病患的立場去設想與執行工作。巴西的「快樂醫生」組織創辦人諾蓋拉也有相似體驗，當一家巴西兒童腫瘤醫院的病童來到醫院廚房造訪廚房裡的工作者時，這些料理餐點的工作者意識到，他們也是治療團隊的一分子，確保用營養來幫助照護癌症病童。此後，他們在工作上的失誤減少了，工作速度也加快了。

比起聆聽領導人精神喊話，讓工作者接觸其工作受益人，效果更好。這是好消息！**我們不需要等待上司來提振我們的工作士氣，我們需要設法和客戶及服務對象建立連結，走出去，接觸他們。**

我們也需要從自動化工作狀態中暫時抽身出來，思考自身的成就，分享我們創造影響力的故事。研究顯示，我們鮮少在工作當下感受到意義，通常是事後看到完成的工作、回顧歷程時，才會思考並認知到工作與成果的意義。掃街人員在掃完一整條街後，看到乾淨的街頭時，體認到自身工作的意義和重要性。園丁完成工作後，回來看到顧客後院裡花朵盛開，或是花朵被插在餐桌上的花瓶裡時，感覺自己像個藝術家，而不是鞋子和雙手沾滿泥巴的人。先從建立人際連結開始，再和使命連結，這是組織活力的

可再生源頭。

這項技巧適合你，如果你……

- 覺得自己像一個砌磚工；實際上，你正在打造一座大教堂。
- 認為薪資無法衡量你們團隊為了完成工作、創造成果而揮灑的血、汗和淚水。
- 錢不多，原本熱情高昂，但最近好像忘了為何要做這有時令人生厭的工作。
- 朋友的工作很有趣 —— 唉，我是怎麼了？

如何採取行動？

▶ 建立正面意義。介紹他人時，多著墨一點他們的工作，說明在達成更大的目標中，他們的工作有何重要性。別只是說：「這是梅格，我們的夜班經理」，試著這麼說：「這是梅格，我們飯店是晚上九點以後抵達的旅客訂房人數最高的飯店，這都是她的功勞。」或是：「讓我介紹一下泰瑞，他負責督導我們的計程車維修站的維修作業，確保計程車都能安全上路。」

▶ 向同事提議幫忙編輯他們的自傳。你編輯出來的版本，可能不像他們自己寫的那麼謙虛，你也可以明確指出對方對你們組織的較大使命作出了什麼貢獻。

▶ 考慮辦一場交流會，讓團隊成員輪流訪談、述說工作成

果，並且鼓勵他們在網路上互相寫些好話。看到自己的好評、獲得更多肯定，你的同事肯定能夠提振自信。

▶ 在公開場合做自我介紹時，用正面、肯定的表述提及你們團隊。例如，你負責電影院自動販賣機的 B2B 行銷嗎？你可以介紹自己是個娛樂媒介，你們團隊確保觀眾能夠享有一飽眼福、又有口福的夜晚。

▶ 幫助他人介紹你。確定他們對你擁有正確的了解，能視場合掌握重點。你十分驕傲自己雇用榮民嗎？你們公共事務委員會有三名以上的女性嗎？這不僅僅是一種驕傲，也在提醒在場的團隊成員，他們都是公司的一分子，可以協助驅動改變。若你覺得介紹人沒有把你介紹好的話，沒關係，你可以自己補充幾句。例如：「很榮幸代表我們部門訓練的所有物理治療師講幾句話。我們很感謝各位支持，也很驕傲今年有過半數的病患，在來我們診所三個月內完全康復。」

▶ 若有機會，請你一起介紹在場的同事或團隊，說明他們的角色如何幫助你們組織達成使命。

▶ 進行實地考察。你在募款，想為貧窮社區的居民提供眼鏡嗎？安排時間造訪這些社區，聽聽看若視力獲得鏡片矯正，如何有助於當地婦女做裁縫賺錢，買新鮮食物給家人吃。你也可以再找時間和這些人的孩子聊聊，了解他們的父母在視力獲得改善以後，他們的生活如何改變。

▶ 開會時，留點時間讓大家進行交流。例如，如何解除顧客的緊張情緒？如何確保緊急藥品送達？如何發現產品上市前的錯誤？你可以先示範一下，幫助大家抓到訣竅。

▶ 稍微踩一下煞車，想想你們已經達成的成果，以及它為更廣大的人群帶來什麼益處。

切記

● 研究顯示，工作中令人感覺有意義的時刻，並不是領導人創造的。但是，不當管理是工作意義感的頭號殺手。

● 在辦公室張貼使命宣言並不夠，你必須幫助同事建立個人連結，讓他們知道他們的工作為何重要。

案例研究 1　為了別人，有時可以讓我們變得更好

自謙為舞台設計師的賀博，自稱為時裝攝影界的「包通達人」（Roto-Rooter），也就是你在緊急時刻可以叫來幫忙的人。他認為，在追求藝術境界的時候，他是個很有創意的問題解決者，但是時間和金錢總是有限。他的名聲很好，但他不知道該如何開價。他的工作室有很多新進設計師，都把他當成模範。

賀博想讓他的團隊成員有接案和賺錢的機會，以便最後能夠獨當一面。於是，他改變自己的角色，從幕後的「解決問題先生」，變成創意團隊的推廣人。有了這項使命，賀博變得更積極為自己和其他設計師談接案價格；畢竟，他的工作室是年輕人才的培育中心，他索取的費用不僅是為了搭建舞台，也為了培養下一代的藝術家。

案例研究2 適時抬高他人，能讓別人對你的印象更好

我必須和各位分享下列這則便條內容，這是寫給我先生的。

「我在看臉書時，看到了一條動態回顧：『六年前的今天……』，內容是我受雇於這間公司大約六個月後，我寫的有關於你的事情。『我今天去洛克菲勒中心（Rockefeller Center）參加一場派對，遇到我上司的上司的上司。你猜，他在介紹我們時說了什麼？他說：「喔，妳就是凱拉啊（不是真名）！謝謝妳做的一切！」然後，他向另一位看起來像高階主管的人說：「要跟她做朋友哦，她管我們所有的錢！」真是太棒了！』當時，我徹底被灌了迷

湯……你的領導風格，以及你對團隊成員的和藹、真誠，樹立了很棒的楷模。我永遠忘不了這件事！」

24

給別人時間當贈禮

因為大家都太忙了！

美式足球超級盃的半分鐘廣告費用是 500 萬美元；很多工作者的薪資按時計算；律師的收費則是按分鐘計算。時間就是金錢，時間也是力量。

當你讓我等候時，你形同在告訴我，你的工作與需求，比我的工作與需求還重要。那個設定截止日期或宣布何時可以下班的人，對你的工作和私人生活造成重大影響。共同行事曆讓同事在未事先諮詢你的情況下，安排會議時間，改變你完成工作的節奏。電腦計算著你回應顧客電話的速度，工廠設備記錄一筆訂單的處理速度，休假、病假等，也全都列入紀錄。工作賺錢，往往意味著把你的時間控管權交出去。

很多客戶告訴我：「我沒有時間思考」，但他們被

期望要能夠策略性地採取行動。心理學家羅伯特・雷文
（Robert Levine）的研究發現，經濟強盛的國家比較重視
效率，但也富有挑戰：當我們崇拜忙碌或相信分秒必爭
時，很可能會損及創新和身心健康。

　　蓋洛普2017年對250萬名美國人所做的調查結果顯
示，感覺有足夠時間做自己想做的事 —— 亦即「時間充
裕感」（time affluence），人數創下新低紀錄。哈佛大學心
理學家艾希莉・威蘭斯（Ashley Whillans）在《哈佛商業
評論》發表的〈快樂時間〉（"Time for Happiness"）一文
中寫道：**「所有經濟階層都存在時間貧乏現象，它的影響
力很大。時間貧乏者感受到較高程度的焦慮、沮喪和緊
張，他們比較少笑，比較不健康，生產力降低。」**

　　把時間當贈禮，對個人和組織有益。這種贈禮有許多
形式：給予幾個月的時間去探索一項熱中之事，或是給予
幾天休假，甚至給予寶貴幾分鐘的時間。美國的大學提供
教授學術休假（sabbatical），這是行之有年的措施：在任
教七年後，可享有一學期的休假，這是專心做研究、寫
書，或者只是休養生息、恢復精力的好機會。企業界也流
行起這個做法，《財星》（Fortune）雜誌評選的「全美百
大最佳雇主」中，有四分之一提供員工給薪長假，讓他們
去探索熱中之事。

　　也有一些組織不是提供幾個月的長假，而是每週給
予一些時間，讓員工去做他們感興趣的實驗或計畫，3M

公司的「15％時間」政策是領頭羊。1974年，3M的科學家亞瑟‧佛萊（Arthur Fry）利用這個機會，把黏膠塗在紙上，發明出一種完美書籤。就這樣，非常賺錢又方便的「利貼」（Post-it）誕生了。其他企業也跟進採取這項實務，同樣獲得不少賺錢的創新點子，例如，Gmail和Google新聞就是谷歌員工在他們的20％自由計畫時間中發明出來的。

你可能會想：「是啊，大公司能為員工提供這種自由時間，但我們公司很小呢。」別因此就全盤推翻，運用點創意思考吧！我曾被封為「瘋狂準時經理人梅蘭妮」，因為我主持的會議有明確議程，注意及掌控各項討論的進度，確保會議總是準時結束，甚至提前結束。這是一種尊重的態度，你也可以檢視你們的會議結構，看看能否多挖出幾分鐘。若你是中階經理人，你的工作時間可能約有35％花在開會；若你是高階經理人，這個比例將上升到至少50％。美國人每年浪費超過370億美元在無生產力的會議上，你真的需要開所有的會嗎？會議需要開那麼長的時間嗎？若是議程已經完成，不能提早結束嗎？

把沒有用完的會議時間還給你的同仁，感謝他們的專注，讓他們能夠利用這些「多出來」的時間完成別的工作，或是彼此交際，甚至提早下班。想讓你們辦公室變成一個快樂的工作場所嗎？把時間還給同事吧。

這項技巧適合你，如果你……

- 所有會議都安排在整點開始、整點結束，會議與會議之間沒有休息時間，導致一個延遲、所有會議都會延遲。
- 想在每天的工作時間插入幾個休息時段。

如何採取行動？

▶ 可以把會議時間設為45分鐘，而非一小時，這可以讓人們在會議與會議之間有個短暫的休息時間或空檔。你可以主動發起這種做法，讓它變成一種趨勢。首先，在發送行事曆邀請時，主題寫上「用45分鐘會議來討論……」，然後請你務必堅持，會議只開45分鐘或更短的時間。

▶ 嘗試站立會議。我所謂的「站立」，不是指直挺挺地站著開會，而是指「不要坐著」。站立會議比較短，而且更專注。當你站著、和同事如此靠近時，你很難多工作業，一邊開會一邊做其他事。

▶ 準時開會，讓遲到者自己設法補上落掉的開會內容，不要每次有人遲到進來，你就「倒帶」一次。這麼做，那些遲到的人就會明白，你不會等他們，而那些準時到場的人也受到尊重。

▶ 鼓勵人們開會時收起手機和個人電子裝置，有效率地專注於會議的討論，而且還有可能提早結束會議。可

能的話，使用視訊會議，而非語音會議。當同事能夠看到彼此時，比較難在會議上多工作業。

▶ 善用白板上寫的或紙本的行事曆，讓大家能夠「看到」時間。用手機或電腦上的月份行事曆，比較難真正感受到工作節奏。

▶ 發起「無會議日」，例如，把週三訂為無會議日，這樣所有人都可以專心工作。

▶ 考慮對剛完成大案子的員工給予休假獎勵，取代花大錢的公司聚餐。

▶ 確保同仁把年假休完，光是訂定「未休年假逾期將自動歸零」的政策並不夠。那些過度投入與用功的團隊成員，可能會努力到把自己給累垮，所以要有機制提醒他們休假。允許賣力的員工暫停工作，休息一下。

▶ 自願協助確保會議準時進行和結束。就算你不是主管，也可以自願協助管理時間。你可以在會議進行中，禮貌性地舉牌提醒時間，知時間還剩下多少，以便同事對剩下議程作出必要調整。

▶ 練習留有餘裕。別把會議或活動行程排得無縫接軌，與會者需要一點時間喘息，有機會可以和同儕聊聊天。

切記

● 不論什麼組織層級與職務，人人都喜歡時間這項贈禮。在一個不忙碌的週五，給櫃台同事一個驚喜，讓

她中午休息時間可以外出。或者，問問你的主管，你可以幫什麼忙，好讓他今天可以提早下班。

- 遠距工作者無法看到鄰座同事正在休息，所以當你暫作休息時，請用語音提示遠距工作的同事，你要稍微休息一下。

案例研究1　這一分鐘獻給你們

每個小時的第59分鐘，悅耳的音樂響起，整個辦公室安靜下來，正在和客戶講電話的員工也停止交談。巴西聖保羅的全爵士傳播公司（Full Jazz Communications Group）創辦人暨總裁克莉絲汀・卡瓦荷・品托（Christina Carvalho Pinto）說：「我們團隊貢獻這麼多時間在工作上，每個小時我可以還給他們一分鐘。」

這個方法很有成效，而且具有感染力。這一分鐘的時間，創造了改變。起初，有點像在打斷，接著就變成一種奢侈享受。到了第45秒，感覺時間長到有點令人不安，到了第58秒和第59秒時，感覺精神恢復了，可以用更清晰的思路恢復交談了。剛開始實施時，很多人覺得迷惘，後來就連電話那頭的客戶，也覺得很喜歡享有這一分鐘的平靜。

案例研究2　**鼓勵同事請假！**

　　有時候，我們需要「被鼓勵」請假 —— 這聽起來好像是我們在偷什麼東西！蜜雪兒是一家建築公司的專案經理，她注意到團隊成員很少動用到他們的不扣薪事假，所以她特別留意他們個人的結婚週年紀念日、小孩在學校的活動或比賽日等，在這些日期到來前一週左右，提醒他們請假。

　　蜜雪兒很驕傲提到，她如何藉由鼓勵部屬為這類特別的日子請假，「點亮人生中的特別時刻。」她非常開心收到團隊成員發來的感謝簡訊，以及他們的小孩週歲派對或他們參加運動競賽決賽的照片。讓團隊成員請假參與人生中的重要快樂時光，蜜雪兒本身也體驗到快樂。

25

知道你何時將會完成工作

目標明確，你就能夠果斷宣布：「結束」

完成比完美更重要。
—— 雪柔・桑德伯格（Sheryl Sandberg），臉書營運長

我們何時算是「完成」工作？這個小組委員會何時算是完成工作？你們的特殊任務小組，何時不再「特殊」了呢？你要如何確定這項計畫的「正事」已經完成，是否選擇留下來哈拉一下？「任務結束」說起來容易；實際上，對組織和個人來說並不容易。

理想的情況是，專案有明確的起始日期和截止日期，團隊成員妥善管理時間，共同朝著目標邁進，任務完成時感到滿足。但在真實世界裡，有很多實例並未清楚定義「結束」，導致資源浪費、徒增壓力。這可能是因為不斷地擴增交付成果 —— 亦即專案範圍蔓延（scope creep），或是因為專案本身是探索性質，無法清楚說明完成時的面貌。

請在本章貼上一張標籤，讓你的同事傳閱，防止專案

管理中最糟糕的狀況 —— 範圍蔓延。範圍蔓延發生於下列情況：專案承辦者或團隊成員想要超越期望，交付「更多價值」；或者，意外事件影響到產品或成果的交付時間或方式；或者，不斷加入的小要求累加成多花時間（可能也多花錢）的工作。在不知不覺中，專案必須產生的成果擴增，完成專案所需要的資源、時間、人力也增加。未能指出「這不在原訂範圍內」導致沮喪，也可能讓專案團隊必須多花時間無薪加班。我們有時會逃避預期中的衝突，心想：反正船到橋頭自然直，其實不然。

　　我們不宣布「完成了！」的另一個原因是，嫻熟了就會產生安適感。精通問題之後，就會產生好感覺；變成專家之後，就會很有趣了，幹麼現在停止呢？你和其他人已經在這項專案上合拍了，你們已經找到喜歡的午餐地點邊吃邊開會了，也發展出有默契的溝通方式了。把注意力從你已經熟悉的東西轉移到你不熟悉的東西上，得花很多心力，可能還得解散整個團隊，沒人敢宣布「結束」。於是，你們繼續在手邊的專案上追求完美，大家繼續相處，保持良好關係，並且設法培養新建立的關係，計畫讓你們團隊來場聚會，在工作之餘，彼此聯誼。

　　視各團隊的工作內容而定，你們的「追求完美」，可能是透過顯微鏡觀察細菌，或是咬文嚼字地琢磨完美的開場白，或是辯論用什麼合適的提詞來促進討論，或是思考該用什麼影像來開啟一個藝術裝置。

　　大家談笑，充滿袍澤感。有些同事從別的城市飛過來，晚上沒有安排。或者，若你們「工作」超過了特定時間，公司會出錢請你們吃晚餐，並負擔回家的交通費，於是交談繼續。半數團隊成員繼續享受這項輕鬆的活動，其餘同事則必須回家交替保姆，或是去練球，或是去超市採買。有人說話了：「感謝大家參與，想要留下的就繼續，必須離開的，那就明天見囉！」

　　有時候，阻止我們說「完成了！」的惡魔就是完美。心理學家貝瑞・史瓦茲（Barry Schwartz）的研究發現，把工作做到「夠好」就滿足的人 —— 他稱為「達標者」（satisfiers），一貫地比那些追求完美的人 —— 他稱為「極致化者」（maximizers）更快樂。雖然極致化者追求最佳選擇，但他們最終的決策未必更好。那麼，**什麼是「夠好」呢？首先，必須清楚溝通期望，使你們朝著一個屆時可以宣布「完成了！」的明確目標前進。此外，必須要有勇氣說：「工作結束了。」**若想促進同事之間彼此尊重、忠誠，就必須學習如何優雅地開始與結束一場會議、一項專案或新計畫。

這項技巧適合你，如果你……

- 你們團隊喜歡工作和彼此。
- 總是在開會，事情很難排上行事曆。
- 一直都有更多事要做。

如何採取行動？

▶ 把目標說清楚，並且持續提及目標。當新的工作期望增加時，先完成原本說好的工作，再同意新目標。所有參與者必須要能說出總目標是什麼，以及他們個人應該對這項總目標做出什麼貢獻。工作展開時，提醒你們團隊專案內容是什麼，截止日期在何時。

▶ 避免落入這樣的陷阱：為了一直做熟悉的事，逃避開始做一項挑戰性更大的新專案。在啟動特別小組時，訂定小組的解散日期，別讓無止境繼續下去成為預設值。

▶ 為會議訂定清楚議程。若在原訂的結束時間之前，就已經完成所有議程、達到開會目的，那就提早散會。不注意控制的話，會議往往會填滿每一分鐘，縱使已經達到開會的目的了，會議仍會持續到最後一刻。注意會議時間的運用，若在一場例行性會議的開頭或結尾，與會者花了15到20分鐘討論同事的高爾夫球比賽，那麼以後這種例行性會議就別安排那麼多時間了。

▶ 若你召集同事一起喝咖啡或雞尾酒，然後邊做計畫或簡報工作，務必在正式討論結束時說一聲，讓想要交際的人留下來，想要離開的人可以先行離去。

切記

● 你總是可以宣布專案結束，然後同意新的計畫。確認

結束，可以激發新的開始。

- 留意會議進行的情形，檢查各項目標。大家坐立不安，未必代表會議已經完成目的。

案例研究 1　妥善溝通，遏制專案範圍蔓延

　　茱兒存錢很多年了，一直在等待把她那位於英國薩塞克斯郡（Sussex）中部十分老舊的廚房改建成義式廚房的好時機。她的檔案裡滿是設計雜誌的剪報，夏季去海外旅遊時，她拖了很多瓷磚回來，藍色瓷磚打算用來貼牆，摩洛哥風格顏色的瓷磚，她打算用來貼廚房檯面。

　　現在，她總算退休了，有時間投入這項計畫了，有機會可以烹飪招待她喜愛的所有人了。她面試了五個裝修師，最終雇用懷特。懷特剛成立工作室不久，可以在茱兒的預算內完成工程，也了解對這位十分投入的客戶而言，這不僅僅是改建廚房而已。

　　茱兒喜歡這種設計、那種設計，她珍惜和懷特討論的時間，經常要求這邊改一些，那邊改一些。懷特無法拒絕，因為茱兒令他想到他自己的母親，而且茱兒到他的公司時總是會帶點心。但是，他工作室裡較資淺的那些同事跟懷特不一樣，已經受

不了茉兒改來改去。一直修改令他們精疲力盡、焦躁,甚至懶得理會了。「這件案子到底有完沒完啊?」他們抱怨。

茉兒強調懷特之所以成為建築師的原因是:幫助別人實現夢想。可是,為了讓公司業務能夠運作下去,他也必須在夢想和務實之間拿捏好平衡。他向茉兒解釋,他對她和她的計畫誠心投入,但有必要建立一些限制。茉兒對於造成懷特公司的過度負荷感到很不好意思,她克制了自己漫無邊際的想像力,作出一些她堅持的選擇,其餘的交給這位建築師。最後,廚房終於改建完成,茉兒在這間新廚房辦了一場宴會,招待懷特和他的團隊,以及他們的一些潛在客戶。

案例研究2　釋放聽眾,別挾持他們當人質

李教授是個好人,很靦腆,有些人說他是個不擅社交的人。他是個頂尖的科學人才,為來自世界各地的新秀教授提供研究獎助金。在學術研討會上演講時,他表現得很自然,但在產業活動上演講時,就變得很焦慮不安。他喜歡在演講之前,請同事對他準備的投影片提供意見,因此他經常在飯店

套房宴請同事晚餐。

　　對資淺的同事來說，受到他的邀請，是一種榮幸 —— 好吧！至少在晚宴的頭一個小時是這種感覺啦。但之後就變得冗長，沒完沒了。李博士會一再重複、詢問，並推敲各種選擇。有些賓客喜歡觀察他的思想演進，其他人則是想去參加大廳的聯誼活動。李教授雖然可以覺察到參與者的不耐，但他往往把這歸因於他的思想不夠討人喜歡，而這又更加導致他尋求更多反饋，結果一些賓客感覺自己像被挾持的人質。

　　某天晚上，一位有心的同事出手相救了。瓊斯博士主動請求擔任晚宴的開場人，他安排討論的開始時間，並且明確指出，晚宴的正式部分將占用90分鐘，時間一過，賓客就可以自由離開。瓊斯博士信守時間，一個半小時過去了，他讓賓客自由離去。結果這場晚宴，大家都比以往愉快，特別是李博士！

26

抱持「富足心態」
人人有份！捐棄「稀缺心態」

若你看的是你人生中擁有的，你將總是擁有更多。
若你看的是你人生中沒有的，
那麼你永遠都會覺得自己擁有的不夠多。
——歐普拉・溫弗蕾（Oprah Winfrey）

在一場多教派感恩節禮拜中，我先生和我被傳道師的這句話打動：「從富足角度來看這個世界，而非從稀缺角度來看。」簡潔有力，廣泛適用。這句話之所以震撼我，是因為我的母親堅信，若每一大類的食物沒有「至少」三種選擇的話，那我們就沒有什麼東西好吃了。我心想，若我把受母親影響而一直抱持的觀念，改變為相信這個世界和生活其實存在「更多」，而非更少，將會如何呢？

史蒂芬・柯維在《與成功有約》（*The 7 Habits of Highly Effective People*）一書中寫道：「大多數的人有根深蒂固的『稀缺心態』（scarcity mentality），看待生活的方式彷彿只有一塊大餅，某人得了其中一大片，其他人能夠分到的就更少了。」抱持「稀缺心態」的人，很難和他人

分享功勞、權力或利益，他們難以真心為他人的成功感到快樂，這導致他們難以和他人建立有意義的連結。

相反地，「富足心態」（abundance mentality）則是認為有很多、很足夠，人人都能夠分到一份。於是，當某人獲得加薪時，你不會嫉妒、感到難過，因為你知道，他的成就不代表你的損失。抱持「不夠」心態而抱怨時間、資金或資源短缺的領導人，通常會從欠缺的東西來框架自己面對的挑戰，導致他們聚焦於維持，而非成長。抱持富足心態的領導人，總是準備尋找和發展人才及新點子。當你能夠看見、擁抱豐富的機會時，自然會從工作中感受到更多意義與喜樂。

這項技巧適合你，如果你……

- 發現給予能夠溫暖你的心靈。
- 認為他人獲得更多，你將獲得更少。
- 總是聚焦於有限的預算和資源減少。
- 每個月的談話都會出現「要是……就好了。」
- 分享使你感覺自己變脆弱。

如何採取行動？

▶ 做個寬宏慷慨的人。總是想著所有你可以貢獻的東西，分享你的無形資產，例如你的知識、人脈、你的同情心。把組織生活中非常稀缺的東西 —— 例如感激

與欣賞和資訊 —— 發送出去,大方補給。

▶ 花時間在別人身上,感受時間的充足。研究顯示,私藏時間、不願意花時間在別人身上,你會覺得時間過得很慢、很難熬。

▶ 重要簡報或公司活動即將到來前、壓力升高時,別只是擔心自己是否做好成功所需要的準備,可以問問隊友:「我能夠幫你什麼忙嗎?」認知到自己能夠幫助他人,往往能夠停止心理懷疑 —— 懷疑團隊是否還缺乏什麼?少做了什麼?

▶ 創造你本身的富足環境:花時間和總是能夠看出可能性的人交流;質疑那些總是急著指出欠缺什麼、忘了慶幸擁有什麼的同事。

▶ 留意你腦袋裡的想法,刻意聚焦於你擁有的一切。有時候,做張表格是很有幫助的做法:拿出一張紙,寫下你所有悲觀、哀歎,幾乎難以啟齒的想法;然後,在另一欄,寫下樂觀、正面的解讀。若你還是無法全然採信這些富足觀點,沒關係,這是需要練習的。

▶ 你告訴自己和他人的話,將形成你的事實。當你向團隊講話時,或是和朋友分享工作上的事情時,或是向你的家人講述你的最新工作狀態時,你講述的是稀缺故事或富足故事?做個小實驗:接下來一週,你只分享關於「過量/特別」的故事,看看你的感覺如何?切記,別講述工作過量的故事(這也算是很好的嘗試

啦！但我已經聽到你在想什麼了。）聚焦於過去一週你獲得善意和幫助的那些事情，例如，有人讓你使用停車位？有人借手機充電器給你？某位同事花了一個小時幫你修電腦？這些都算在內。就連你說會在背後捅你一刀的人，剛才也在你耳邊告訴你（沒有當著大家的面），你的報告中有個數字加錯，這樣也算。

▶ 保持寫感恩日記的習慣。寫出你每天感激的人事物，目標是每天至少寫出十項，記得列出經常被你忽略的簡單事件，例如今天和一位有趣的同事喝咖啡，這杯咖啡喝得很有價值！

▶ 富足心態的敵人是狹隘的自覺，因此你應該拓展視野，看到你周遭的一切。別總是埋首於辦公桌前，把你的頭抬起來，看看四周，觀察一下。

▶ 練習有目的地保持好奇。富足心態渴求學習和成長，尋求新穎體驗，盡情享受躍入未知領域時釋放出來的熱情與活力。

切記

● 避免覺得自己是個受害者，不要去算你被占便宜的事。

● 小確幸和慷慨累加起來，讓工作和工作以外的生活更快樂。

案例研究1　在樓梯間進行治療

創立於1736年的紐約市貝爾維尤醫院（Bellevue Hospital），是美國最古老的公立醫院。我在那裡實習時，那裡的家具和地毯，看起來都像從未換過似的，幾乎所有東西都短缺。救護車急駛進來，醫護人員奔跑，電梯只有兩部，病患和醫生一起擠。你找不到筆填寫表格，在接待室只能站著，想要抓把椅子來坐，還得跟別人搶。

由於沒有足夠的辦公室，我不只一次得在樓梯間進行治療。但是，能夠進入貝爾維尤醫院實習，可不容易。想要摸清楚它的制度，幾乎不可能。你要如何把事情完成？這間醫院沒有病患照護手冊，也沒有迫切需要、可作為參考依據的中央資料儲存庫。

可是，回顧那段實習日子，我非常喜歡。和我一起實習的心理系實習生很快就了解到，我們雖然會爭論各自的論點，但是在這麼一個令人抓狂的地方，我們必須相互扶持，才能夠生存下去。我們大聲發誓，將會分享彼此學到的東西；聽到醫院人員對某個實習生的評價時，要告訴這個人；被問到對其他實習生夥伴的看法時，要說好話。

我們這些實習生一致決定，在實習期間，我們

每週四晚上都到對街同一地點聚會。每週四晚上，我們分享工作上遭遇的挑戰，描述各自遇到的一些荒謬狀況時，大家都開懷大笑。三十多年後的現在，我們有很多人仍然保持聯絡，訝於當年相互扶持的成效，我們靠彼此獲得需要的東西。那間資金不足、過於擁擠的醫院，充滿了熱情的專業人員，對幫助抒解病患的痛苦引以為傲。

案例研究2　聚焦於使命，有助於增加資源

　　你可能認為，企業社會責任部門的主管，自然是比較寬宏、慷慨的人，至少比較能夠看出可能性。但貝卡不是這樣的人，她到處看到敵人，她覺得行銷團隊和客戶關係團隊侵犯她的領域。她抱怨自己沒有足夠的人員或預算，無法做到她想要的影響力。她接受輔導，幫助釐清她的目的。她原先任職於法律服務業，因為她堅信平等享用司法權，但是她自己承認，她不是優秀的法律顧問，因此轉行至企業社會責任領域，因為她很善於在人與組織之間建立橋梁 —— 當她不覺得自己的領域受到威脅時。

　　貝卡以「平等享用司法權」作為原則，改寫她的事業計畫，把計畫提交給行銷團隊參閱。行銷團

隊熱烈支持這個新焦點，早前貝卡的團隊做的企業社會責任專案，聚焦於教育、衛生和營養等領域。受到貝卡的使命激勵，客戶關係團隊的成員邀請貝卡參與他們的銷售會議。貝卡的影響力領域擴大了，她的計畫也獲得更多資源。

27

積存社會擔保品

現在付出，未來成功

　　我鼓勵我的客戶積存社會擔保品（social collateral），別到了你需要幫助時，才發現自己透支了，平時就要為你的社會擔保品戶頭建立餘額。我不是指對人際關係採取「一報還一報」或「交易」的態度和方法，而是要你多思考自己可以為別人做什麼，別老是想著可以獲得什麼回報。這麼做，感覺很好，對你也有益。上一章討論到富足心態的重要性，以及以寬宏慷慨為出發點的好處，本章會更深入討論這點。

　　《給予》（*Give and Take*）一書作者亞當・格蘭特說：「身為成長中的團隊或公司的領導人，為了確保成功，你能做的最重要的一件事，就是投資於建立給予文化。」好人不會難出頭，我的一位朋友在聽了格蘭特博士一場社

區演講後問我：「幫助別人是好事，這難道是什麼新道理嗎？」很不幸地，沒錯，因為人人都把自身利益擺在第一，優於幫助他人。通常的藉口是「沒有時間」，但其實對同儕的許多協助行動，只須花上片刻而已。幫同事好好介紹一下，告訴同事相關研究出處，或是告知同事一位相當重要、但較不出名的教授的研討會，這些只須花大約五分鐘的時間。**在高度競爭的環境中工作時，人們往往藉由搶奪或守護有限的資源來維護自己的地位，別這麼做。**

人們並不在乎你知道多少，直到他們知道你有多關心之前，所以打好人際關係很重要。想為你的想法或點子贏得聽眾，你得先抓住他們的心。中國古老的「關係」概念的基礎是：預期同事的需要，甚至在這個人本身可能都還不知道自己需要什麼之前，就直覺研判對方需要什麼。你不能只是問：「我可以提供什麼協助？」，你必須仔細觀察，主動研判什麼可能對這個人有幫助。打好關係可以開啟機會之窗，這是對你的聲譽的長期投資，好處延伸至工作之外。

這項技巧適合你，如果你……

- 想要晚上睡得好，白天感覺更好。
- 認為該是為將來作出投資的時候了。
- 目前一帆風順。
- 認為貪婪是好事。

如何採取行動？

▶ 藉由主動付出，建立你的聲譽和人脈。給任何來找你幫助的人五分鐘，沒錯，對任何人這麼做。

▶ 大方關注那些曾經和你起衝突的人。你可能會覺得這聽起來反直覺——不容易做到，感覺這麼做會打破平衡，但其實這麼做很有成效。我們的對立者往往是那些我們最密切關注的對象，所以你可能很了解他們需要什麼，試試別去和他們競爭，改採相反戰術：幫助他們。

▶ 在公司的會議上，別消極地坐著。你的同事、上司或比你資淺的同事，剛剛提出了一個重要想法或點子嗎？辨識至少一件對你來說容易做到，並且能夠幫助對方達成願景的事，別等對方開口，主動告訴對方你的想法。

▶ 別假設你的同事能夠搞定一切，開口提供協助，但讓對方有權利拒絕。

▶ 你可以上這個網站：go.giveandtakeinc.com/granted，註冊加入亞當・格蘭特、韋恩・貝克（Wayne Baker）與雪柔・貝克（Cheryl Baker）等人共同創立的Givitas。這是一個平台，你可以在這個平台上尋求協助，並且為解決重大問題提供協助。

切記

- 寬宏大度可以與本位主義和抱負並存。
- 如果你一直在心裡幫別人打分數，那你不是真的豁達。

案例研究1　別生氣！改邀他們吃晚餐

在接受我的教練指導時，法蘭克說他真想掐死卡麥恩！這位銷售代表繞過法蘭克的職權，直接找法蘭克的團隊要求資訊。「他以為他是誰啊？！我們團隊的工時已經很長了，卡麥恩不能這樣硬闖，他是個惡名昭彰的惡霸！」

我進一步探究，他就浮現了比較有同情心的反應。法蘭克認知到，他的部門提供的服務，未能滿足那些第一線同仁的需求。他本來想打電話向卡麥恩發洩怒氣，現在他改變做法，邀請卡麥恩一起喝一杯，商議更好的合作方式。這讓法蘭克更能預期卡麥恩的需求，提供解決方案。

聽到法蘭克的關切後，卡麥恩放鬆下來，語氣也放軟。他解釋，他底下四處差旅的銷售代表，經常在外奔波，覺得和總部十分疏離，縱使回到總部，也不容易接觸那些支援他們的同仁。法蘭克同

意，在銷售代表返回總部時安排共進晚餐。收到邀請的卡麥恩團隊很驚訝，原本可能釀成全公司衝突的事件，反而變成建立持久友誼的基礎。在第一線同仁那邊，法蘭克贏得好名聲，他變成關心其他部門同仁需求的主管，而不是無法提供他們需要的資料的人。

案例研究2　一個瑞典人的祕訣

對社會擔保品帳戶作出無期望的「存款」，並非只是付出、幫助他人，而是一種心態，一種生活方式。我的長期客戶凱琳‧佛斯基（Karin Forseke）樹立了一個很棒的典範。我們結識之初，她是倫敦國際金融期貨及選擇權交易所（London International Financial Futures and Options Exchange）的營運長，後來她陸續擔任瑞典卡內基投資銀行（Carnegie Investment Bank）執行長，以及聯盟信託公司（Alliance Trust）董事長，同時是多家公司董事會成員，也擔任過英國金融服務管理局（Financial Service Authority）的非執行董事。

這些只是她顯赫的資歷與頭銜的一部分，如何？肅然起敬吧？我一直都有這種感覺。若你和凱

琳會面，馬上就能夠感受到她無比聚焦於公正及獲利。她聰慧、通情達理、見多識廣，她的成就很容易令人敬畏，但她做的總是比你考慮開口要求的還多。身為金融銀行業界最資深的女性之一，她多次被推向往往帶著批判目光的大眾面前。她曾向人問路如何到超市，這件事在瑞典變成新聞 —— 佛斯基女士連到哪裡買牛奶都不知道，如何勝任財政部長的諮詢顧問呢？

儘管受到質疑嘲諷，凱琳的意氣並不消沉。她的生存方法是什麼？凱琳有清楚的使命，以一貫寬厚的態度對待這個世界。她經常留心讚美他人，大方給予別人機會，慷慨幫助他人。這使她累積了許多忠誠的支持者，他們見證她的立意良善，他們是凱琳的堅定支持者，樂意反擊任何詆毀她的報導。

瑞典歌手腓特烈・史瓦恩（Fredrik Swahn）創作了一首歌曲《整體》（"In Totality"），作為獻給凱琳的生日禮物。這首歌貼切描繪了凱琳的處世觀：「你無法把你這個人和你的所作所為與你互動的對象切割開來，所以最好能夠擁抱整個你和我們整體。」誰能反駁呢？

28

滿足人們的自戀
每個人的自尊心都需要一點愛

> 人們永遠都不會厭倦談論自己。
>
> —— 我的姑媽蘿茲

　　老實說吧，我們都想要自己的優秀獲得賞識，但這不是尋求讚美（我們在第5章討論過），或是在工作上獲得感謝（我們在第3章討論過這個。）本章要談的是肯定你所作出的貢獻、你在這家公司的資歷、你曾經做過的開創性研究、你的角色的重要性，或是你在領域的經驗。

　　你想要獲得賞識的渴望，或許表現得很明顯，或者暗藏於內心。雖然你「應該」超越這種欲望，但誰都不能免於正常的自戀。自信是心理健康的一種徵象，為維持健康的自尊，需要不時滋養，祕訣是：先餵養你同事的自尊，你的自尊就不會挨餓了。就算是最有自信，一副王者、傲視群倫的同事，也難以抗拒拍得恰到好處的馬屁。

　　當你的地位或貢獻未獲肯定時，起初你可能為自己感

到難過。很快地，沸騰的苦悶變成對同事的更加不滿，麻煩於是產生。你心想：「為什麼他們不來尋求我的意見？」，「為何突然間我變得如此不受尊重？」從他們的角度來看是：你已經創造了讓別人成功的條件，你可能有其他更重要的事，畢竟你是個專家。但是，從你的角度來看是：他們不知道我所做的一切嗎？

　　你的同事想要什麼？你的認可！你現在不願意給他們什麼？任何肯定！結果呢？大家的自尊都未獲滿足。想在這場爭奪賞識的戰役中勝出，請你先出擊，肯定、賞識他人。

　　德魯的襯衫總是燙得筆挺，別著袖扣，戴著一只大金錶，昂首闊步，開敞篷車，充滿自信。他幫公司賺很多錢，他是管理委員會成員，他招募新的投資長。他只想要人們肯定他的影響力，滿足他的自戀。「他們沒看到我開拓了這個新領域嗎？加密貨幣的名稱還沒出來前，我就已經投資比特幣了。但現在，沒人把我的名字放在因應最新發展情事的議程上。沒錯！我們是已經請了另一位投資專家來領導公司的新行動，但是這些傢伙難道不知道，是我說服管理高層冒最初的險，才讓公司賺這麼多錢嗎？」若德魯的同事在會議一開始就說：「若不是你的創意與遠見，我們今天就不會在這裡了」，他就不會這麼憤怒了。或者，他們可以在會議的最後，請德魯發表意見，但他們沒有這麼做。於是，德魯這位大怒且具有高度影響力的高階主管，決定打擊他的新同仁的信譽。

　　在自尊需求的頻譜上，德魯更像我們多數人，展現出正常的自戀。在這個頻譜上的遠端，是那些渴求肯定與賞識、卻永遠得不到滿足的人，他們是極端的自戀者。他們消息靈通、活躍、鼓舞人心，他們是贏家，你想參與他們的計畫。你大概會問：他們是職場的人氣磁鐵嗎？嗯，這是個好問題。這些富有魅力的人，一開始可能是磁鐵，可是等到你發現，一切都只是為了他們，光環盡是圍繞著他們時，他們的吸引力就消失了。起初，你想為他們的行動效勞，你想加入他們的創業，或是願意為了追求他們使你相信有可能實現的願景而減薪，你心想：我們為了這個打拚，實在令人振奮……後來，你開始洩氣，愈來愈覺得自己的成就被搶功勞，鬥志減弱。若你為了取悅以前富有吸引力，現在則是性急易怒、永無止境地追求肯定的上司或同事，你的自尊被貶抑，那麼你共事的這個人，可能是極端自戀者。

　　雖然資料顯示，成功的真正要素是能力而非自信，是利他而非自私，是誠正而非魅力，但許多極端自戀者飛黃騰達。高漲的自我感有助於創新、開創性政策，以及面對逆境時的堅毅，因此在你的工作生涯中，很可能為極度渴求自尊、同理心有限、自我重要感高漲的人工作或共事。

　　別被愚弄了。自信與渴望證明個人價值，兩者是可以並存的。為了避免自己產生能力不足感，他們可能披上自負及自我膨脹的外衣。渴求讚美和強烈自尊兩者之間，往

往存在著逆相關。那些趾高氣揚地賣弄彩羽的孔雀（不論他們的位階或層級）──那些你最不想去讚美的人，往往是需要一點愛的人。所以，當他們對自己有所懷疑時，稍微對他們拍一下馬屁吧！真的，這可以幫助他們放鬆。

下列是常見情況：自戀者使你感覺好像你所做的並不重要，他們不給你應得的功勞，總是誇耀自己的成就，搶走鎂光燈。這不公平，也很失禮，這種公然不尊重你的貢獻，使你想要漠視或貶低他們的成就；你不想讚揚他們，你想要懲罰他們。**請你克制這種想要回擊他們的衝動，別急於主張自己的價值，先對他人的價值展現敬意。**

你可能納悶，我為何要鼓勵那些人的壞行為？我們不是應該回擊自我中心主義者，讓他們嚐嚐他們惱人行為的後果嗎？我知道你的疑問，但是對付極端自戀者，需要反直覺的行動。

自戀者對他人的排斥超級敏感，一嗅到他們認為是批評的言論，他們就會攻擊你，這是壞消息。好消息是，自戀者雖然無情地玩弄他人，卻也很容易自我欺騙，這是因為他們的超級自尊需要不斷地獲得他人的肯定，才能穩當地（雖然是人為地）保持下去。別對自戀者潑冷水，改以肯定他們的優秀來馴服野獸。沒關係，就滿足他們的虛榮心吧！試試說這些有幫助的話：「你是唯一能夠幫我的人」，「我可以幫你嗎？」當這類內心沒安全感的同事，把你視為不具威脅性的存在時，他們很可能會先讚美你。

這項技巧適合你，如果你……

- 忘了誰需要獲得公開讚美、諮詢或肯定。
- 領域內公認的專家冷漠對待你。
- 發現同事一直很渴望獲得讚賞。
- 很想要掐死那些不懂得肯定你的成就的同事。
- 想要自己的點子獲得支持。

如何採取行動？

▶ 當你周遭有很多自大者，你可能很容易感到沮喪。你或許會想要主張你的價值，以恢復你的自尊。請你克制這種衝動，改而讚美他們，用你的社交能力讓自己放鬆。那些貶低他人者，其實顯露了渴望獲得讚賞的本質。請你尋找適當的途徑去讚美他人，值得讚美的事情總是存在。縱使成果不是那麼優異，你還是可以肯定他人作出的努力。

▶ 當你和他人陷入緊張對立時，你最不會做的事情，可能就是從他們的行為中，找出正面、值得肯定的事來看。請你給自己一點壓力，逼迫自己尋找。提升別人的自我價值，非常有助於化解衝突。

▶ 為了建立更深的關係，請你試著思考對方最重視什麼。例如，當你進入艾瑪的小書店時，別忘了讚美她實現夢想的勇氣，對書店的整體設計好好讚美一番，

並且強調她能力這麼好，來到一座新城市，這麼快就和仕紳名流建立起關係。（對對對，我知道你對攀龍附鳳的行為可能覺得有點噁心，但對艾瑪而言，這是為了融入本地社會和爭取贊助，所以，就從這個角度去想吧！）

▶ 用「而且……」取代「但是……」，避免和過度自負的對手硬槓起來。試著在對方的見解上，闡揚你的觀點。

切記

● 回應，別反擊。自戀者的自負管理是一種運動，不是故意冒犯你個人。不過，你最終還是必須照顧自己。若你已經在至少一年期間，做了種種你能想到的嘗試，情況仍然令你相當氣餒，你可能必須考慮另覓他職。

● 注意時機，別在升遷或評量之前，過度讚美你的上司，那可能會被視為太過刻意。

案例研究1　找自己的導師背書，是敬重的表現

凱蒂以為她是在保護她的前上司迪克，但迪克深深感覺到不受敬重，這究竟是怎麼一回事？多年來，迪克是他這位優秀員工的熱心支持者，總是設法提拔凱蒂。凱蒂被提名晉升不久前，迪克轉任另

一個事業單位，他自願教導這名新經理候選人整個流程，確保凱蒂日後上任一切順利。

　　凱蒂聽說迪克的健康有點老毛病，再加上他的位階又升了，所以決定不去打擾她這位老上司。這段沒交流的靜默惹惱了迪克，他覺得自己的價值受到嚴重貶低，懷疑凱蒂是否夠尊敬他這個前輩到要記得諮詢他的建議，甚至找他背書。凱蒂沒有認知到她這位導師在公司的超級影響力，結果錯失了等待已久的升遷機會。迪克覺得自己好像被利用完就丟，選擇不為他這個徒弟說話，凱蒂就這樣少了一票未能晉升。迪克只不過是一個被觸怒的「正常自戀者」，但凱蒂的升遷機會因此沒了。

　　凱蒂未獲晉升，許多人大感意外，我被找來指導她為下次晉升投票做準備。我為她訪談了許多主管，包括迪克，聽起來，他對凱蒂相當惱怒，其他主管都沒有這樣。我察覺到他的憤怒，深入了解後，我得知他的失望和難過。

　　我問他，有沒有把這些告訴凱蒂？毫不意外，他沒有 ── 這種行為就是我們這類教練一直都有生意可做的原因之一。我徵得迪克同意我把這件事告訴凱蒂，凱蒂聽了很吃驚，立刻致電迪克，作出澄

清。凱蒂肯定迪克的指導對她向來很重要，這番恭維令迪克很受用，打開心結，恢復對凱蒂的指導。後來，凱蒂獲得晉升。

案例研究2　讚美他們，給他們信心

　　65歲的維琪準備每週工作四天，她是一個受人喜愛的地產建物主管，直屬這個家族企業的新任執行長管轄。她知道這位新上司約翰很仰賴她，每週上班天數減少，定然會惹他不高興。維琪相信，就算無法一週五天都諮詢到她的意見，約翰仍然能夠勝任。約翰的不安全感，不足以構成拒絕她改變上班天數的好理由。那麼，她採取什麼應對策略呢？她沒有完全從自己的立場考量，解釋自己在這家公司工作了35年，為何有資格調整上班天數，而是把注意力聚焦於約翰真正渴求的東西：信心。

　　多數人的感受是：約翰畢業於常春藤名校，又是一個成功家族企業的繼承人，並不需要任何人。但維琪看出，在約翰精明幹練的外表下，她的出現其實有助於提高他的自信。因此，她會找機會在公開和私下場合，肯定約翰的領導能力，致力於降低約翰對她的依賴（不論這種依賴對維琪來說是多大

的恭維。）

　　約翰會緊急諮詢維琪對最新一回合業主競標的意見，並且派車（若有必要的話，他會派私人直升機）去把渡假中的維琪接來公司，請教她的專業。雖然私人專機接送似乎很光彩，但維琪回應：「約翰，此時此刻，沒有人比你更善於評估數字。」後來，在一場颶風後，投資人聚集，研判接下來的行動。約翰請維琪出面說明公司的物業損失情況，維琪告訴這群投資人：「那個約翰啊，他太謙虛了！暴風雨襲擊時，他親自視察每一筆資產，他對這些房地產狀況的了解比我還清楚。」

　　當維琪終於找上約翰商量她要縮減每週工作天數時，她細述了約翰的領導素質，以及他成長了多少。維琪把她減少工作天數的要求，定位為接班布局，好讓其他人（和約翰）過渡成下一代領導幹部，約翰欣然同意！

案例研究3　面對敵意，用讚美還擊

　　「阿倫，我們知道你是這裡『最重要』的人，」這句話是話中有話。阿倫當初進入這家知名時裝公司時，上了新聞，報導說他將帶來大刀闊斧的改

變：「全球拭目以待。」但截至目前為止，他上任後的頭九十天，並不是那麼成功。

很有才能的設計師基南，處處跟阿倫作對。阿倫受聘上任，實際上就是基南的降級。他不再直屬於設計團隊領導人管轄，阿倫成為他的上司。阿倫示好，但顯然沒用。阿倫表達對基南感到失望，基南忠實的老同事並不認同，選擇站在基南這邊。阿倫知道，管理人事上的異動令基南生氣，覺得受到羞辱，但他不願試圖提升基南的自尊，因為基南是他的部屬！另一方面，基南相當善於使用阿倫能力不足的例子暗中傷害阿倫，挑撥設計團隊的其他人。

我輔導阿倫，他同意去找基南，清楚表達基南的才能在許多方面不僅寶貴，對公司的擴張成長也非常重要。阿倫請基南指出，在新的組織架構下，他認為他的成功是什麼樣貌？若基南最在意的是看到艾美獎得主穿著他設計的服裝，阿倫可以如何幫助他實現這個？是不是希望創意團隊獲得更多媒體報導？他會研究怎麼做才好。在恭維基南的同時，阿倫表明願意使用他的職位支持阿倫的這些目標。

在公開場合，阿倫刻意點出基南的貢獻。認知到自己上任對基南的自尊造成打擊後，阿倫把他對

基南這位新部屬的焦點，從予以還擊變成妥善授權。基南的回應和我們預期的一致，開始說這支設計團隊很幸運加入新血 —— 一位經驗豐富的經理人。

29

建立儀式

慶祝成功，從錯誤中學習、成長

　　大多數的組織都有種種儀式，從每天的慣例，例如喝咖啡或下午茶的休息時間，到年度會議和退休歡送會之類的重大活動。成功的公司知道傳統的重要性，會有意圖地建立反復體驗，讓員工有所期待、渴望和追憶。這些未必得花費高昂成本，也可以由組織所有層級的員工自行建立。例如，發生一項低級錯誤而作出改正之後，可以頒發幽默獎，把犯錯予以正常化，支持改進與成長。或者，完成一筆重大交易時，播放兩分鐘的古典搖滾樂以振奮士氣。又或是，在開始推銷之前，先集合團隊加油打氣，傳達這是一個特別時刻，我們團結一致，做好準備了！

　　透過儀式來肯定重要的里程碑，可以創造一種共同歷史感和團隊凝聚力。舉行儀式，歡迎新成員加入，或是歡

送團隊成員離開，用人情味感謝個別成員為組織提供服務之外的其他貢獻。

兩人之間的日常儀式化行動，可以建立日常形式，穩固人際連結，尤其是當兩人在不同地點遠距工作時。舉例而言，卡茲曼顧問公司的行政總監嘉莉・桑斯維洛（Gerry Sanseviero），每天上班後做的第一件事，就是發一則早安訊息給我，列出當前的目標，並且祝我一切順利。我也對她做同樣的事。每天工作結束時，我們會再互相發一封電子郵件簽退，簡短感謝完成的工作，祝福彼此晚上愉快、獲得充分休息。有時候，嘉莉會在郵件中附上一張照片或一幅漫畫，博我一笑，她很會這個。

大型公司有人資部門設計全公司的活動，但最棒的儀式有時是你們團隊自然形成的，而且只有你們團隊有。有效的儀式能夠激勵情緒，讓我們為行動做好準備。紐西蘭國家橄欖球隊「黑衫軍」（All Blacks）自1905年起，在比賽前跳毛利人的「哈卡」（Haka）傳統戰舞，以半蹲姿，腳用力踩踏，有節奏地吶喊。除了看起來很酷，神經科學研究顯示，哈卡舞之類的動作，能夠觸發連結感，激發心流狀態，降低焦慮，提升活力和專注力。

這項技巧適合你，如果你……

- 離結案還相當遙遠。
- 你們團隊一起工作，但是沒有找時間齊聚。

- 覺得挹注一點驕傲和樂趣，聽起來是個不錯的點子。
- 想要幫助塑造團隊的文化。

如何採取行動？

▶ 向公司的重要年分致敬，例如一週年、五週年、十週年。你可以找張大海報紙，讓每個人在上面簽名，或是向每個人蒐集感言，把紙條放進一個箱子裡。若是透過數位化，你們可以建立一個非公開的網頁，讓同仁對自己想要表彰的同事寫下感言或讚美。你們也可以請專人記錄各成員加入團隊的日期，人資那邊應該有紀錄，但是由個別團隊做會更容易，方便你們舉行儀式，散播歡樂與尊重。

▶ 每個月舉辦員工慶生會，準備蛋糕，大家一起舉杯祝福當月壽星。

▶ 表揚工作進度，慶祝專案達到里程碑，尤其如果你們離最終目標還很遠的話。你們可以舉辦「完成一半了！」的聚會，讓一開始就參與的人，分享截至目前為止的成就和小故事。重申一次你們的夢想：為什麼要做這項計畫？目標是什麼？並且邀請可能受益的成員或顧客參與這項慶祝活動。

▶ 每個月舉辦出包獎，你只能提名自己喔，因為目的不是要羞辱別人。若你們團隊是在線上工作，你們也可以這麼做。例如，每個月的第一個週二，團隊召開視訊會議，選出並揶揄出包獎得主，從中學習。你們可

以要求每個人分享一個出包的懊悔經驗，這類「簡報」應該不超過三分鐘，輕鬆分享就好。目的是要消除個人犯錯後積在心頭的不安，提供支持，有機會知道：「我們將來可以採取什麼不同的做法？」

▶ 也可以考慮加入純粹負面的儀式，比方說，設定週四為「抱怨日」，但在其他日子就得自我克制了，保持正面態度。

▶ 在最後衝刺完成計畫「之前」，就先規劃「我們做到了！」的慶祝活動。這樣，等到達成最終目標後，大家就可以直接現身慶祝會，避免團隊因為完成計畫後精疲力盡，沒有精力再籌辦慶祝活動。

▶ 維持儀式如期舉辦。你不能總是等大家都有時間才辦，特別是農忙期。愈是如期舉辦儀式，同事就愈可能盡量參與。必須指定活動的負責人，若你想到任何有趣的點子，在下次團隊會議中提出，徵求志願籌辦者，在行事曆記下日期和負責的同事。

切記

- 別讓不當的儀式變成深植於你們公司文化的另一個壞習慣，行不通的就捨棄，繼續實驗。
- 若你任職於家族企業，別讓業務的緊張與需求阻斷了慶祝活動。你們可以商議暫停重要事件的討論，先進行慶祝儀式。

案例研究1　天外飛來一筆，也能變成小儀式

　　我在天狼星XM商業電台（SiriusXM Business Radio）共同製作、主持全美電台節目《職場女性》（Women@Work）。在早期的一次節目中，訪談來賓、美國金融界資深主管莎莉・克勞切克（Sallie Krawcheck）看出我和共同主持人蘿拉・札羅（Laura Zarrow）的焦慮不安。當節目企製倒數計時：「三……二……」，莎莉說：「別搞砸了！」，企製喊：「一」，節目開始！

　　當時，莎莉說的那句話具有警醒作用。誠如蘿拉所言：「我們征服了批判及害怕失敗這兩個惡魔後，就能看出莎莉的指導是多麼有趣了！」在那之後的節目，蘿拉和我固定在倒數計時三十秒時告訴彼此：「別搞砸了！」我們用這個小儀式來消除自我懷疑，幫助彼此自在共事。這個小儀式也具有穩定作用，來賓聽到有時會笑出來，因此放鬆。我們會立刻解釋來由，把節目開始前無可避免的共同緊張正常化，然後節目開始！

案例研究2　讓今天比昨天更好

　　瑞奇是餐車老闆，不定點出現在城市各個角落

營業，員工是時薪工作者，流動率很高。每天他們出車前，瑞奇請同事回顧昨天做生意的情形，分享一個比較特殊的時刻，並且建議如何複製或改善這樣的時刻。這個小儀式讓員工指出他們在創造這些互動體驗中扮演的角色，有時要創造精彩的體驗可能相當簡單，例如試著和顧客聊天，產生有趣的交流，而不只是專心料理食物，然後把顧客送走。

30

製造歡笑

為工作場所挹注活力

　　你想要更高的獎金、增進創意思考、提升信譽、獲得更好的機會嗎？開始多製造一些歡笑吧。工作中的幽默能夠帶來巨大好處，看看下列這些研究與調查結果：

- 《財星》雜誌評選的「全美百大最佳雇主」，員工有82％贊同下列這條聲明：「我在一個有趣的組織工作。」

- 在所有條件都差不多的情況下，89％的執行長表示，他們偏向雇用有幽默感的員工。

- 展現高度幽默感的經理人，在組織中獲得的機會，明顯多於那些太嚴肅的經理人。

- 能夠使場面輕鬆一點的人（尤其是緊張場合），通常被視為臺風穩健，能夠掌控大局，不管他們實際上是否真的如此。

- 主管愈「風趣」，分紅愈高。
- 上司善用幽默和部屬工作表現的提升及團隊凝聚力有正相關。

別緊張，你不需要放下這本書，跑去上獨角喜劇表演課。想在工作場所注入歡笑，並不需要你準備滿滿一袋的笑話，或是用不完的俏皮話，你只要放下無窮盡的急迫感，認清不是每件事都具有極度的重要性，不要總是過度嚴肅地看待自己就好。就像尼可兒童頻道（Nickelodeon）的團隊說的：「我們製播《海綿寶寶》，不是治療癌症，大家為什麼這麼緊張？」

氣氛愉快有助於提高生產力和創造力，組織文化愈活潑，員工就愈容易腦力激盪出創意，不怕被否定。

心理學家丹尼爾·高曼（Daniel Goleman）在《EQ帶來好事業及好關係》（*Emotional Intelligence: Improve Your EQ for Business and Relationships*）一書中寫道：「笑聲也許是兩顆腦袋之間的最短距離。」笑能夠建立合作，以共同歡笑為起始的協商，更常產生互惠的結果。笑能夠舒壓，學會自嘲或自娛，就比較不會感覺到緊張或壓力，就像給自己放個迷你假期。

華頓商學院教授席格·巴賽德（Sigal Barsade）所做的廣泛研究顯示，員工並不是情緒孤島（emotional islands），我們不斷散播我們的情緒，也受到周遭人的情緒影響，鄰座同事的笑聲可能感染你，照亮你的一天。神

經科學家的研究已經證實，當我們聽到別人笑時，我們腦中的鏡像神經元（mirror neurons）會受到刺激，我們感受到樂趣，彷彿是自己在笑。**那些說「工作中不要開玩笑」的人錯了，你我的心情會相互影響，我們全都有責任在工作中注入一點歡樂。**愉悅具有感染力，也是成功的要素之一。

這項技巧適合你，如果你……

- 同意該是以 y 取代「job」中的 b 的時候了（job→joy）。
- 扮演的角色重要。
- 大腦停擺，缺乏創意。
- 發現大家怕東怕西，搞得緊張兮兮，辦公室沒有樂趣。

如何採取行動？

- ▶ 大多數的情緒溝通是透過肢體語言、臉部表情和語氣，所以把你的臉部表情變成你快樂時的表情（縱使你當時並不快樂），有助於改善你的心情。
- ▶ 職場上的成功和較高程度的自覺有關，請率先拿自己的特質開玩笑，成為歡笑的源頭，別讓自己成為辦公室緊張的來源。
- ▶ 若合適的話，可以考慮在你的工作場所推行愛笑瑜伽（laughing yoga），這裡有相關資訊：laughteryoga.org。
- ▶ 在茶水間設置布告欄，邀請同事張貼產業相關的漫

畫。一個跟律師有關的玩笑，笑得最凶的肯定是律師。由你帶頭，張貼一些跟你們有關的漫畫出來。

▶ 你無法強迫大家展現幽默，但你總是可以以身作則。從小地方開始，分享一則笑話或有趣小品，搞個文字遊戲也可以，你也可以幫最新的案子想想暱稱。若你今天逗笑了一個人，那就代表你成功了。

▶ 但如果你本身不是那麼有趣呢？或者你不覺得別人有趣呢？沒關係，別勉強。不過，如果你看見同事開心在笑，請別掃興皺眉，你可以跟著他們一起笑，或是單純沉浸在他們歡樂的氣氛中。

切記

- 別說只有少數人才懂的笑話，或是取笑別人。
- 建立具包容性的職場環境，需要人人都有機會被（適當）幽默一下。
- 別過度倚賴幽默來處理衝突或緊張狀況，有時嚴肅干預是必要。
- 在過度簡練的評論後面加上一個微笑表情符號，並不會變得比較有趣。
- 不是所有形式的幽默都適當，工作場合不宜展現太不正經的幽默，或是開與政治、性別、仇恨、恐同、排外有關的玩笑。

案例研究1　橡膠雞外交

未來研究所（Institute of the Future）選擇「快樂醫生」組織創辦人諾蓋拉，作為他們研究未來醫療照護的諮詢顧問，這是很有道理的，因為扮小丑是最古老的搞笑藝術之一。諾蓋拉於1991年在巴西創立「快樂醫生」組織，提倡歡樂在醫療專業（及其他專業領域）的重要性。他說：「別低估小丑的重要性」，它是一種古老的職業，多數偉大的古代政體仰賴弄臣來約制君主，打破緊張，引導大家注意眾人試圖忽視的不當行為，提供另一種視覺觀點。

諾蓋拉和我一起去中國農村尋找「弄臣」——和一位小丑同行，是交朋友的好方法。諾蓋拉受邀到一名中國共產黨領導人的家中作客，他送了一個特別的謝禮——一隻橡膠雞給主人，主人立刻把它擺在陳列他的從政紀念品的書架上，我們全都哈哈大笑，這就是外交。

案例研究2　放鬆點，跳支笨舞

沛莉的朋友問她：「妳的新同事喜歡妳的假摔和笨舞嗎？」她大喊：「天哪！我上任這份工作六個月了，從來就沒有真正放鬆過！」難怪她每天回

到家都精疲力盡，難以適應新工作。

　　隔天，她發現了一個可以冒險嘗試的機會。沛莉和部屬開會前，故意假裝腿軟，大家都被逗笑。他們問：「妳還有什麼可以讓我們驚奇的？」他們一直以為沛莉是個保守拘謹、比較悲苦型的人。「喔，我還有一些舞步」，佩莉說，然後跳了起來，大家爆笑，氣氛整個輕鬆了起來。沛莉讓自己和他人享受搞笑的歡樂時光，再恢復正常工作。

第五部

化解衝突

當麻煩發生時，你心裡難過、身體不適，就連你最要好的朋友都聽膩了你的抱怨。你沒辦法靜下心來工作，該是化解衝突的時候了。

但情況可能不會如你所願，縱使是最使命導向的組織，也有很多大大小小的誤解。愈是在意，情況可能愈加白熱化。沒錯，你很惱火，但不是只有你有這種煩惱。

尊重、信任及寬宏的基礎，使每個人懷抱良善的意圖，但實際上，這往往不夠，當情緒高漲時，事情就變複雜了。這一部幫助你藉由保持好奇心，以及勇於承認自己的錯誤或限制，有效化解問題與衝突。負責任地陳述你的感覺，有助於顯露同事之間的共通點，消除具傷害性的假設，引導人們站在你這邊，而不是一直採取防衛、抗拒的態度。

有效化解衝突，可以使人際連結變得更深厚。有能力協調歧見，讓你有機會和更廣大的人群合作，從實驗新點子當中學到更多，擴展你的知識和人脈網絡，讓工作變得更有意義，使你邁向成功。

這一部的建議適合你，如果你……

* 渴望誠實，以及伴隨誠實而來的平靜。

- 在一個有制度的組織實施新措施。
- 想要爭取加薪或新機會。
- 被點名是問題所在。
- 建置的流程或程序運轉不起來。
- 有太多會議和備忘錄。
- 最近情緒很容易激動。
- 發現同事不敢說出真正的想法。
- 注意到辦公室有很多小團體,八卦好像愈來愈多。

31

站在別人的立場設想
設身處地，體驗他們的觀點

不論你把煎餅煎得多薄，還是有兩面。
—— 菲爾醫生（Dr. Phil）

　　我學到一件事：為了改變（move）人們，有時候，我必須……讓他們移動（move）。讓他們離開座位，走上街，進入彼此的所在地、辦公室、家中或庭院。有人稱此為「體驗教育」（experiential education），也有人稱此為「行動學習」（action learning），我很確定的一點是：做、分享和出現這三者結合起來，勝過拜讀任何理論。每個人都是從主觀角度來看這個世界，這形成了偏見，當涉及的利害關係比較多時，這種偏見更加嚴重。

　　想要化解任何衝突，都必須回歸下列這項疑問：真正重要的是什麼？這個問題的答案，鮮少是你可以獨自釐清的。當你站在別人的立場，從這個人的角度去看事情時，你原有的觀點或許就變得模糊不清。你不能總是自己在辦

公桌前推理出一項結論，有時你得去其他樓層，或是搭巴士或飛機（若你負擔得起的話）到別處探究。若是如此，別忘了帶上這本書喔，這些人際基本功會派上用場的，有幾章介紹的技巧將會激發優質交談，而親自拜訪則是強化你們的關係。設身處地，能夠幫助你解決問題，為你面臨的挑戰提供新觀點，延伸善意。

這項技巧適合你，如果你……

- 想要創造廣大的正面影響力。
- 採取的行動若發生意外後果代價高昂，因此想要擴大視野，提升成功的機會。
- 同意當今世界高度連結，想更了解自己在其中的角色與地位。

如何採取行動？

- ▶ 在電話會議一開始，先詢問所有與會者的看法，這能讓你了解他們的角度。你可以限制大家只說幾句話，這樣就不會花太長的時間，而且，一一發言，可以使你「記起」遠距工作的團隊成員。這種簡單、快速的開場問答，能讓接下來的談話變得比較人性化一點。

- ▶ Skype、Google Hangouts、Zoom、FaceTime之類的視訊技術，不能取代親自走訪其他辦公室的體驗。若你們負擔得起差旅，去看看位於南歐波士尼亞的工程團隊，他

們如何記錄來自公司總部的指示？記錄了哪些指示？他們不張貼專案計畫，但你總是參考流程圖，彷彿你們各自的牆共用相同的視覺影像。親自造訪可以獲得更多了解，你們可以商議出更有效的溝通方式，以追蹤掌握最新進度。

▶ 有時候，為你們最新產品編碼的工程師遠在另一地工作，速度很慢，沒在原訂時間交差。不妨到他們的辦公室（就算是車庫）看看，是否太吵、太冷，影響到他們工作？當你身處於他們的辦公室時，那裡的感官環境是否影響你的思考能力？你的這些合作夥伴是否也有同樣的體驗？他們知道可以申請降噪耳機嗎？你可以立刻做出什麼改變，幫助他們？

▶ 拜訪接收你的工作成果的人。例如，你們公司製造護目鏡嗎？你可以拜訪使用這些護目鏡的工廠。和最終使用者連結，可以提供一種目的感。視察最終使用者的環境，了解他們的環境，也可能使你獲得創新靈感。例如，你之前不知道這間工廠的工作者，會把你們公司的包裝材料拿來作為孩童玩具的填充物，你能否幫助他們行銷這些泰迪熊呢？你們團隊可以採購一些嗎？或許你們可以合作專案。

▶ 你知道你們的最新建案將如何影響環境？政府官員無掛慮地說他們能夠「移動水源」，這是什麼意思？附近住戶會受到這項建案的影響嗎？當地的樹木或交通動

線呢？事情聽起來可能都很簡單，但你到了現場，才發現不是那麼回事。你造訪當地社區，附近居民顯然抱怨連連。

▶ 在收到五封愈來愈不友善的電子郵件後，你剛剛又接到第二通咄咄逼人的電話？別只是坐在那裡，採取行動。問問和你爭論的人，方不方便約個時間見一下面，例如在對方的辦公室，或是引發爭議的建築工地，也可以是對方喜歡的一家音樂商店。不論選擇何地，親自碰面可以讓你了解更多，和對方有更多連結。

▶ 到別人的地盤會面時，應該先做好準備，並且從他們的立場說話。事前做點研究，問問題要有 sense 一點。看看當地新聞或網路資料，了解當地目前最關切什麼。

▶ 詢問開放式的問題，準備好接受你預期之外的回答。聽到不懂的專業術語或簡稱，別害怕請對方解釋一下。

▶ 主動展現好奇心，別急著作判斷，讓自己感受當下。認真聆聽，取得更多了解，別急著比較你們兩者不同的故事版本。

▶ 你已經投資時間和資源，到當地會見社區居民、廠商及合作夥伴，接下來呢？花點時間思考。若你還在安排行程，實地視察之後可以再跟大家約個地點，你們應該思考及詢問：「所以呢？這對我們、我們公司、這個世界有什麼意義或影響？」

切記

- 進入別人的地盤後，各種新奇可能令你相當興奮，想要拍照。別馬上拍照，先專注於會談，建立連結，再詢問對方能否拍照。照片將記錄你們的連結，這比未獲允許的觀光客偷拍行為要更有價值。

- 保持彈性和探索感，你沒有預期的，往往能夠教你（和娛樂你）最多。

案例研究1　你的病菌就是我的病菌！

琳賽・雷文（Lindsay Levin）在2001年創立全球社會企業「領袖探索」，旨在創造沉浸式體驗及探索，讓各行各業的人能夠造訪不曾見過的人群生活。她的著作《無形的巨人》（*Invisible Giants*）敘述了一個深刻的例子：一支由企業、社區及文化界領袖組成的國際團隊，造訪印度德里市一條大馬路尾端住滿人的男性庇護所。當被問到：「你們有工作嗎？」那些居民回答：「我們從事餐飲業，供應食物。」「你們如何盥洗？」「我們會自己想辦法。」「廁所呢？」「沒有廁所。」

我們在印度停留的那一週，很多人患了德里腹

瀉，突然間，導致他們極端不適的環境狀況獲得矚
目和關切：「這些人是我們的廚師，但沒有地方可
以洗漱。」那一刻，農夫、廚房、料理食物的人，
以及餐桌之間的關係有了全新的意義，無論喜歡與
否，我們共享相同的水、空氣及汙染物。

　　我們這支參訪團返家後，急於了解他們的員工
下班後，能否取用適當的衛生設備。有人思考他們
是否不當地假設，他們的供應鏈上每個人都能夠取
得自來水？也有人思考：「我的組織仰賴的勞工，
是否沒有獲得社會服務？」實地看、聞、聽、交
談，促使我們省思我們個人和企業在這個相互連結
的世界中的責任。

案例研究2　碰到問題多請益，避免閉門造車

　　想要了解另一個人的觀點，你未必得去到半個
地球外的地方，有時只需要在辦公室走動一下就行
了。卡拉是一家正在進行重大轉型的保險公司新上
任的精算師，花了很多時間發展出修正的預測，驕
傲地進行簡報說明。

　　該公司最賺錢的保險銷售員伊凡也在聽眾之
列，得知他從未找時間會見的卡拉重新計算他的事

業單位的風險水準時，這位名聲響亮的「超級巨星」很生氣，因為卡拉的計算方式將導致伊凡那支過去名列前茅的銷售團隊，現在將未能達到績效目標。如此一來，他們就會沒有獎金，酬勞將會減少很多。

伊凡提早六個月收到公司電子郵件通知將會聘用卡拉，但他老早就把那封電子郵件刪除。這下他馬上就採取行動，提出種種質疑和別種計算方式。公司執行長認為，伊凡的攻擊是看不起新領導，於是告訴他：「改變你的行為，不然就請你開始找新工作。」

伊凡在他的辦公室的五個樓層展開傾聽之旅，耐心地聽取他的團隊說明可以如何支援新流程。他把大部分的時間都花在卡拉身上，要求向她學習，以及和她一起學習，以示尊重她的技能。伊凡向卡拉致歉，最後兩人合著了一份全公司報告，詳細說明為何需要新的精算模型，以保障公司的長期成功。

32

解讀你同事或合作夥伴的情緒

這是建立連結與成功的關鍵

　　團隊動力行進於兩條路。連結各辦公室的走廊,就像地方上的大街,有很多停車讓行標誌、分心事物,以及各種延遲的可能性,我們姑且稱此為「認知通道」（cognitive passage）。這可能是你最熟悉的路徑,你可以讓自己熟悉可辨識的路標 —— 備忘錄及會議、正式的簡報說明、茶水間的聊天等。另一條路更快速,但更難進入,你必須深入行經令人困惑的髒亂堆,一直換檔、投資於整趟旅程。不過,一旦你進入之後,將有豐富的燃料可供使用;交通順暢了,突然間,出現多條連結路徑,可以通往你的目的地 —— 這條路是情緒高速公路（emotional speedway）。

　　下列是我過去三十年學到的重要經驗:堅持眼前能夠

看到並歸類的東西，這很安適，但往往缺乏效率。表現平庸者和表現優異者的關鍵差異是，表現優異者會在言談之外，留意自己和他人的情緒。暫停一下，感受並回應現場的緊張氣氛、憂慮容顏、興奮預期，或是同儕的冷漠凝視，這些都是重要的資料點。許多專業人士都能察覺表面下的暗潮洶湧，但選擇忽視，最終自蒙其害。在大多數的辦公室，員工選擇保持沉默，不說出什麼能夠激勵他們、什麼會把他們的工作複雜化，或是什麼會把他們嚇傻。**若你有能力解讀並回應你的同事不那麼隱藏的情緒線索，這將是你的競爭優勢。**

　　為了增進你的人際溝通智慧，請試試下列的心理學撇步。很簡單，使用你自己的心理作為調查工具，我稱它為「照情緒鏡」。這個方法起始於一項假設：若你感覺得到，很可能別人也感覺到了。每當面對一個新機會、一場棘手的衝突，或是一位不熟悉的合作者時：

1. 花一分鐘或甚至三分鐘深呼吸，了解你的感覺。你感覺到不安或興奮嗎？你害怕出現什麼負面結果？在這個情況中，為何成功對你來說如此重要？請繼續思考。在這個情況中，是否有核心理念受到質疑？是否觸及了痛處或不安全感？是否出了什麼問題？辦公室裡的氣氛不好嗎？然後，再深入另一個層次，看看你能否找到一些詞語，表達在你的工作表面下正在冒泡的東西。記得，人體腸道充滿了神經受體，我們的腦袋有時會不

靈光，但身體不會撒謊。你的腸胃感覺如何？你不禁咬牙嗎？你的背開始痛了嗎？試著釐清你的感受。

2. 掃描一下你的環境，誰的感受可能和你一樣（無論是正面的或負面的）？

3. 練習有策略地「示弱」：找個機會和同事說說話，別談論必須做什麼，談論工作如何影響你，說出你的憂慮或興奮，重點是要讓他們回應，分享他們的體驗，了解工作如何影響他們？如果他們問為什麼現在要討論這個的話，請你說實話：因為你的情緒雷達啟動了，察覺到他們可能有什麼不安（或是快樂的期待）。透過這種基於人性的連結，你允許你的同儕、部屬或夥伴，和你一起進入情緒高速公路。

當你和某人的關係緊張時

若你感覺到憤怒，你的同事可能也是。他顯得冷靜，他不肯及時提供你需要的資訊。我知道，我懂，你心裡納悶，你想不出這個傲慢的傢伙為何不高興？他可以取得所有資訊，是他緩慢回應你的需求，令你很惱怒。可是，若你希望維持這段必要的合作關係，別對你這位同事反覆叨念他沒在截止日期前交差，要求他下次改進，你可以問問他的工作情況和感受。你們的交談可能會抒解雙方的痛苦，產生新層次的了解，你們的合作速度可能也會加快。

若你覺得部屬最近不大合作，頻頻在背後搞小動作，

請放下你的防衛心態，試著了解你是否有哪裡讓他們感覺到不公平或不受尊重。你覺得同事不尊重你？你確定別人覺得受到你的尊重？你可以問問他們，試著了解一下。

當你需要建立團隊時

別用電子表單和截止日期來啟動一項新計畫，試試分享你對成功的定義，以及為何工作對你而言重要，然後請其他人也這麼做。舉例而言，一家泛非洲地區銀行的領導人，在公司外部舉行的管理階層會議開始時說，身為南非白人，她致力於訓練黑人經理成為公司的領導者，以修正她在廢除種族隔離政策後感到的羞愧。與會者也跟進，分享他們對於成功的定義。一位男士談到，他是他們家第一個從大學畢業的，全家人都注目他能在這份工作上有好表現。另一位經理說，他的母親在受到體制排拒的環境中長大，她的存錢方式就是把錢放在裙子的下擺，然後反折縫起來，他想讓她無畏於開立銀行帳戶。這場會議的目的是要調整銷售策略，以因應下一代的銀行業務需求，但這些分享產生了由個人決心及害怕失敗助燃的共同目的感。

我女兒送我一本行事曆，上面印了很多勵志話語，其中一則寫道：「你是獨特的，每個人都是獨一無二的存在。」我們全都是非常不同的個體，買咖啡有個人化的要求（例如無糖、牛奶多一點）；訂餐時有個人化的要求（例如無麩質、無乳製品）；身上刺著個人化的刺青；

有各自的宗教習俗。但是，褪去這些之後，我們又極其相似。停下腳步，思考「若我感覺到了，他們是否也感覺到了？」這是發揮人性、清除障礙、完成工作、克服孤獨感的一種好方法。

這項技巧適合你，如果你……

- 腦海中和同事的談話，比實際上發生的多。
- 發現同事在想什麼你毫無頭緒，好像也不大在意。
- 感覺到關係緊張，準備嘗試新戰術。
- 團隊中有太多變動，沒人喘口氣停下來問：「還好嗎？」

如何採取行動？

▶ 掃描你的整體情緒。為你的腳步注入活力的是什麼？為什麼這個案子如此令人厭煩？為何你突然間害怕進辦公室？試著釐清你的感受，和你鄰座的同事分享。你在重大活動前很容易感覺煩躁？別害怕在會議一開始時，表達出你內心的焦慮不安，問問與會者有沒有人有相似的感覺？縱使你是大家都刻意保持距離的主管，展現出你比較人性的那一面，會讓你變得更容易親近。你表現得愈像「我們之一」，同事愈不害怕和你分享不是那麼理想的最新進展或狀態，這有助於你取得需要的資訊。

▶ 陳述你不滿同事的理由之前，先思考你對他們造成的

影響。放慢下來，也許你會發現對立者可能和你擁有相同的感受。深呼吸，問問他們的感受。

▶ 在績效評量期間和啟動專案計畫時，詢問你的同事，你引起他們什麼感覺，為什麼？用這些寶貴的資訊來推動進展。

▶ 用關懷寒暄展開會議。在研習營或策略會議中，詢問與會者感覺如何，這似乎有違許多企業文化，但其實這麼做有助於暖場。若你是會議主持人，這是一個示範情緒凝聚的好機會。你可以分享一個故事，或是在講述你的想法之前，先談談你的心情或感覺。會議的目的，往往是蒐集不同觀點，但是，以分歧作為會議的起始點，經常導致討論停擺。先把職務和位階擺在一邊，分享情緒和感覺。

▶ 想一下：「我對這個人的感覺，是否可以套用在我自己的身上？」這種反思有助於移除評斷，形成同理心，是建立真誠連結的好方法，特別是和來自不同背景的人共事時。下次當你想要促使新夥伴之間的關係升溫時，可以把他們分成兩人一組，讓他們彼此互動，輪流發言。你可以指定互動內容，讓其中一人分享有關職涯中關鍵時刻的故事，讓另一人在聽完故事後，對故事中展現的個人特質表達看法，讚美對方，指出何以這些特質值得敬佩。你也可以鼓勵同事思考，如何在其他情況下展現這些特質？嘗試看看，這個方法非常有助益。

切記

- 別總是假設你的反應跟別人的一樣（雖然我們很容易這樣），你必須檢驗你的假設！

- 把視野打開一點，在評估你周遭的人哪些可能有相同的情緒時，別忘了考慮到公司所有層級的人。

- 目標雖然是更透明化分享你的感覺，但這不代表所有人都能夠完全理解和認同，所以別把情緒當作武器。

- 觀察現場聽眾的反應，當他們急著離開時，別強迫他們留下來討論，可以再訂一個大家都方便的時間。

案例研究 1　　反思一下，你的主管是否也覺得不值？

　　「她沒有看到我為公司做的一切，我這麼忠誠為她工作，她卻不關心我，」妮卡憤憤不平地咆哮。她是派駐於日本的人資總監，在成功招聘及訓練她的接班人後，兩個月前，她申請改調其他地區。她的上司露絲寫信問她：「妳對新職務的盡忠度如何？」，這個問題令妮卡勃然大怒，引爆她一連串的不安想法 —— 露絲怎麼會認為我不會百分之百盡忠呢？公司是在找理由為難我嗎？我和妮卡的諮商持續進行，她說她很憤怒，所以還沒回覆露絲。露

絲要她寫出請調的理由，包括重申對公司盡忠，以及她打算接下來三年繼續待在亞洲。露絲需要這些資訊，幫妮卡遊說公司高層。

在地球的另一邊，露絲坐在公司總部，納悶：我為妮卡做了這麼多，難道她都不在乎我嗎？為何她不提供我要的資訊？露絲覺得妮卡不尊重她──她難道看不出我為她付出很多心血嗎？

我要求妮卡思考：露絲詢問她的盡忠度，是不是基於正面立場，想要幫助她，而不是質疑她？妮卡的態度從懷疑轉為理解，認知到露絲可能覺得自己的貢獻遭到貶低，因為妮卡似乎從未注意到她這個主管為了支持她的成長所做的一切。後來，妮卡致電露絲，感謝她的高度支持，申明她願意竭盡全力，貢獻於公司的目標。露絲感謝妮卡肯定她的努力，也因為取得必要的保證而放下心來。兩人之間的緊張解除，轉調計畫後來成功。

案例研究2　為兩個不同世界搭橋

威漢在印度經營一份經常報導社會底層貧困工作者生活的報紙，雖然他的生活和這些人的明顯不同，但他很少直接和他們交談。我推動的計畫的目

標，是協助社會各領域的人建立連結，促進大家對常見社會問題的了解。我和威漢準備拜訪一位家務工阿德雅，她和她的女兒住在孟買市郊基瓦第區（Khetwadi）一家妓院樓上房間的一隅，每天得通勤兩個小時去工作。威漢對這趟訪問感到緊張，他說：「我非常好奇，但也很慚愧，我並不了解她的情況。」在我們造訪前幾日，阿德雅也有類似的情緒：「我該對這些企業人士說什麼呢？我的情況這樣，我也很難為情。」

　　為了在兩個世界之間搭起橋梁，我鼓勵威漢先表達他的羞愧，這使得阿德雅放鬆下來，表達出她的不安，而這減輕了威漢的焦慮。他們以表達自己的感覺為起點來建立連結，而不是聚焦於彼此不同的社會地位，這使得他們的交流很自然地變得更深入一點，討論起孩子的教養。阿德雅說，她很擔心她的女兒可能受到壞影響，威漢這位媒體大亨也有同樣的憂心。我們雖然坐在一家妓院的樓上，但環境並不影響兩人交流，他們交談得很順暢。結束時，威漢深深敬佩這位女性，她含辛茹苦，只為了努力使她的孩子能夠過上更好的生活。

33

道歉
別找藉口，也別解釋為什麼

含怒在心，猶如一邊喝著毒藥，一邊期望他人死。
—— 佛陀

　　你最近有向他人道歉嗎？沒有？那一定有問題。快，想想看，一定有什麼事你相當在意，使你太過強硬主張你的觀點，想要抄捷徑卻適得其反，或是惹惱了你的同事。若你不偶爾「挑戰極限」，那可能就變得乏味，阻礙創新，一切沒有趣味。但若你是主管、創辦人或被重用的員工，所以就為所欲為，認為自己可能不會受到組織懲罰，然而輿論法庭終將懲罰你，而且懲罰有可能出現在對你很不合宜的時機。

　　犯錯不是問題，當你的行為對他人造成負面影響，你卻沒有道歉，那才會招來麻煩。有時候，我們不慎傷害或看不起別人，當我們發現這些無心之過時，我們感到羞愧，此時我們真希望自己消失！若沒人注意到或提及你的

壞行為，或許就能夠裝作沒發生過？錯了！若是不當言行有很好的理由呢？這也不行，不能構成你不道歉的理由。

在任何工作場合，人們生氣是在所難免的。我認為，憤怒是情緒的底漆，存在於許多其他職場感受之下。羞辱、背叛、排斥及喜愛，全都會引發憤怒。一項使用功能性磁振造影（fMRI）技術的研究，繪出伴隨臉部肌肉、皮膚溫度及四肢動作活絡的心理感覺，讓我們看到了情緒。快樂、喜愛及憤怒，全都產生相似的激情，這些被稱為「情緒應對」（emotions of approach）：我們接近某人或某個事物，是因為我們喜愛他們，或是他們讓我們感覺快樂，或是因為我們生氣而找上他們。

從生理學上來說，憤怒相似於正面情緒。若你不在意，你就不會投入，你也不會有情緒上的波動。若你想要人們對工作有熱情，你就得預期會見到熱情的雙胞胎——暴怒。憤怒有著汙名，因為經常會導致傷害或負面行為，但我們也應該給點尊重。當我們惹怒同事，或是用我們滿滿的負能量襲擊他們時，可別假裝一切沒事。

由於犯錯是家常便飯，你大概以為我們很善於請求原諒，也善於促使他人認錯，其實不然。要是我們犯錯時，有那麼容易當責就好了！認錯雖然會引起人們注意我們失足，可能在當下損及我們的聲譽，但就長期而言，往往有助於提升團隊的信任感及表現。史丹佛大學管理學教授羅伯特・薩頓（Robert Sutton）在《好主管，壞主管》

（*Good Boss, Bad Boss*）一書中指出，犯錯時，首先要做的不是粉飾錯誤，而是完全負起責任。當責是一種掌控的表現，由你的道歉引起的談話，往往有助於強化關係。

坦然承認你的錯誤，將使別人勇於分享他們所犯的錯誤。害怕認錯的員工，會想方設法隱藏原本可以解決的問題。若你誠實面對自己的錯誤，就能更有機會得知重要的真相。

如何有效致歉，權威們有一致認同的要領：你應該展現謙卑的態度，可能的話，當面道歉；若你無法當面道歉，至少得打個電話，盡量別用電子郵件，儘管這項工具十分誘人。請你記得說：「我很抱歉」或「我道歉」，清楚、簡潔地說明自己為了什麼事道歉。氣氛可能相當尷尬，你要有心理準備。不完整或不誠懇的道歉，可能會引發反效果。提議你將來要如何避免犯相同的錯誤，並且提出改正錯誤的方法，然後，安靜，讓需要發洩的人發洩吧。

別為自己找任何藉口，別打斷他們，別爭辯，別反駁，別糾正，別提出你自己的批評或抱怨。縱使被冒犯的一方該承擔大部分的錯，你為你在事件中該承擔的部分道歉，不論這部分有多小。在某些情況中，你的示弱可能促使別人去想自己可能也要承擔導致問題的責任，但別期望太高。認真聽聽看對方怎麼說，也許你能獲得一些意料之外的學習。例如，你可能會發現，你犯的另一個錯，比你道歉的這個更嚴重！

這項技巧適合你，如果你……

- 是人類 —— 就算你是機器人，也應該學會說：「很抱歉。」
- 發現氣氛凝重，你無處可躲，但你想要假裝一切OK。
- 開始特意繞路回到你的辦公桌，以「避開」他們。
- 也許，只是也許，你做錯了什麼？

如何採取行動？

▶ 對你冒犯的同事提出見面邀請，別以「此人是我的部屬」作為不致歉的理由。

▶ 從承認錯誤中找到一點樂趣。在別人嘲笑你之前，你可以自嘲一下。

▶ 說重點，別過度道歉。最好的道歉是簡潔扼要，別過度解釋，導致你的道歉無效。

▶ 道歉後，留點空間讓對方回應，記得認真聽。

▶ 表達你的歉意後，就讓它過去，往前走。人非聖賢，孰能無過，不需要過份苛責自己。

▶ 別送花賠罪，這麼做可能會被誤解，或被認為太過親近。最好的做法是誠心表達歉意，對你的錯誤負責。

▶ 聚焦於你做了什麼，以及你的行為對他人造成什麼影響。避免說：「很抱歉讓你覺得……」，這是在責怪對方的反應，等於是把問題丟給他們，把「很抱歉……」變成「我其實一點也不覺得抱歉。」

▶ 道歉永遠不嫌遲，但最好還是盡快誠懇認錯。

切記

- 對自己感到生氣和對他人感到失望，這兩者往往親密相伴。當我們以不切實際的標準來批判自己時，例如：「我應該預料到會發生這種情形的」，或「我根本就不該信任她」，是對自己施加痛苦。探究你的憤怒源頭，平定你的心魔，這是在避免傷及你鄰座那個無辜的傢伙。

- 認錯雖難，但有時候，接受道歉更難。當你是被致歉的一方時，讓對方表達悔恨，認真聽，肯定他們努力想要改正。

案例研究 1　他要的只是一個道歉

　　朱和安德烈是一家律師事務所的一個地區辦事處的雙主管，兩人也是好友。兩人已經通過律師事務所的晉升考核，管理高層說，他們想讓兩人同時升為合夥人，但從經濟層面考量，最好還是再等一年。朱說，他為這個地區辦事處賺的錢比較多，威脅著要辭職。後來，高層同意晉升他。安德烈在得知之後，「氣得抓狂」（他自己形容。）眼見安德烈暴怒，朱改變心意，告訴他的上司，他願意再等一年。可是，接下來，安德烈拒絕和朱共事。這個地

區辦事處的成功，有賴兩人恢復關係，因為兩個敵對的經理人，將導致部屬分裂。

然而，兩人都認為，為這起衝突負責是示弱的行為，因此兩個人都在等對方先開口道歉。後來，是安德烈打破僵局，他承認，雖然他感覺被朱背叛，但他本身的行為也有錯。緊張對立搞得大家都很累，安德烈想念朱，他先踏出和解的第一步。他的致歉抒解了壓力，但這只是開始，兩人還需要很多交談。

案例研究2　決裂之後的第一步

瓊恩是一家大型房地產公司的人才招募主管，愛黛兒則是一家知名獵才公司的主管，經常為瓊恩的公司覓才。雖然來自非常不同的背景，這兩人非常欣賞彼此明快有效率的做事方法。多年來，她們交流意見，分享資源，經常共進午餐。後來，瓊恩錄用了一名新的建築部主管，並且拒絕支付佣金給愛黛兒，愛黛兒很生氣，因為她在多年前曾把這個人推薦給瓊恩。瓊恩認為，這已經是很久以前的事了，她並沒有和這個人接觸，直到最近幾個月，對方直接找上瓊恩。愛黛兒當著其他人的面，大聲說

出自己的不滿，堅稱瓊恩不付她該得的仲介費。瓊恩說，她再也不會和愛黛兒合作了。

六個月後，愛黛兒聽聞瓊恩正經歷一些艱難，她打電話給瓊恩說：「很抱歉，我不希望我們疏遠，我不該當眾作出那麼嚴厲的反應。我是很失望我們無法在費用上達成共識，但我們的關係對我而言太重要了，我有一些想法，或許可以幫上忙。」瓊恩接受愛黛兒道歉，自己也開始道歉：「當時我承受降低成本的壓力，我應該支付妳部分仲介費的。」後來，她們出去共進午餐，笑談她們倆都是那麼強悍的人（也都是內心柔軟的人。）瓊恩和愛黛兒分別向團隊講述這個故事，這個故事的寓意是什麼呢？努力推進，但是要知道何時「夠了」，並且作出修正。

34

接受你的想法可能不被了解

有時，組織還沒準備好
接受、實行你的點子

每個社會敬重活著的循規蹈矩者和已故的麻煩製造者。
—— 米儂・麥羅琳（Mignon McLaughlin），已故美國作家

　　現在的新創公司和跨國企業，全都尋求在所屬的產業中破壞與創新，但大多數都不是很擅長這麼做。資料顯示，最成功的產業解決方案，來自那些有局外人視角者，為什麼？因為局內人傾向用原本的專業角度評估資訊。當你因為具備其他產業的敏銳知識被雇用到「局內」後，會發生什麼情形呢？先是熱情洋溢，後來就清醒了！

　　研究顯示，企業內部創業行動有70％至90％失敗，大多是因為這些內部創業行動，被看成公司現行必要活動的附加項目，而非攸關組織前途的重要創新。公司的免疫系統，賣力地抗拒對現狀的質疑和挑戰，內部創業行動往往得不到適足的人員、時間與資金。縱使是成功的內部創業者，也難以在公司組織架構中找到立足之地，必須追著

管理階層要求作出決策，但這些決策一再被拖延，因為組織領導人可能覺得還無法作出明智抉擇。

舉例而言，我的一個客戶是一家有線電視公司的銷售主管（姑且稱他為荷西），他和一家電信公司合作推出一條廣告收入流，創造了數千萬美元的營收。他探勘機上盒蒐集到的資料，推出「可定址廣告」——可以用較低價格賣給更多公司的廣告，因為這類廣告可以瞄準觀看特定頻道與節目的家戶。這項廣告業務創造了可觀的收入，荷西建立的團隊也備受推崇，但是此業務隸屬的主管單位不斷地變動，究竟這項業務該歸屬於產品部門呢？還是行銷部門？荷西該獲得多少銷售佣金？沒有過去的模式可以參考，荷西必須教導他的上司如何支付他的佣金，他還得前往華府討論相關法規問題，因為隱私權保護法跟不上他開創的創新。

我的另一個客戶（姑且稱他為保羅）是個銀行業專家，加入一家跨國保險公司，任務是設立一支投資基金，支援產業中的「破壞式創新技術」。但是，這家公司的管理階層了解保險業務，不懂技術或早期階段的投資。保羅告訴我，他打算寫一本書，書名是《我早就跟你說了！》，以反映這家保險公司的文化不符合所須的決策速度，導致錯失了很多生意。

荷西和保羅都具有優秀的遠見和能力，能夠看出可能商機，並且請求大公司的組織配合，以達成他們的目標。

在沒有既有資源下，這兩個人都必須運用他們的影響技巧，向公司現有團隊招募人才來協助他們。其他經理人視他們為威脅，他們還得面對的另一項挑戰就是，必須搞清楚他們應該參加哪些會議，以符合更大的公司目標。此外，他們也想爭取媒體報導，以壯大他們的方案，但遭到拒絕。

我輔導過很多像荷西和保羅這樣的客戶，他們能夠展望未來，在其他人還看不出需求之前，推動變革。這些能力是他們的重要資產，但也是他們的最大痛點。內部創新創業者，幾乎鐵定無法被充分了解，可能也無法獲得組織的足夠重視。有時，組織還沒準備好接受、實行你的點子，為了成功，你必須竭盡全力爭取他人加入你的行列，你必須認知到，在很多時候，你將會感到孤單。

為了維持活力與信念，請你務必記得，很多阻礙跟你個人無關，這是過程的一部分。我指導我的客戶樂觀看待不被了解，或欠缺來自管理階層的支持，因為這些意味的是，你可以善用灰色地帶幫助自己。

這項技巧適合你，如果你……

- 需要大型組織的支援和基礎設施，以推動你的優異點子，他們想要支援你，但不知道該如何做。
- 總是停不下來，認為不該只是這樣。
- 正在解決一個多數人可能都沒注意到的問題。

- 沒有指標或酬勞計算公式，可以妥善評價你的績效。
- 不清楚該隸屬於誰管轄，或是你該歸屬於哪個部門。

如何採取行動？

▶ 設法使他人變成你的支持者，而非阻撓者。設法應付潛在批評者的自負。持續讓同事得知你的工作的最新進展，邀請他們貢獻專長。出借你展望未來的望遠鏡，向你的暗中破壞者展示善用他們原有技能的新方式，幫助他們減輕恐懼。若你需要多次嘗試才能看見成效，別灰心，你可能必須試著舉出幾個不同的例子，說明你的同事的才能可以如何貢獻於你的計畫。

▶ 向潛在支持者提供重點及潮詞，幫助他們推銷你的點子，這也會讓他們看起來聰明、具前瞻性。

▶ 為你的同事提供架構，幫助他們了解你的計畫的價值。簡單說明，提供和他們的工作相關的例子。

▶ 對他人展現耐心，幫助聽眾熟悉你提出的概念。把說明的速度放慢，避免使用行話。把複雜的東西或超前時代的新概念合成一下，盡可能清楚地提出你的資訊。你可以先在家裡練習簡報，若你的青少年孩子無法了解你要傳達的訊息，你應該繼續調整。

▶ 樂於保持低調。當你的點子還處於成形階段時，他人的賞識可能是過獎，知名度會觸動公司裡的抗體，招來阻力。

▶ 尋找來自辦公室之外的支持。你可以參加研討會，和其他創新人士交流，縱使他們從事的領域跟你不同也沒關係。

▶ 你的點子或計畫可能不被了解，你要接受這個事實，但這不意味你應該放棄。微笑以對，告訴自己，一旦你的計畫變成公司的核心業務，你可能將去探索另一個領域。

切記

● 在「我們」之間培養差異性，有時是共同進步的必要。

● 有時，你會在你們組織之外，找到最熱情的連結。

案例研究 1　　**在內部行不通，先在外面孵育**

　　「我建議在週四晚上，把俱樂部開放給非會員，邀請他們加入我們策展的特定主題討論會，由我們從忠誠顧客群中挑選出來的人輪流主持這些討論會。這樣一來，我們可以讓一些特定人士接觸到我們的俱樂部，也為既有會員提供新節目，同時保有這個俱樂部的一些神祕感。」在席拉斯看來，這套方案的益處相當明顯，但是當他提出這個新構想時，他的上司們猶豫不決，他們擔心會減損俱樂部

的專有尊榮性，就是這種排他性為俱樂部帶來市場競爭優勢。

　　席拉斯感到挫折，但仍然對這個構想懷抱熱情，所以他決定跟朋友進行測試。他在自己家中舉辦沙龍，邀請一些媒體界人士參加。這些人對席拉斯的點子產生共鳴，在媒體的社會版上寫了幾篇報導。一年後，席拉斯的上司給他機會，在俱樂部中引進這套方案。新方案獲得好口碑，這些宣傳幫助提振俱樂部原本降低中的營收，因為付費會員選擇待在這個感覺起來更加摩登的地方。

案例研究2　在內部創造品牌知名度

　　2005年，麗莎・謝爾曼（Lisa Sherman）和克莉絲汀・法蘭克（Kristin Frank）共同領導傳媒集團維亞康姆旗下Logo頻道的推出，這是美國第一個以廣告收入經營、針對LGBT觀眾群的商業電視頻道。這個頻道不只提供娛樂，也以性別包容和營利方式建立一個社群，致力於促進社會變革，這並不容易。

　　當年，在電腦上觀看整集節目，還是一個相對新興的概念。起初的一項限制（電視台不播放Logo製作的節目），變成Logo的營業利基，他們在製作

及宣傳節目內容時，考量他們針對的是線上觀眾。從電腦前的觀眾起步，爾後發展出來自傳統電視台的需求，Logo團隊反轉了傳統順序。身為他們的顧問，我建議Logo團隊在內部自稱為「維亞康姆的研發中心」，因為他們開創了產業的轉變 —— 從電視播送轉變成多平台播送策略。

　　Logo團隊在三年間播送超過四十集原創節目，廣告收入成長，成為全美LGBT觀眾線上收看的首要頻道。隨著其他媒體擴展至針對LGBT社群推出節目，Logo頻道在幾年前改變了節目策略，聚焦於更一般性的文化興趣。這個原本在邊緣地帶經營的新創事業，如今成為主流的一部分。麗莎和克莉絲汀已經轉戰其他領域，麗莎現在領導非營利組織廣告委員會（Ad Council），這是專門製作公益廣告及宣傳公共服務的一個全美知名組織，而克莉絲汀是提供市場情報的新興科技公司AdPredictive的總裁。

35

協商出一份心理契約

彼此承諾要極度誠實

　　你可曾有過這樣的經驗？很想摀住耳朵說：「現在別談這個！」當然，你致力於個人發展，想成為一個敏感、情報豐富、富有靈感的團隊成員，但你今天不想聽、不想談你可以如何改進。你的小孩半夜三點爬上了你的床，現在又是容易過敏的季節，你的信用卡帳單已經逾期了，你還有一堆會要開……不論什麼原因，反正你現在的情緒狀態，不適合作重要討論。

　　或者，你鼓起勇氣告訴你的同事凱爾，同樣的故事他講了很多次。其實，他的故事並不是那麼有趣，其他同事也開始皺眉，因為凱爾每次講這個故事時，內容不盡相同，但故事中的英雄一定是他。凱爾是個好人，工作表現好，但是他的自誇惹人厭煩。你提醒他，目的是想拯救凱

爾免於尷尬或不友善的批評，但凱爾卻認為你很煞風景，結果他現在不大理你了。

　　本書的宗旨是幫助你建立良好的人際關係，讓你在工作中獲得更多成就，感覺更快樂。為了建立連結，你必須「面對現實」，請你展現出人性，如實表達你的情緒，有勇氣開啟困難的對話。誠實為上策，根據我的經驗，誠實有分「一般誠實」和「極度誠實」（extreme honesty）。「極度誠實」是毫無掩飾的事實，在雙方同意下，小心地陳述。**為了避免冒犯他人，也讓你的同事不用擔心冒犯你，建議你們協商出一份心理契約。這不是書面文件，而是口頭協議有關彼此溝通的界限 —— 你想知道多少，以及何時。**你想要他們對你坦誠到什麼程度？你可以把關於感覺（你的感覺或他們的感覺）的談話講到多白、多深入，而不至於讓最佳意圖引發反效果？

　　心理契約有兩種，一種是當下性質，另一種是持續性質，兩種都需要對反饋足夠敏感。

　　當下的心理契約　「這場簡報真的讓我很緊張，會議結束後，你能不能告訴我，我哪些部分做得好？我可以再改善哪些部分？」你在事前向同事或顧問提出這項請求，就是把對方拉到你這邊，邀請他們積極聆聽，對你的表現提出坦誠的評論，而不是禮貌性的認可，只是對你說：「簡報得很好。」或者，你想提供評論，你可以說：「你剛剛講得很好，如果你想知道我在中場休息時聽到的聽眾

反應，請讓我知道，我們可以聊聊。」你這麼說，是在提出邀請，而不是假設這位正沉浸在讚美之中的主講人，想要聽到好評以外的反饋。

持續的心理契約　你去找你的同儕，或潛在的導師、你的經理，或你的部屬說：「我知道我必須在團隊中建立信譽。當我做到的時候，可以請你讓我知道嗎？當我不夠大膽，或沒有提供足夠明確的方向時，請提醒我。」你提出這項請求，是在對自己的發展負起責任，並且允許他人向你提出可能不中聽的反饋。或者，反過來，你可以向你管理的同事說：「你被考慮賦予更多職責，但有時你的抉擇令人質疑，我相信多些訓練，你可以做得更好。之後當發生這種情形時，你介不介意我指出來？」

你可能會想，提供反饋，這不是經理人的職責之一嗎？理想上是這樣沒錯，但實務上並非總是那麼容易。本章進一步討論相關概念，針對何時提供反饋、要提供多深入的反饋設下限制。此外，心理契約也對工作場合的交談設下分際，避免出現可能過於私人性質的談話。

這項技巧適合你，如果你……

- 想要即時、誠實的反饋。
- 想知道超過多少算越界，當你和你的團隊的行為好像愈來愈超過時。
- 對什麼可以說、什麼不可以說，這方面的界線不是很

清楚。你感覺得到，好像不是人人都感激你那麼坦誠。

- 明明看見錯事發生，但沒人詢問你的意見，你想幫忙。
- 發現有些同事對公開討論感覺十分自在，其他人則不是。

如何採取行動？

個人層級

▶ 別假設你的金玉良言一定會受到歡迎，若你想溝通的這位同事是你的部屬或同儕，你可以問他：「我可以跟你分享一些我的感想嗎？何時方便？」觀察此人對批評的接受程度。人資專業把「批評」稱為「發展性反饋」（developmental feedback），但坦白說，這真的不是讚美。詢問對方，是否願意聽聽你完全坦誠的看法，純粹當作參考意見？要接受對方可能會說：「不用了，謝謝你。」若你認為你的觀察對這位同事的成功攸關重要，但他好像沒那麼有興趣聽聽看你的建言，你可以對他說：「我想幫助你，等你想跟我談時，讓我知道。」俗話說得好，你可以牽馬到河邊，但無法強迫牠喝水。

▶ 想想你接下來六個月的目標，省思你的哪些行為，將有助於你達成這些目標？你不確定你在會議中的表現好不好？你擔心自己太長篇大論？請經常和你一起參加會議的同儕幫個忙，當你講得過於冗長時，拉一下他們的耳朵提醒你；或是，當你提出精闢的論點時，

摸摸他們的鼻子讓你知道。這是一個很棒的連結方法，既有趣，又能獲得即時反饋。當你請求這種即時反饋時，既顯示出你比較真誠、脆弱的一面，又顯示出你重視朋友的意見。

團隊層級

▶ 若你領導一項變革行動，或是預期你們團隊的工作將獲得不好的反應，坦率告知你的團隊，告訴他們：「我們將會進入一段困難時期，可能會惹得一些人不大高興。大家是否同意，我們的會議是分享我們在走廊或街道上聽到的訊息的安全地方？若有我們必須更廣為分享的資訊，或是我們必須維護聲譽的情況，我們將在每週三用一小時的時間，共同研議要採取什麼行動。這需要我們盡量坦誠、相互支持，若誰對此有意見，我們現在就提出來討論。或是，在會議結束之後，請私下來找我。」

▶ 有時候，團隊內部緊張，或團隊成員之間的互動彆扭、不自然，若能把許多情緒說出來，將有助於抒解壓力。在展開期望大家都誠實的討論之前，請你先徵詢同意，觀察大家是否都感到自在。他們是否願意進行坦誠交談？可能害怕什麼後果（例如，承認錯誤而遭到報復）？你該怎麼做，以解決這些憂慮？你必須知道，不是你說講出來沒關係，就能夠產生心理安全

感，這需要大家共同努力。在發生批判性言論時，要有勇氣指出來，制止私下討論。

▶ 為了有效溝通工作價值觀、化解衝突，或處理困難議題，團隊討論請採圍成圓圈的方式進行。這往往可以更成功，因為大家能夠看到彼此，也可以促使參與者輪流回答或發言。若你是團體討論的引導者，最好讓與會者自願發表意見。若你期望人人發言，應該在提出問題之前先點明這點，好讓與會者有幾分鐘的時間思考。激情發動於右腦，清晰的論述形成於左腦，人很難在深切憂慮或煩心的同時，說出思慮周詳、有條有理的觀察，所以請容許混亂、欠缺條理的回答。

▶ 認知到一點：不是人人都能隨需控制情緒（也不該如此），若是爭論變得太激烈，請你喊停，徵求大家稍微冷靜一下，再繼續交談。檢查一下大家的心理契約，或是再協商心理契約。這場討論是否已經超越了安全點？若是的話，請暫停一下。討論的內容是否超越了適宜點？若是的話，勇敢詢問團隊，大家的討論是否跟預期的方向一致？不是的話，改變方向，或是停止討論。

切記

• 若你立意良善的反饋，引發你無法處理的情緒洪流，或你懷疑你的同事分享過頭，例如告訴你太多可能影響到工作表現或感覺的私人問題細節，建議你停止談

話。你可以等到同事平靜下來之後重啟話題，或是建議對方尋求專業諮詢。協商出一份心理契約，並不是說你必須當個心理師。

- 心理契約不具永久約束力，請務必記得再協議新的心理契約。

案例研究 1　在你表達看法之前，先徵詢同事同意

　　艾克喜歡深入思考，他的綽號是「大師」。他比團隊許多人都年長，在人員安排方面，總能提供有見地的建議。他每個月會發出一兩次建議閱讀書籍或文章清單，部門裡許多人都覺得跟他交談很有趣，但其他人一看到他走過來，就想躲避，為什麼？因為艾克喜歡探索，他會提出激發思考的問題，一開始很有趣，但有些人覺得，後來就扯太遠了。艾克的這些行為並未先徵得同意，他沒有先建立心理契約，他沒有先問對方，是否對他進行行為解讀感興趣，就逕自表達意見。其實，若不理睬艾克，是一種損失，但經過輔導後，艾克明白了。他應該先「敲門」徵詢許可，不該假設自己隨時受到歡迎。

案例研究2　同意向上管理，可為職場創造正能量

剛取得企管碩士學位的琦琦，受雇於一家成功、但經營鬆散的三明治工廠。工廠剛獲得一筆小額經費資助，琦琦肩負把營收提高一倍的職責與目標。她精力充沛地對員工發號施令，大吼：「少講一點話！」，「火雞肉切快一點！」，工廠獲利上升，但員工的火氣也上升。

工廠出納員史黛芙鼓起勇氣詢問琦琦，她可不可以向琦琦提出一些建議？琦琦很好奇。史黛芙說，員工有一些調整業務的點子，例如舉辦音樂之夜、促銷、營業時間提早等，但他們不敢開口，因為琦琦說話很大聲、很凶，冰箱上貼滿了訓令，但她的意見往往對他們這個團體不切實際。

琦琦徵求史黛芙的協助，她向史黛芙保證，部屬向上管理是沒問題的。她們達成協議，當琦琦的聲音太大時，史黛芙將以動作警示她，史黛芙也會提醒她，記得舉行有益的動腦會議。史黛芙會悄悄告訴琦琦，今天是哪位員工的生日；當一項新規定可能不必要地惹惱廚房員工時，史黛芙也會坦率指出。在史黛芙的這些協助下，工廠裡的氣氛改善了。一個月後，琦琦向大家揭露她的成功祕訣——

史黛芙，並邀請全員坦率對她說實話。由於大家看到史黛芙的誠實直言獲得琦琦契重，他們也有信心跟進。

36

為自己發聲
過程也許有點不適，但值得

「我告訴薪酬委員會：『支付我你們能夠支付的最高薪酬，然後努力再往上加一點。當你們達到你們能夠支付的高點時，再往上努力爭取空間。』畢竟，我就是這麼為客戶爭取的，為什麼我不能這樣為自己爭取呢？」律師布萊德說。

你能不能像布萊德這樣坦率呢？若你點頭，或許我應該把你和布萊德結合起來，讓你們辦一場關於「如何為自己的價值爭取酬勞」的研習營。所有人都該如此，請聽我簡單說明。

一再有客戶打電話向我抱怨，說他們和上司討論薪資或升遷失敗了，他們很氣自己和上司。他們氣自己接受了令人氣餒、貶低自己，有時甚至是非常不尊重的待遇。你

覺得這聽起來很熟悉嗎？你和你的主管進行績效評量討論，你滿懷自信，相信你將獲得不錯的加薪幅度，因為你對自己過去一年的表現相當滿意。可是，你被告知你的表現，不如你所想的那麼好，或是被告知你的表現優異，但公司現在限制加薪。或者，你的主管告訴你：「上頭決定發給你一大筆獎金」，但其實根本沒多少！

　　這太令人失望了，你感到鬱悶，開始感覺不舒服，只想要趕快結束，離開這裡。所以，你不說話，形同默從。成功了，會議結束了，你當下鬆了一口氣，但這輕鬆只是短暫的。你離開會議，氣餒的憤恨油然而生。若你不採取進一步的行動，你和這位主管（及其他人）的關係將會惡化。**適當為自己發聲，有助於修補及強化工作場所的關係，並且提升自尊心。**

　　沒錯，有一些情況最好只說句：「謝謝你」，但很多時候，必要的談話並不會因為你想要談話就會發生。別卻步，鼓起你的信心，留在原地，說出你不舒服的感覺，表達你的失望，詢問你的上司願不願意忍受這尷尬，以便你們或許可以共同商議出一個更令人滿意的解決方案。光是把意見不合的緊張對立指出來，就已經能夠抒解你們雙方的部分情緒壓力。若當下不是仔細討論為何你未能獲得你認為應該獲得的價值肯定，在你離開之前，試著敲定一個繼續相關談話的日期。

　　你也必須認知到，這對你的上司而言並不容易。別忘

了強調你對你的工作的盡忠投入，畢竟這些討論終究是關於你能夠為你的上司做什麼，這也是你獲得薪酬的原因。詢問開放式的問題──誰、什麼、何時、為何，更了解公司未來一年的優先要務，談談你可以如何幫助達成這些目標，讓你的主管為之振奮。對了！記得使用「我們」一詞。

　　職場上最成功的人士，具有百折不撓、堅韌及頑強等特質──或統稱為「恆毅力」，心理學家安琪拉‧達克沃斯（Angela Duckworth）對這些特質做了很多研究。一個西點軍校的新生，能否完成第一個夏天的基本訓練，用他的恆毅力分數來預測，比用他的學術成績GPA、軍事測驗分數，以及西點軍校用來篩選申請者的候選總分更為準確。恆毅力也可以預測一位女性律師，能否在大型律師事務所中成功。達克沃斯說，有天分還不夠，你必須努力，必須能在挫折之後再度振作，百折不撓。**下次，別再生氣了，展現恆毅力，勇於為自己爭取。過程中的不舒服與煩擾是正常的，平靜看待。**

這項技巧適合你，如果你……

- 在類似時刻，總是選擇從緊張中逃離出來，而不是訴諸困難的談話。
- 每次覺得自己的價值被貶低時，很難保持士氣。
- 覺得幫助別人比照顧自己還容易。

如何採取行動？

▶ 清楚你的目標，你是想要求加薪還是獎金？在進入談判前，先想好一個數字。

▶ 要求和你的價值足以匹配的條件，無須道歉，不要自貶身價。

▶ 當你的雇主先發制人，「賜給」你一些你「應該感謝」的東西時，把這視為談判的起點，而非最終交易。別言不由衷地說：「喔，你真慷慨」，試試看這麼說：「這是一個很好的開始，但無法彌補我的市場價值和目前薪資之間的落差。」

▶ 避免讓你的談判對手太輕易過關，堅持下去，別在氣氛一緊張時就投降，也別急著說話填補沉默。

▶ 聚焦於雙贏。為了成功，對方或公司需要什麼？你可以如何作出貢獻？把這些當成談話重心，別只是談你本身和你對薪酬或升遷的失望。

▶ 提議幫你的主管為你向公司爭取。什麼資訊能夠幫助你的主管影響上級？好好準備這些資料。

▶ 創造視覺工具。繪圖說明你需要什麼立即協助或支援，用紅色標示緊急項目，用黃色提醒你的聽眾潛在問題，用綠色標示你已經掌控的部分。綠色部分很重要，因為它提醒你的聽眾，你作出了什麼貢獻，證明何以你的要求是值得的。在你的談判會議中，聚焦於

紅色部分，以確保能夠滿足你的需求。把你這份檔案以紙本形式留一份給對方，在後續追蹤時，寫一封感謝函，並且記得附上這份檔案的電子版，好讓其他人可以用來幫你爭取。

▶ 取得你期望的解決方案通常很難，若公司無法調漲你的薪資，你應該有創意地想出其他形式的酬勞，例如獲得媒體報導、伙食津貼、免費停車位，或是支付你的旅行費用。也許，把你的辦公桌移到別處，或是改變你的上班時間，也會使你工作得更愉快，這也是實質價值。

▶ 若談判結果未能如你所願，詢問是否可以在三個月或六個月後再議。

切記

- 滾石樂團（The Rolling Stones）1969年發行的歌曲《想望未必如願以償》（"You Can't Always Get What You Want"）中的歌詞寫得很對，有可能你只能獲得很基本的東西。

- 我們的心理可能會戲弄我們，當我們的請求輕易如願以償時，突然間，我們可能感覺不滿足。

案例研究1　別因為一點甜頭就放棄，堅持下去

　　凱蒂大學時代是運動員，在籃球場上以無畏進攻聞名。她是一個忠誠的員工，任職於同一家廣告公司超過十六年了。凱蒂持續不斷地扛下新職責，但經常未能隨著職責範圍的擴大而獲得合理加薪，我們決定該是尋求改變的時候了。

　　我們整理出反映她的價值的「數據」，並研擬達成此一目標的幾條路，包括調整底薪、股票選擇權和津貼。我們預期，談判對手將是難纏的人資主管喬許，凱蒂準備了她近期成就的顯著例子，準備好積極溝通她的未來願景。

　　進入喬許的辦公室時，凱蒂緊張得胃都糾結了。喬許親切問候她，讚美她的成就，說公司有多麼器重她，這讓凱蒂放鬆下來。喬許說，期望未來一年，凱蒂將獲得更多職權，凱蒂眉開眼笑，起初的焦慮消散了，她樂得很！接著，喬許告訴凱蒂，她將獲得2％的加薪，凱蒂難以置信，她感覺火燒全身似的，只想逃離這裡，立刻獲得抒解。沉浸於喬許的讚美中時，凱蒂演練多時的決心已經融化了。

　　因為喜歡對同事保持好感覺，凱蒂總是很快就放棄作戰，希望保持氣氛溫暖輕鬆。那天晚上打電

話給我時，她既生氣、沮喪又失望，我們回顧喬許使出的「誘惑」，以及她有把握穿越對手進攻的時刻。我們喚起她在當運動員時的肌肉記憶，不論場邊有多少人揮手、吶喊，場上有多厲害的對手阻擋她進攻上籃，她都能夠冷靜以對。

凱蒂要求再跟喬許進行一次會談，這回，她準備堅持新的薪資，結果她成功了。雖然加薪幅度未能百分之百如她所願，但和原先的目標很接近。我們相信，喬許能夠感覺到凱蒂的改變——她決心好好享受過程，取得她想要的數目。

案例研究2　主動提議選項，創造雙贏

法蘭可善於讓別人有最好的表現，這對身為專業攝影師的他來說，是一項巨大資產。見習於這個領域一些頂尖、知名的攝影師之後，他最近開了自己的工作室，我們一起研議如何經營他的品牌，我們也製作型錄，列出他的服務項目和相關價格。當潛在客戶來電時，他不會為了快速成交而讓步。我們準備的材料使法蘭可有信心說：「這些是我們的政策」，這樣變得比較正式，不會那麼因人而異。當客戶質疑收費時，法蘭可捍衛品牌價值。

　　這對簽約階段有所幫助，因為客戶收到拍攝成果、開始無止境要求修改時，有時很難訂出限制。法蘭可想建立他的聲譽，以前往往默從，導致他在工作室一直加班處理。我們研議出一套做法：法蘭可一開始就主張對過多的修改收取額外費用，若客戶拒絕接受調整金額，他就要求非金錢式的報酬，例如注明拍攝者，或是邀請他參加企業舉辦或贊助的活動，讓他拍些照片，張貼在自己的社群媒體上。事先列出替代方案清單，讓客戶加以選擇，以滿足他的需要，這減輕了法蘭可的怨恨，也形成一種互惠的夥伴關係。

37

指出房間裡的大象

別讓問題把一切搞砸

當房間裡有大象時，好好介紹一下。
—— 蘭迪・鮑許（Randolph Pausch），
已故卡內基美隆大學電腦科學、人機互動與設計教授

　　身為顧問，我經常進行狩獵之旅。不需要吉普車或找巡邏員來，我沒有進入禁獵區，我在你們的辦公室裡，尋找一種體積特別龐大的哺乳動物。「房間裡的大象」是一種無名的問題，指一種情況、問題或爭議，絕大多數或全部的有關人士都知道，但因為害怕潛在後果而不去討論。大家偏好忽略，期待「這頭大象」自動消失。不過，當大家都感覺到大象的存在，但大家都不承認它存在時，就無從解決，於是眾人學會忍受，而這往往產生有害的後果。

　　「房間裡的大象」搞垮個人事業和公司的著名慘烈例子很多，安隆公司（Enron）、太空梭災難、藍斯・阿姆斯壯（Lance Armstrong）、伯納・馬多夫（Bernard Mandoff）等都是。雖然事有蹊蹺，但後來的調查顯示，

那些最早提出質疑的人 —— 亦即那些看到「房間裡的大象「的人 —— 被置之不理。

結果，大象重踩，阻礙有品質的交談，也阻礙有成效的決策。**需要有勇氣、有魄力的領導階層指出令人討厭的行為，確保沒人敢說的棘手問題浮出檯面，並且加以處理。我們雖然無法阻止大象進入公司，但是可以培養文化、設立機制，盡速把大象送出門。**

不過，若這種重大的組織威脅，隱藏在眾目睽睽之下，要如何知道它的存在呢？下列是大象存在的例子之一：談話發生在不對的地方，你召開會議，想要解決一件重要事項，但大家沉默不語；你邀請大家提出意見，但沒有自願者提出有用的回應。你的同事其實並非真的沉默，他們只是在自己感覺安全的非正式場合談論罷了。角落裡出現流言蜚語嗎？尋找大象，然後設法把走廊上的談話，變成相關人員與單位彼此覺得安全、可公開、直接進行的討論。

這項技巧適合你，如果你……

- 發現未解決的問題，正在阻礙團隊發揮充分潛能。
- 正在引導變革，但缺乏資訊，而流言蜚語正在增加。
- 察覺到似乎有什麼不對勁，但無法確切指出是什麼。
- 注意到交談在圈子裡進行，人們在會議中點頭，但沒有採取行動。

如何採取行動？

▶ 勇於詢問：「我們為什麼不討論……？」理想的情況是，你提出的質疑將促成較公開的討論，或是你把問題點出來，可能促成調查，在日後提出調查報告。

▶ 盡你所能對「大象」了解更多，別作任何假設。若你是主管，讓你的同仁可以安全地分享他們的印象和感想，你可以個別且保密地進行訪談。考慮從外部聘請顧問進行訪談，以不帶情緒、不使任何人難堪的方式，提出訪談所獲得的發現。

▶ 準備好面對強烈情緒的釋放。若「大象」不是一個那麼刺激、引發反應的主題，就不會隱形了。當討論展開後，有些人可能會難過，鼓勵大家學習、互相支持，別馬上作出批判。「大象」不會憑空出現，探究：「實際上，可能是發生了什麼事，導致這樣的問題呢？」

▶ 如果你要處理的問題，已經燜燒了好一段時日，思考何時是處理的最佳時機。找一個相關人士不那麼疲憊、精神最不渙散，以及無關者不在場的時間處理。

▶ 小心，你自己可能就是「大象」！別以為你能夠繼續翹班，就算是為了去看病或其他好理由都一樣。你翹班時，要求同事罩你，裝作你沒有翹班，這將對他人造成不合理的壓力。切記：你不是隱形人。

▶ 對事，不對人。事情或問題本身沒有情緒，但人有情

緒。很多時候，當棘手的談話開始時，相關人士就在現場，務必不要使任何人覺得難堪或受到羞辱。

▶ 點出問題後，大家應該針對如何加強溝通（若合適的話），達成一致意見。記得包含接下來的行動說明。說明行動計畫，有助於恢復信任，也可以使那些協助研擬解決方案的人產生榮譽感。

切記

- 若你的上司是「大象」，在你面對處理問題之前，可能得先諮詢人資。
- 若你在茶水間聽到同事講辦公室的大醜聞，別忘了做事實查核，因為大祕密可能根本是無中生有。

案例研究1　當你自己就是「大象」時

　　一家專業服務公司在外面場地舉行管理階層會議，會議之前，我訪談了該公司十五位主管，他們只對一件事意見一致，那就是他們之間的互信程度，已經降到前所未見的低水準。有些人籲請換掉公司的領導人，甚至還提名自己當新的領導人。現任執行長是個有魅力、非常有幹勁的領導者，推動公司和精品供應商建立新的策略聯盟。他訂定遠大

的財務目標，自己也出錢投資公司客戶的事業，所以領導團隊中的幾名成員，質疑此舉是否涉及利益衝突。

有幾個人說：「房間裡有大象。」這個案例對我來說特別有趣，因為：（1）我剛好正在撰寫這一章的內容；（2）英語非他們的母語，由此可見，「房間裡的大象」這個概念高度普遍。我請他們指出「大象」的名字，他們全都說出執行長的姓名，但問題究竟是什麼，他們的意見不一致。於是，我決定在他們的會議一開始就介紹「大象」。我分享我的訪談所獲得的資料，指出眾人的苦惱，然後把麥克風遞給執行長，由他逐一回答他們的疑慮。當他開放提問時，他背後的螢幕上，顯示的是一張大象的投影片。我們持續談話，直到所有人都發完牢騷，對這一週的共同議程表示同意。「大象」離開了，但執行長留了下來，他的領導重新獲得大家的支持。

案例研究2　框「內」思考

當眾人熱議的八卦對象是你的上司，需要實事求是、客觀討論時，想把「大象」踢出去將更加困難。二十五名技術人員在公司外部舉行會議，他們

的團隊領導人批評他們沒有策略性地思考。公司的基礎設施有變得老舊過時的危險，這支團隊組成多個工作小組，檢視專案管理、技能改進等層面的議題，但大家了無生氣。

我請團隊匿名提出他們的疑問，然後我對包含高階經理人在內的所有人，大聲讀出這些疑問，「大象」就跑出來了。這些技術人員傳達的訊息很一致，團隊領導人和他的上司，急於取悅他們的內部顧客，鮮少對他們的要求說「不」，結果這支技術團隊必須不停地應付來自內部顧客的即時需求，根本沒有什麼時間去做策略性思考。此外，公司的高階領導人所說的優先要務並不一致，底下的人莫衷一是。公司最近縮編裁員，謠言盛傳，還會有進一步的縮編。這支技術團隊深怕被炒魷魚，所以不敢直接向他們的上司提出這些疑慮。

直接談話雖然是較佳的溝通方式，為了順利啟動討論，有時必須保護提出質疑者。當我以匿名方式讓「大象」浮現之後，會議就有了新生命。討論焦點轉向建立流程，以訂定及溝通明確的優先要務，並且研擬策略對非原先排定的需求說「不」──或至少「現在不行」。

38

化繁為簡，別把事情複雜化
讓精準執行更容易

> 複雜是你的敵人，任何笨蛋都能把事情變得複雜，
> 難的是把事情簡化。
> —— 理查·布蘭森（Richard Branson）

在高度連結的世界，能夠即時取得大量資訊及意見，也就很容易對流程進行過度工程，過求表現，或過度解釋。你是否提出充滿過多不必要術語的細節說明，以說服別人相信你有獨特資格可以應付極複雜的狀況？當心，別人非但不會認為你超級聰明，可能還會覺得你太累人了，講的話就像火星文一樣。達文西說得好：「簡約是細膩的極致。」

容易把事情複雜化的人，經常把真實情況的困難度擴大，這顯示了他們的不安全感。他們傳達的訊息是：「我不相信你會重視我，除非我把我做的事弄得看起來很困難，這樣你就會重視我了。」他們時常導致同事困惑，心生自己不勝任的感覺。把事情複雜化的人，很愛賣弄一些

潮詞和故弄玄虛的政策。他們的思維往往僵化，趨避風險，不是先建立連結，而是先創造他們與同事之間的距離。

　　把事情簡化的人，能夠對錯綜複雜的情況，提出清楚的行動選項。他們鎮靜、從容，主動釐清事物，提供明確焦點。和簡化者共事，人們往往感到有幹勁、有信心，而且樂觀。你可以在幾秒內，就看出誰是複雜化者，誰是簡化者。複雜化者總是站在公式問題的那一邊，喜歡小題大作，沉迷於細節，當有人提供解決方案時，他們表現出失望，甚至有點惱怒。簡化者則是相反，他們以行動為優先，會快速評估狀況，權衡辦法，偏好把資源投注在解決方案上。好了！讓我也來把重點簡化一下：**複雜化者喜歡研究困境，簡化者喜歡尋求解答。**

　　把複雜的概念，轉化成聽眾聽得懂、並且能夠作出明智決策，這是一項高超的技巧，需要時間練就。

這項技巧適合你，如果你……

- 備忘錄中有太多首字母縮略字，看起來就像在檢查視力一樣。
- 同事請你放慢速度，重複你剛才所說的，隔天又請你再說明一次。
- 同事去渡假，留下冗長的指示說明，想要幫你應付工作。你看了之後，無法決定是非常寶貴的協助，或是意圖使你生氣的謎題。

- 使用不是人人都懂的複雜詞語，導致誤解發生。

如何採取行動？

若你和複雜化者共事：

▶ 可別被難倒了！要求對方在進入細節之前，用三句話簡述問題，用一句話敘述解方。若你領導團隊，鼓勵所有成員在寫備忘錄時，開頭先寫一節摘要。報告愈少頁愈好，在最後加入注解，這樣可以讓閱讀者快速了解議題，也有更深入的資訊，提供給那些想要多了解一點的人。

▶ 建議所有電子郵件的長度，限制在只有一頁手機螢幕的範圍，否則就直接打電話。

若你想成為簡化者：

▶ 訂定明確的意圖。在開始做一件事之前，你應該百分之百確定自己究竟想做什麼。一開始就請他人提出疑問，以免同事愈來愈困惑。

▶ 別把你要解決的問題過度複雜化。

▶ 殺掉你的心頭愛，這是來自傑出作家威廉・福克納（William Faulkner）的一項好忠告。若你正在處理某件事，你寫了一個佳句，或製作出一張完美的圖表，但它和專案的其餘部分無關，你應該把它刪除，要狠心一點。

▶ 再看一次你的資料，哪些是「必須有的」（must

have），哪些是「應該有的」（should have），哪些是「有很好，沒有也沒差的」（good to have）？留下「必須有的」，精簡「應該有的」，考慮刪除「有很好，沒有也沒差」的部分，因為這些部分大概不那麼重要。

▸ 給自己足夠的時間準備，以節省你的聽眾的時間。

▸ 職場的多樣性有各種形式，包括人們處理資訊的方式。幫你的聽眾整理出重要訊息，做好準備，以圖表、數字、口述的方式提出。舉例說明，這有助於對方了解。

▸ 避免使用複雜的語言，別用行話和術語。若你避免不了，你可以針對縮寫、首字母縮略字和簡稱，特別加以說明。

切記

• 簡單的解決方案未必單純化，只是比較好理解和執行。

• 當你讓同事易於消化資訊時，就證明了你的價值。

案例研究 1　把話說得簡單一點，別讓我傷腦筋

　　羅素・馬柯斯基（Russell Makowsky）擔任高盛集團稅務部共同主管幾年，他的辦公室書架上塞滿了多冊美國國內稅收法、財政部法規及稅務核釋的卷宗。他團隊以外，少有人會去鑽研這些東西，但

稅法對事業決策有很大的影響。我問他，如何為公司提供這方面的服務？他說：「你必須活在你執業的稅法的複雜性中，但是用聽眾能夠理解的簡明度說話。」

我請他舉一個例子，他敘述這個：在2017年年底時的美國稅法下，有七種累進稅率，從10％至39.6％不等，最高累進稅率適用所得超過418,400美元的個人，以及所得超過470,700美元的夫妻合併申報者。在2018年的新稅法下，仍然有七種累進稅率，但最高累進稅率為37％，適用所得超過500,000美元的個人，以及所得超過600,000美元的夫妻合併申報者。簡單一句話：新稅法為大多數人降低了約3％的所得稅。

案例研究2　直接告訴我，這對我有什麼好處？

一家投資銀行的管理委員會，決定不投資數百萬美元升級交易平台。技術部總監蓋瑞，已經詳述現行系統的問題，他列舉出資料處理速度、請求支援的來電數目、他的團隊加班的時間量等問題，但還是無法說服決策高層。

我受雇協助蓋瑞，我們採取了另一種不同的做

法。他調整他的簡報內容，首先講述解決方案，以及它對公司事業的影響。蓋瑞說：「若你們投資X錢於新平台，你們的投資將在一年後回收，因為交易的處理速度將加快Y倍，獲利將增加Z。」感興趣的管理高層會後可以進一步了解，或是先閱讀一下各項注解。最後，蓋瑞獲得他需要的資金。

第六部

克服恐懼

恐懼彌漫，我看到你流汗，聽到你哭泣。組織承受必須創新的壓力，你害怕跟不上。縮編？你可能失去工作。公司可能將有合併案或新收購案。機器人來臨，公司的電腦運算平台競爭力不足，或是你跟不上系統。

面對不確定性，我們較可能向內轉，自然心生害怕，在最需要熱烈擁抱其他觀點和嘗試新點子的時刻，反而限縮了自己的視野。

若你繼續和相同的人交談，你就無法得知自己不知道的東西。高層的人、基層的人、中階的人，全都感到孤獨。在多變、不確定的環境下，為求生存，需要敏捷力與智慧。此時，應該提供一個讓新聲音安全發聲的地方（無論是來自組織內外的聲音），透過分享經驗，創造真誠的夥伴關係。不論你屬於組織什麼層級、坐在辦公室的何處，當你不再害怕時，工作就會更加有趣。

踏出第一步，走出你的安適區，邀請別人加入，建立橋梁。找到共同基礎，先以個人身分、而非行動代表或公司員工的身分來建立連結，才能更放鬆地展開交談。別低估寒暄閒聊的重要性，當然也要注意談話細節，促進實質、有收穫的交流，否則可能就會浪

費大家的時間在一場沒有意義的集會上。做個圓滑、有技巧的主人，這在人際互動上十分重要，別任其自然，一切交給運氣。

這一部的建議適合你，如果你……

- 決定勇敢探索求知。
- 董事會、上級或分析師要你當個市場破壞者，嗯……說得容易，到底要怎麼做呢？唯一先破壞的是你的睡眠。
- 腸枯思竭。
- 發現不只工程師，你所有的同事講話都像是密碼。他們到底在說什麼啊？！那麼多首字母縮略字，還有各種裝置、應用程式，你完全聽不懂。
- 警覺到「他們」的速度快，你的速度慢。
- 不知道自己不知道的東西，但知道自己不知道答案。問題愈來愈難，你的心跳加速，你是大家注目的焦點，你無處可躲，你無法呼吸。
- 邀請已被接受，把大家聚在一起的資金已經投資下去了，與會者內心有各種聲音，但大家害怕說出口，沒人彼此目光接觸，太安靜了！很彆扭，你很尷尬。

- 知道競爭來了！對手看起來一點都不像你，思維跟你的也不同。
- 同意相互連結的小世界理論聽起來很不錯，但你感覺受到扼制，被過度監視，過度暴露。

39

走出你的安適區
有點害怕是好事

害怕只是一種需要調整態度的激動。
—— 幸運籤餅籤文

我兒子五歲時，我把他綁在我的腰上，在峇里島的海灘上奔跑，直到滑翔傘帶我們升空。我們飛起來，興奮極了，視野太棒了！我挑戰自己做過：極限滑雪跳傘、五級激流泛舟、從六十五樓高的大樓躍降，腎上腺素的快速分泌使我感到放鬆，我只聚焦於當下。在職場上，跟運動一樣，我讓自己投入可能引發焦慮、有時是稍微危險的情況，這使我保持警醒，希望感覺更有趣、更長見識。我相信，有點害怕，對你是好事。

安處於壓力極低的狀態，知道接下來會發生什麼事，能夠據以規劃，起初看起來這可能是個好辦法，但負面影響隱伏。公司提供編程教學課程時，你沒有報名，因為你認識的人都沒有報名。你選擇不參加創業者支援團隊，因

為你偏好在線上和你的兄弟玩遊戲。你不花時間認識那些
晉升已經超越你的新進人員；大家都繼續前進了，你仍然
原地踏步。在愈來愈不明確、速度加快的世界，那些敢於
跳進未知領域、大膽實驗，讓自己困窘不安、讓自己的自
尊受點傷，然後失敗後從頭來過的人，是在幫自己準備收
割一些最大的獎勵。讓自己保持有點緊張或擔心，可以讓
你隨時準備作出反應。

　　你有沒有注意到，當你有一點點緊張時，你的表現比
較好？在運動比賽中，和你最強勁的對手目光接觸後，
你的表現更好？你對自己稍微施壓後，考試成績是否比

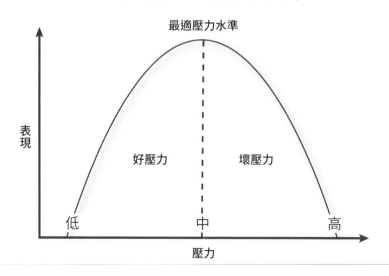

耶基斯－多德森定律
（The Yerkes-Dodson Law）

較好？心理學家羅伯特・耶基斯（Robert M. Yerkes）和約翰・多德森（John D. Dodson）1908年提出他們的實驗研究結論：最佳表現發生在我們的壓力程度稍高於正常水準時，此稱為「最適壓力水準」（optimal stress），位於我們的安適區外。

不安適，能夠逼我們達到從來不認為自己可以達到的目標。

這項技巧適合你，如果你……

- 每天吃的午餐都差不多，而且經常和同一群朋友一起吃飯。
- 混亂使你焦慮不安。
- 喜歡一切順順利利，井然有序。
- 總是期望無瑕疵。

如何採取行動？

▶ 試著對你通常說「不」的三件事改說「好」，試著對你通常說「好」的三件事改說「不」。

▶ 從小事做起，例如開車走一條不同的路，或是把辦公（桌）的角度換個方向。看一本你從未探索過的主題領域的雜誌，或是換個新地點坐坐，也可以試試看一天不上線。

▶ 寫一份個人使命聲明，說明為何你要步出你的安適

區，例如「為了建立勇氣」，或「為了變得更有創意」
等。在你的手機、筆記本或辦公隔間屏風的牆上，列
出一張你想挑戰自己的清單，在每項目標旁邊寫上一
個日期。若你把這張清單貼在辦公室，你可以請別人
給點建議，或是加入你的行列。

▶ 走訪你們組織服務的社區。舉行公司會議時，找一個
你不知道的地點，或是你有點不自在進入的地點，而
不是在通常開會的地點舉行會議。

切記

● 你不需要總是強求自己。
● 當你感到憂懼時，別批判自己。

案例研究　**把鞋子弄髒，到實地去看一看**

「回來後若需要心理復原治療的話，我們將讓梅
蘭妮付錢，」一群退休基金專業人士說。他們將和
我一起去實地造訪南非約翰尼斯堡市的亞歷山德拉
區（Alexandra），這裡是南非最貧窮的市區之一。
在此之前，這群人根據試算表和 PowerPoint 投影片
來評估私募基金投資潛力，以往他們去約翰尼斯堡
考察時，都是待在冷氣會議室裡開會。這次，我們

將勇於面對這個新興市場,來趟實地拜訪。

我們進入亞歷山德拉社區時,他們問:「我們該說什麼呢?」這個社區狹窄、破舊的街道上,擠滿了出來社交和做買賣的人。我們實地了解居民的生活、購買習慣,以及他們如何取得水和電力。我們先和當地居民打招呼,蹲跪下來和小孩聊天,並在他們的同意下拍照,給他們看照片。我們還一起玩自拍,他們雖然沒有自來水,但大多數的人都有手機。我們讓他們看我們家人的照片,交流我們如何作出選擇的故事,也互相比較如何使用電子裝置,如何充電、花錢購買,以及如何保護它們。

當地婦女觀察到,我無意識地把我的婚戒鑽石那一面轉朝手指內側,推測我可能擔心入夜之後遭遇危險,因此和我坦誠談到當地的安全性。這場實地造訪也使我們了解到,這個社區從未獲得許多公共服務。返回旅館途中,我的這些同伴們自傲他們克服了以往的恐懼不安,忍受一些人的注視;最重要的是,他們得以一窺他人的實際生活情形。他們也認知到,他們以往的財務分析太簡化了,只靠二手(及三手)資料來作出影響甚大的決策,沒有考量背景脈絡。親身接觸社區居民,不僅影響他們願

意投資當地基礎建設的金額，也讓他們能夠提出切要的疑問，確保他們投資的錢，能夠實際幫助到他們想要幫助的對象。

40

邀請別人加入
主動踏出第一步

歸屬感使我們免於孤獨，幫助我們共同建立一個和善、
寬宏的社會秩序。
—— 強納森・薩克斯（Jonathan Sacks），
前大英國協希伯來聖會（United Hebrew Congregations of the
Commonwealth）首席拉比

　　監管者、反對者、競爭者、新人、老鳥 —— 有看起
來跟我一樣、但思維大不同的同事，有英語講得不流利的
傢伙，有現在自認為是女性的男性，我相信，他們一定有
值得我學習的地方；或者，他們只想從我這裡獲得他們想
得到的東西。我不想認識他們，我很忙，太尷尬了。無論
是順從、回應、設定自動化、多樣化、合作……唉！壓
力可真不少。

　　我們的神經生理警報系統啟動，我們的身體反應彷彿
遭受到攻擊了！若是我們選擇把門鎖上，周遭可信賴的同
仁就會愈來愈少。熟悉的直覺，錯誤的反應。請你別退
卻，試著勇於面對害怕，邀請未知進入。若你不面對，就
無法建立連結。

我們生活的這個世界，不再是「你輸我贏」的零和遊戲，我們的成功與生存是彼此互依的。

當未知存在於外面

和你們組織之外的專家建立論壇。例如，別排斥機器人，請那家你認為製造機器人、可能導致你們沒生意可做的公司，展示機器人的能力。別排斥在你們的街區搞行動的環保團體，請他們下週二和你們團隊共進午餐。

教育監管當局關於你們產業的疑慮，從他們在你們市場上進行分析與監督的經驗中學習。籌辦專題討論會議，邀請立法者到你們公司開會，建立你們在同類機構中的誠正聲譽。

邀請你的競爭者共同探討建立夥伴關係的可能性，以傳達你們的信心。勇於和對手一起集思廣益，共謀解決你們都體驗到的一些限制，分工利用各自的長處去執行創新的解決方法。

邀請社區居民來和你們公司的員工會面，參觀你們的設施，了解潛在的工作機會，聽聽看你們公司如何使用本地供應商的服務。若你們公司沒有使用本地供應商的服務，向他們解釋為什麼，問他們可以如何幫助你們。

當未知存在於內部

敞開大門和敞開我們的心胸以變得更包容，這只是起

步，還不夠。想要使各方人才充分投入，必須創造歸屬感，邀請個人參與討論，不論他們是比較資淺、比較資深，或是來自其他部門。設法讓那些在邊緣徘徊的人更容易加入談話，避免講只有少數人才懂的笑話，記得稍微解釋一下行話，別害怕畫一張路線圖，說明以往的決策是如何作成的。

貝恩策略顧問公司的調查研究指出，在職涯的頭兩年，女性比男性更追求高階管理職位，但隨著時日，女性的這種志向下滑超過60％，男性則是維持相同水準。他們的分析指出，這跟婚姻及育子狀態無關，女性不再那麼追求晉升為領導階層，是因為她們沒有歸屬感，她們不覺得受到上司的支持，例如，男性主管不大願意和較資淺的女性進行一對一會談，她們也沒見到其他女性擔任「長」字輩高階主管。

新進人員和來自不同背景的員工（縱使是明顯外向、積極的人），若能身處於安全的環境而感到放鬆，將會更勇於說出潛在衝突，工作成果品質較佳，續留公司的可能性也比較高。當歸屬感高時，人人（包括你在內）都是贏家。

這項技巧適合你，如果你……

- 大門敞開，但是沒人進來。
- 不開自己玩笑。電梯裡貼著「開放文化」的海報，未必足以使員工有勇氣和當權者交談。

- 發現很多人有見解與好點子，你想學習。
- 面對不確定性時，可能傾向自己想辦法。

如何採取行動？

▶ 創造一個談話空間 —— 一個情緒舞台。別只是召開會議，下達命令，若團體的規模容許的話，親自邀請每一個人，說明你為何期待他們的貢獻。說明為何邀集大家，在進入討論之前，確認每一個人都有發言機會。

▶ 讓每一個人都有座位，邀請看起來（或行為顯得）最不同於其他人的人，坐在靠近你的位置。若你邀請公司外部的專業人士與會，你對他們的關注，應該多於你平日熟識的同事。會議正式開始前，快速介紹新來者和你認識的人彼此認識，好讓他們在會議開始後，能夠友善地相互交流。會議結束後，務必感謝每一位新參與者提供意見，表達你很有興趣知道他們對於會議中互動情形的評價。記得等候夠長的時間，讓對方作出回答，因為人們有時需要花點時間思考，尤其若此人初次參與的話，可能不習慣被問這種問題。

▶ 若你在簡報一開始，就先了解你的聽眾 —— 有誰出席及為何出席，你可以把他們從被動的聆聽者，變成活力及提供洞見的源頭。立刻開放聽眾發言，將減輕一人站在講臺上時的「你＆他們」的對立現象，為共同討論建立舞台。

- 會議終了時，詢問你的同事：「若是邀請我們公司內部或外面的誰參與這場會議，將有助於提升我們的討論品質？」若你不知道同事提及的這個人，請同事說說此人的背景。可能的話，請他／她當個居中介紹人，問問能否安排一個確定的聯繫日期，在你的行事曆上記錄，你再親自主動聯絡這個人。

- 手寫一張歡迎紙條給新進人員。用幽默、有趣的方式，歡迎對方向你提出疑問。例如，你可以留三顆小石子在這位新同事的桌上，告訴對方，每顆石子可以拿來換取你的回答 ── 哪怕是最傻氣的提問都行。

- 親自請求某人「進來聊聊」。光是宣布你願意接待隨時來訪者，可能不足以使某些人跨越門檻，來你的辦公室找你，尤其若你是位階較高者的話。親自詢問比較年輕、另類思維的員工，想不想和你聊幾分鐘？你們的談話將是跟工作有關，或者你可以向對方說：「我想多認識你一點，可以請你告訴我，你現在正在閱讀什麼東西，或是在線上追蹤誰？」你此刻正坐在辦公室嗎？打開門，看看開放式的隔間辦公區，你能記起關於每個人的一件獨特事實嗎？若你連他們的姓名都不知道，那你最好趕快採取行動了。嘗試邀請一群員工輪流來找你閒聊，例如訂定每週四下午四點，或是你覺得方便的任何一個時段。

- 留意「這裡＆那裡」的情形變化。研究資料顯示，近

40％的勞動力很快將變成獨立工作者——自由工作者、獨立接案者或臨時性員工。製作一份外包名單，邀請他們參與你們的策略會議。他們和你們公司及其他類似組織的合作經驗，可以提供有用的觀點。

▶ 一名競賽運動員告訴我，他對對手的行為預測，比對女友的喜好預測還準確。若你的心智被戰勝或防禦某人或某個組織的策略給占據，這是你該拿起電話，和對方約個日期會面的好徵兆。沒錯！就是「打電話」，突破電子郵件通訊之後，打電話的效果很好。

▶ 你們公司最近剛和另一家公司合併，或是被另一家公司收購嗎？別等上級舉辦讓兩邊互相認識的會議或活動，主動詢問和你相關的團隊，能否非正式地一起喝杯咖啡，記得邀請經理人參加。

▶ 創造情感連結，藉由促進難忘的共同體驗，來強化歸屬感。試著問你不大認識的某人，是否願意今天和你共進午餐，把你們之間的互動個人化，設法分享切要、即時的資訊。

▶ 邀集許多人一起討論大家關切的事，和志同道合者通力合作，這些有助於產生非凡結果。你們現在面臨什麼問題？你可以邀請誰？別害怕舉辦一個論壇，集思廣益，尋求可能的解決方案。

切記

- 注意誰被包含（及誰未被包含）在會議及發送名單上。若你花時間邀請某人參與討論，務必釐清後續提供意見的界限和期望。若你刪除先前參與溝通或討論的某人時，務必解釋為什麼。

- 別以為邀請「合適的人」與會、吃晚餐或參加接待會，以後就能暢談無阻。切記採取後續行動。

案例研究1　跟錢無關，他要的只是歸屬感

　　雇用中國籍的張偉，來為一家澳洲的避險基金募集資本，這是一記成功妙招。張偉聰敏，會多種語言，他的家族和中國富豪的關係很好。這家避險基金公司的人資主管，很擔心公司高階領導團隊的同質性過高，張偉的受聘使這位主管鬆了一口氣。張偉也沒令人失望，他成功找來投資人，為基金挹注了龐大金額，達成他的財務目標，因此受到公司的肯定與獎勵。

　　但是，對張偉而言，這並不夠，在還未被視為「對公司貢獻良多的重要同袍」之前，他仍然感到不安。他希望能夠受邀參與管理階層會議，對投資的

品質與重心提供意見。沒有他募集的資本，公司就沒有未來，他不想只是當個銷售人員。他經常和創辦人一起差旅，他們和他分享自己的職業恐懼與脆弱。他們為何不能把張偉的角色視為顧問，而非只是資金募集者呢？

　　他兩度請求讓他參與管理階層會議，但是都沒有獲得回應。是因為他的國籍嗎？還是因為他的性格？他的薪酬持續調漲，就是未獲邀請與會。張偉選擇離職，公司合夥人驚慌了，他們認為給予獎金和稱讚就夠了。他們忽視了張偉多麼想要歸屬感，想要屬於管理團隊的一員，真正感受到彼此信賴的那種合作感。在送別會上，張偉給了他們一份「禮物」：他說，他另覓新工作的原因跟錢無關。公司創辦人雖然對他的離去表達懊悔，張偉認為他的最大影響，將是在他的新職務角色中建立一個包容文化，成為事業模式的核心要素。

案例研究2　在沙漠中創造一片綠洲

　　前往阿特爾乾谷（Wadi Attir）的路程，要跨越以色列和約旦河西岸地區的分界，炎熱、塵土飛揚、單調。到達訪客服務中心，彷彿進入教育與

合作的綠洲。麥克・班艾利博士（Michael Ben-Eli）是一位富有雄心、想要重新設計世界的建築師，擁有化學博士學位的胡拉鎮（Hura）鎮長穆罕默德・艾爾納巴里（Muhammed Alnabari），在內蓋夫（Negev）沙漠區建立一個使命導向的永續農耕模式，示範結合貝都因人傳統價值觀和先進技術，可以如何驅動當地及其他乾旱地區的經濟發展。

　　在這個充滿衝突的地區，這裡歡迎任何人，有來自各種背景的科學家和學生。貝都因牧羊人、以色列學術界人士，以及阿拉伯創業家，通力合作於各種計畫，包括生態旅遊、減廢、種植藥用植物、乳品生產等。這種合作計畫的新穎性，吸引了世界各地的研究人員和資金，各種關注、協議與所得挹注周圍的貝都因社區。界定一塊中立空間，積極招募、邀請夥伴和鄰近居民，業已幫助這個沙漠地區及部落繁榮發展。

41

當個體貼的主人

當大家都舒適、自在時，
困難問題處理起來比較容易

　　我可以聽到你納悶：這一部談的是「克服恐懼」，「接待」跟這個主題有何關係呢？造訪彼此的辦公室，這是需要費功夫的事。我們造訪別人的辦公室，或是別人來造訪我們的辦公室，通常都是因為要討論重要主題，或是想要建立關係或化解衝突。來造訪你的職務應徵者，日後可能是你們公司的新人，來拜會你的廠商，日後可能是你們公司的供應商；造訪你之後，通常會形成潛在的夥伴關係。因此，為了建立好關係，懂得如何接待來訪者相當重要。不論你的客人是急於想在你心中建立好印象，或是想據理力爭、求個明白，你都應該幫助減輕對方的焦慮，去除干擾事物和不必要的權術，塑造良好的條件和環境，促進成功的交流。

　　接待辦公室訪客時，請當個體貼的主人，這不需要花錢，但需要覺察力和優雅風格。我看到一些公司花很多錢在裝潢及藝術品上，卻忘了展現尊重的小行為。例如，在自己家中奢侈浪費的主管，對從外地前來開會的同事，連杯茶或咖啡都不奉上，這可不是小事。留意會影響訪客基本福祉的細節，這會左右談話的心情，也傳達出一個組織的個性。**尤其是在遠距工作和遠距協作盛行的年代，比較少有的社交互動時刻會留下持久印象，若你從一天的工作中抽出時間來接待訪客，你應該藉由你的行為和待客之道，讓這段時間花得值得。**

　　一家行銷公司的部門之間不和，我受雇居中調解。同一家公司，兩個部門主管，兩種截然不同的領導風格。我的第一步，就是從重要員工那裡蒐集資料，為共同討論做準備。第一天，通過安全檢查後，我進入會議室，連續七小時訪談其中一個部門的員工。幸好，那天我帶了水壺和營養棒，那真是個痛苦的體驗，沒有人為我介紹周遭環境，沒有人告訴我洗手間在哪，沒有負責人員回答我的任何問題。

　　第二天，我抵達另一個部門，該部門的主管跟我談了五分鐘，把我介紹給他的助理，在我停留的那段時間，隨時為我提供協助。祕書已經列印出我的訪談時程表，並且詢問我午餐想吃什麼？那天，她兩度進來問我，需不需要什麼東西？在訪談不同員工的間隔時間，她端了點心和飲

料給我。結束當天八小時的連續訪談之後，有人親自送我到前門。這個部門提供的照料，超乎我的期望。兩個部門的接待技巧差別，是否影響到我對那兩天蒐集到的資料的分析呢？沒有。但我的訪談所得顯示出，同仁們對第一個部門領導人的管理方法與風格顯著抱怨 —— 好爭好鬥、從稀缺心態出發、不尊重團隊成員等，這些怨言毫不令我意外。

這項技巧適合你，如果你……

- 希望別人從踏進你的辦公室那刻起，就覺得受到歡迎。
- 有過這樣的經驗：抵達一地開會時，需要使用洗手間，或是想要Wi-Fi連結或非常渴，但似乎沒人關注你的需求。
- 認為辦公室的行為表現，為何要和在家時不同呢？客人就是客人，應該以禮待之，使訪客覺得造訪你的辦公室是值得的體驗。

如何採取行動？

▶ 在訪客抵達後，詢問要喝水、咖啡或茶？告訴對方洗手間在哪裡，提供一個讓他們掛外套的地方。若需要，為他們提供Wi-Fi連結。

▶ 別讓你的訪客等候，準時接待他們。離開你的辦公桌，出席者走進來時，別表現出驚訝的樣子。

- ▶ 若你的訪客有幾名部屬隨同前來，別忽視他們，詢問他們的姓名及頭銜，確保他們也感到舒適。有些主管假裝「不重要的人」不在場，這樣非常失禮。

- ▶ 站起來迎接你的訪客，請對方就坐。若有座位選擇，以動作示意。避免有分尊卑的座位，或是迫使訪客陷入沙發裡。

- ▶ 調暗你的電腦螢幕，避免使用一直閃爍的螢幕保護程式。關閉你的手機，或至少關閉訊息通知功能。把辦公室的電話轉到語音信箱。

- ▶ 準備多的紙筆，放在便利取用之處。提供紙筆，將更容易使在場的每一個人，把注意力從螢幕上移開，也往往有助於快速畫一幅圖表來輔助說明。

- ▶ 若談話主題是機密，把門關起來。若你在開放式小隔間辦公，應該去會議室接見訪客。

- ▶ 若會談半途覺得需要花的時間比原訂時間還長，應該在原訂結束時間的十分鐘前，詢問對方是否可以延長時間？若對方因為行程，無法延長此次會談，就安排後續會談的時間。若會談時間長，詢問對方是否需要暫停，休息一下？

- ▶ 若會議與會議之間，有非原先時程安排的空檔，告訴你的訪客如何離開及重新進入大樓，何處可以為電子裝置充電，何處有場地可以使用，以便他們能夠善用這些空檔。

▶ 陪同你的訪客行進時，花點時間向對方介紹你的同仁。若你幸運地擁有一間好窗景的辦公室，讓你的訪客欣賞一下 —— 別假裝擁有高樓層俯瞰市景、碼頭或原野的辦公室是「尋常」之事。

切記

● 跟歡迎人們來訪同等重要的是，必須讓他們怡然自若地離開。在中國招待商務同事時，我學到了舉杯結束的重要性，舉杯致謝是示意你們可以隨意離開了。那些原本專注於餐點上的賓客，突然間紛紛起身離開，畢竟城市的交通壅塞很嚴重，而且這場晚宴也舉行了很長的時間。

● 當個好主人，並非指炫耀賣弄。

案例研究1　留意細節，莫失周到

　　會場布置得極好，無聲競標義賣會募集了幾千件物品，會場供應美酒，潛在的捐款人穿著正式，晚會即將開始。但是，受獎人 —— 那些在貧困社區努力工作、使社區高中畢業率創下新高紀錄的教師們 —— 全都站在走廊上等候被叫上臺。他們一直站著等候，活動籌辦人沒有想到教師們的晚餐，所

以這些教師未獲供應餐點或飲料。活動策劃者聚焦
於教師們講話的時間點，確保他們知道站在哪裡，
好拍照留存。喜悅轉變為恥辱，「我們」與「他們」
的區分正尷尬地上演。「我們」為有錢人舉辦一場
活動，「他們」則是被提供的娛樂，被拿來作為正
當理由的工具。這些教師們的榮耀轉變為憤怒，他
們要如何導正這一切呢？學校的使命是跨越分界，
學校的治理人決定抓住這個教育機會。

　　教師們邀請捐款人造訪學校，分享他們的日常
生活與工作——他們的食物、他們的授課計畫、
他們的喜樂與挫折。教師們預期到，他們這些富有
的訪客可能會體驗到不適與不安，在造訪行程的最
後，安排輔導他們對課程與機會的省思。這些教師
們是高度包容的主人，示範如何在他們的世界裡，
使他人感覺受到歡迎。

案例研究2　和物質條件無關，重點在於心意

　　我們一行人和巴西的社區組織人員會面，討論
附近商業發展帶來的影響。這個座落於市郊山丘上
的貧民窟俯瞰數位港（Porto Digital），這是巴西東
北最大城市雷西非（Recife）的高科技港，推動破

壞式創新與創業精神。但是，這個貧民窟沒有自來水，辛勞的婦女得拿桶子去抽水站汲水，費勁地運回她們簡樸、但一塵不染的住家。在我們抵達時，她們把桶子放好，拍乾淨身上的衣服，把我們迎接到她們臨時整理出來的座位區。她們從雙手辛苦搬回來的桶子中，盛出一杯杯乾淨的水，端給我們喝。這些東道主以我無法用言語形容的態度，展現出對我們這些訪客的基本福祉的堅持與尊重。

42

展現人情味
幫助陌生人減輕陌生感

你不需要顯得才華洋溢，只需要展現友善即可。
── 伯納多·卡杜奇（Bernardo Carducci），
已逝印第安那大學東南分校害羞研究中心（Shyness Research
Institute）主任

　　說到閒聊，你說了些什麼，人們可能忘了，但人們會記得你給人的感覺。有人可能覺得，閒聊無足輕重，但閒聊會引領出深談。研究顯示，辦公室裡的人際閒聊，有助於建立關係，產生幸福感，創造愉快的休息時間。閒聊的目的，不是要讓雙方變成最好的朋友，只不過是對一個彼此都感興趣的主題，進行幾分鐘的愉快交流。有些非常害羞的人承認，為了避開與他人交談，他們會躲在洗手間，或是假裝打電話或傳簡訊，但別讓他們的害羞阻止你嘗試建立人際連結。

　　根據安永公司（Ernst & Young）的調查，在職場上形成的社群數量，超過在街坊社區及宗教禮拜場所上形成的社群數量。比起公開表揚或受邀參加辦公室活動，被關心

問及私人和職業生活更能增進歸屬感。所以，別低估閒聊的力量。

英國對抗孤獨的行動組織聊聊（Chinwag）指出，40％的英國工作者在工作中感到孤獨，若有人和他們簡短地聊一聊，61％的人說他們會產生好感覺，但是自己不夠熟悉、了解的同事，他們不會主動交談。主動踏出第一步很難，但會被感激。

走動式管理（management by walking around, MBWA）指的是在工作場所隨意四處走動，隨興地和人們交談。管理學者湯姆‧彼得斯（Thomas Peters）和羅伯‧華特曼（Robert Waterman）於1982年提倡這種管理方法，在組織透過電子方式管理員工，以及同事之間透過電子方式溝通愈加普遍的今天（縱使身在同一棟大樓裡），走動式管理的效益更甚於以往。**審慎地選擇不經意的造訪，非但不會造成他人分心，反而有助於建立關係，促進有益見解與點子的交流。**

這項技巧適合你，如果你……

- 屬於目標導向，但是夠聰明知道不能總是直接跳下去，跑向目的地。
- 有時會感到寂寞 —— 該是和他人建立連結的時候了。
- 同意為了讓事情更順利，三分鐘似乎不是一筆大投資。

如何採取行動？

▶ 我的以色列籍同事告訴我，你只需要對經過的同事點頭致意就行了。但我的肯亞籍夥伴說，在他們家鄉遇到認識的人時，你必須停下腳步，問候對方的家人、他們家生病的家畜，以及他們晚餐吃什麼。所以，若你們的工作團隊成員來自不同背景，該怎麼辦？多數人樂意接受他人主動寒暄，假設你能夠「判讀」某人是否有興趣和你聊天，那麼先試試看兩分鐘的寒暄。若你發現自己判斷錯誤，對方其實沒什麼興趣，那就打住。

▶ 在閒聊中當個利社會（pro-social）者，多說一點關於別人的正面消息。

▶ 和某人初次見面前，研究雙方可能共同感興趣的領域。你可能會發現雙方有共同的嗜好或理想，預先準備題材，屆時可以詢問對方。談公事之前，先花一分鐘找到共同紐帶。

▶ 你感到害羞嗎？不知道該說什麼？那就問問題！多數人喜歡談論自己，例如：問問對方的孩子、他們的週末計畫，或他們的寵物。尋找線索，例如，你同事的辦公桌上或隔間屏風上，有什麼照片或小裝飾物？若這些都行不通，那就聊聊天氣或環境，這是你們共有的事物。

- ▶ 稱讚一下對方，只要是真誠的，跟任何事物有關的都可以。

- ▶ 考慮為你們團隊建立簡短的寒暄儀式，尤其是和遠距團隊共事、只能定期聽到彼此的聲音時，這種寒暄儀式特別重要。在會議一開始，先簡單閒聊一下，炒熱一下氣氛。例如，詢問每個人，什麼動物能夠反映他／她今天的心情，或是什麼新聞引起他們的注意。這種閒聊應該保持簡短，目的是讓大家能夠輕鬆地進入談話。

- ▶ 剛被介紹認識彼此嗎？別在握手後就沉默下來，主動聊聊自己。你不需要特別坦露自己，但若想到一些跟自己有關、比較有趣的事，和對方分享也無妨。例如，你種鬱金香嗎？你喜歡喝義大利渣釀白蘭地？你蒐集黑膠唱片？誰知道呢，搞不好這些話題可以引領你們進入交談。

- ▶ 關注新聞，對當前事件提出一些不涉及政治的評論。你可以訂閱每日新聞，讓自己跟上時事脈動。

切記

- 有些人需要花點時間才能變熱，也有人對聊天真的沒興趣，若你不確定對方是否有興趣聊天，可以先問一下，例如：「我可以跟你講一個簡短故事嗎？」善用幽默，看看能否博得對方的微笑。對方沒笑嗎？那就撤了。

- 閒聊不是要散播八卦喔！愛聊是非八卦，會減損你的可信度。你們團隊將會變得不那麼合作，政治糾葛將會增加。

案例研究1　小聊一下，是種職場投資

　　只談公事，而且只在有需要的時候才找人交談，這種習慣為艾爾夫帶來困難。他每天上班得比別人早，因為他得先去另一層樓開銷售會議，等到前往自己的辦公桌時，他感覺自己的工作已經落後了。所以，他總是匆匆忙忙地行經他的同事，團隊覺得不受尊重，對他們這位上司有所抱怨。看到這些反饋，艾爾夫起初惱怒，但得知其實他只須花個幾分鐘的時間打聲招呼，分享他在晨會中獲得的重點資訊，關心一下同事的家人、他們的夜晚活動或他們的寵物，就能夠快速改善個人形象，他喜出望外。

案例研究2　一個簡單問題，串連遠地距離

　　在歐巴馬的健保法案付諸國會投票表決前，一家美國健康保險公司的政府事務專家群在華盛頓哥倫比亞特區集會，公司需要協調努力，以決定作出什麼反應。這涉及的利害相當大，我受雇幫助促進

他們的外場會議。這群人來自該公司的各地分支機構，彼此從未見過面，互不熟識。會議結束後，他們將回到透過電話及電子郵件往來的模式。能夠共處，縱使只有幾天，也奠定了好基礎，但他們要如何保持社群感呢？

　　這群人決定，從今以後，在電話會議一開始，他們將詢問：「你們在上班途中，有沒有碰到什麼事呀？」這種寒暄花不到兩分鐘，但可以得知關於彼此的一點現實。接下來幾個月，有人提到上班時得通過在市區辦公室外抗議示威的人群，有人說在鄉間路上等候牛群通過。這些簡短的交流使他們建立遠距連結，也提醒他們各自面臨了不同壓力和民眾。

43

重點在於促進交流
注意細節，提升談話品質

注意到沒發生的事，這往往是專業的一種表現。
—— 麥爾坎·葛拉威爾（Malcolm Gladwell）

　　我曾經出席過一家公司的避靜會議，大家窩在瑞士山區，吃得很好，一早就起來工作，最終仍然只有一個公司資訊活頁夾，沒什麼靈感，只有在酒吧閒聊時從口風不緊的一些出席者那裡蒐集到的一些有趣事實。我也見過資金不足的醫院團隊，勞師動眾地搭巴士到會議地點開會，但整場會議被少數主力聲音霸占，其他與會者昏昏欲睡。

　　我對這類會議打的分數是 B⁻ 或 C。大公司花無數的錢開高峰會及大型研討會，小企業努力尋找資金舉辦訓練課程，商業及社區組織召集同仁舉行策略會議，同仁們從世界各地或其他街區趕來。這些會議或課程的目的，都是為了教育、啟發，對成功作出貢獻。為了把「合適的人」集合在「合適的地點」，做了很多努力，在議程上擠滿了應

時的主題，結果是：我們被動接受這些活動，演講人說，臺下的人聽。

用焦慮的心態研擬議程，籌劃者往往力求滴水不漏，把一整天塞滿了演講人，只留幾分鐘的即席討論，並且通常低估從一場會議轉赴另一場會議，或是中場休息和同儕聚聚所需要的時間。大多數的人秉持的方針是「排得更多，必定收獲更多」，更多的團隊成員（或者，若你們有經費的話，更多知名人士）說話，出席者將能收獲更多。把更多內容擠進去，把提問的時間減少或排除，議程中沒有安排思考的時間，但是當與會者變成被動聽眾時，會議室中的大量知識就無法釋出。

相反地，在促進社交互動方面，太過任其自然，也是聽憑運氣了。畢竟，光是把人們集合在一起，並不代表他們就會彼此交談！內向的人容易退避；講相同母語的人，在聽了一天另一種語言之後，會彼此尋求慰藉；小圈圈會幫彼此保留座位；害羞的人想要偷偷溜出餐會。

為了讓投資下去的時間、金錢與心血產生最大報酬，我建議事前就注意細節，聚焦於促進交流。不過，這不是指在活動當天高度干預，若你事前安排周詳，就可以信賴出席者自己會做好。

若你任職的是大公司，在訂定活動日期後，領導人通常會把規劃及籌辦工作，委任給支援部門去執行。但是，這些支援部門大多沒有足夠的職權或知識，可以精準掌握

到把活動辦好的主題或細節差異。管理階層可能決定活動主題，例如環境、賦權增能、工作前景等，籌辦的支援部門製作主題標誌和迎賓文宣，但忽略了整個體驗的細心規劃，以確保能夠達成策略、社交及實務目標。不論是集合五人或五百人的活動，都應該在事前思考：我們希望如何改變心態？誰必須結識彼此？如何確保他們結識彼此？我們期望與會者在出席這場會議後的下週一早上，有何不同的表現？

想想看：這場活動將如何反映組織的價值觀？例如，活動只使用資源回收再利用的材料；雇用移民廚師；提供節能的運輸工具？這場活動為誰提供舞台，誰的聲音被忽視了？旨在建立團結的大大小小活動，若不敏感的行為顯露出隱藏的偏見，很可能產生傷害作用。這些可能顯露偏見的細節，包括誰的聲音被凸顯，誰的名字一再被唸錯，誰的座位被安排在最邊邊，或甚至連座位都沒有。把人們集合在一起時，別忽略利用機會來創造有益的連結，適時展現你和你們組織的價值觀。

這項技巧適合你，如果你⋯⋯

- 電腦上開啟的視窗數量，比你看見同事有趣的點還要多出許多。
- 已經達成雇用員工多樣性的目標，但你的文件上的觀點，反映的是存在已久的多數意見。

- 注意到「隱藏」的偏見已經完全顯露，你得處理。
- 已經要求同仁犧牲部分週末時間研擬一份策略計畫，你不想搞砸這個激勵團隊、大家一起集思廣益的機會。

如何採取行動？

▶ 用一、兩個激發思考的提問來開啟會議，串連後續的討論。會議終了時，再次回到一開始的提問。留有足夠的時間，讓所有出席者分享意見。若與會人數多，讓他們兩人一組討論，接著四人一組，接著整桌，再由每桌派一位代表向所有人發言，這個部分可以用45分鐘完成。

▶ 讓與會者從彼此的專長中學習。訂定只能使用五張投影片的規定，讓演講人能夠和聽眾交談，而非聚焦於自己準備的材料。保留發問的時間，若會議室很大，給發言的聽眾麥克風。特別是人數眾多的場合中，有些人會變得缺乏安全感或自我約束，所以記得準備紙卡，讓聽眾可以匿名寫出問題，遞給演講人。專題討論時，縱使有主持人提問，也別忘了讓聽眾發聲。有一種很常見的情況是，用「很抱歉，我們的時間不夠了，沒辦法讓大家提問」作為藉口，以避免演講人必須捍衛論點，但這麼做會削弱相互學習。

▶ 要有預期有些人的發言會說得比較長，很多事占用的時間比你想的還要多，別害怕在議程上留有緩衝時間。

▶ 若你籌劃一場研討會，你邀請的演講人是這些主題的老手，沒有女性及比較不具代表性的社群成員嗎？嘗試冒點險，找名氣沒那麼大的人試試。若你對此有所保留的話，請一位經驗沒那麼豐富或你們產業外的演講人，來你們較小規模的團隊會議中練習一下。你可以向對方提供反饋，或是必要的脈絡資訊。

▶ 比較不那麼具代表性的團體成員，往往不願自稱為「專家」，可能自行選擇不與會。不論是公司內部的訓練課程，或是全產業的集會，當你邀請女性及來自不同文化背景和國籍的同儕時，向他們說明何以你重視他們的意見與貢獻，指出你希望向他們學習，這樣會使他們更容易接受你的邀請。

▶ 留意微妙的偏見。若有聽眾提出跟性別有關的問題時，別只是徵求在場女性回答，男性也可以回答。

▶ 避免建立一個全男性或全白人的專題討論小組，卻找女性或不同膚色的人來擔任主持人。

▶ 留心別以頭銜稱呼男性專家，卻以名字稱呼女性，尤其當他們的職位相同時。稱謂必須一致，若你使用「博士」或「教授」稱呼某人，那麼對所有的博士和教授，都應該使用相同的稱呼。

▶ 在場者有誰？口頭簡短介紹一下。出席者多嗎？提出一些詢問，然後加上手勢，讓大家概略知道其他出席者。可能的話，讓來賓佩帶姓名牌，或是在他們的桌

上擺出姓名牌，這樣主持人就能記得稱呼他們的姓名，與會者也容易把姓名和臉孔連接起來。縱使是小團體，若人們不認識彼此，這種做法也很有幫助。雖然姓名牌在會後可能被丟棄，但是當你想要鼓勵某人作出回應時，喊出對方的姓名，會比用手指著對方更適當許多。

▶ 若與會者眾多，在會議一開始時，可以傳閱出席者名單（附加聯絡資訊），好讓大家能夠尋找彼此（他們可能認得某個人的姓名，但不知道這個人的長相。）這麼做，也使將來的後續接觸更容易。

▶ 在安排座位時，力求減輕社交壓力，加入一點驚喜元素，確保原本可能不會結識的人，能有接觸彼此的機會。就算是只有六名出席者的公司會議，精心安排誰與誰鄰座，也有加分效果。

▶ 若你的聽眾座前沒有桌子，考慮把座椅安排得更有助於交談，例如圍成圓圈或馬蹄形。

▶ 別忘了指定用餐時的座位。每桌指定一位「桌長」，負責介紹同桌的每一個人，促進彼此交談。試試在餐桌上擺一些有趣的提問，這有助於引起討論。或許，有人會對此翻白眼，但其實就連最外向的人，也往往因為有人破冰而鬆了一口氣。

切記

- 若研討會還有社交活動，應該先充分告知，說明與會者是否必須參加，讓參與者能夠事先安排家中小孩或老人的照料。

- 挑選所有年齡層都喜歡，而且適合參與人數的社交／餘興活動。我以前的客戶因為主辦單位安排了漆彈射擊活動很火大，因為頭髮上沾了漆，接下來一整天既困窘又不舒服。此外，不是所有人都喜歡被抬高、被碰觸身體或被蒙眼，請審慎安排。

案例研究1　如何使活動贏得好評價？

托梅卡為團體籌辦公司外場會議時，總是達到很高的水準。每位與會者抵達時，都會獲得一個小包，裡頭有：一張個人化的歡迎信（通常是當地的明信片）；加了注解的一頁地圖，指示在活動正式開始前，可以去造訪的地方；一個小信封袋，裡面有當地貨幣，讓你可以買杯茶或咖啡，四處走動，了解一下你身處的新環境。

托梅卡事先提供連結，讓與會者看看整個與會團體的照片、聯絡資訊，以及個人簡歷。事後，她

發送座位表，讓與會者能夠後續追蹤「我左手邊那位好口才的人」。活動團隊事先可以為「誰可能想結識誰」做準備，他們積極找出席者，為他們作介紹。托梅卡持續掃視會場，看有沒有人在玩手機，表現得不感興趣。若發現這樣的人，她就親自走過去，徵詢陪同對方前往認識可能有共同興趣的其他與會者。透過如此細心的行為及創造最大互動的環境條件，托梅卡為原本可能乏味的強制性公司活動注入活力及愉悅。

案例研究2　把舞台分享出去，開會變得更有趣

安竹經營一家化學公司，但他天生是舞台人物，喜愛成為眾人注目的焦點，經常過於沉浸在鎂光燈下。人們在走廊上的牢騷，已經傳到他的角落辦公室了。安竹的六人領導團隊，已經排定了一整天的事業發展會議。他們預期，會有很多的PowerPoint投影片、詳細分析，以及會議桌前許多沉悶乏味的表情。若他們假裝在記筆記，說不定可以偷偷在線上購物，反正又會是安竹的個人秀，他們都可以預期到屆時會是什麼場面了。

安竹檢視這次的議程，決定採取不同於以往的

做法。他把每一節會議，指派給一位領導團隊成員，請他們輪流主持與簡報，並且記得控制時間，確保不占用任何一位同事（包括他在內）負責的那節會議的時間。每位簡報者使用的投影片不得超過五張，每人負責的那段時間，必須至少留30％討論。

安竹設定好議程架構之後，當天坐下來開始聆聽其他人簡報。他總結及確認每位簡報者的訊息，設法減少厚此薄彼的情況發生。每一節會議，大家把手機收起來，但在每一節會議之間，都留有充分時間，讓團隊成員可以和辦公室或家人聯絡。

安竹也對午餐注入一點變化，他事先請每個人準備一張他們的寵物（真實的或想像的寵物）的照片，在他們午餐時，看著那些虛構的龍、真實的拉布拉多貴賓狗、毛毛兔的照片，開懷大笑。這些安排讓安竹更感覺自己是團隊的一員，而且由於大家輪流簡報，不再是他唱獨角戲，使得他的開會壓力減輕不少。在更輕鬆且有更多休息時間之下，安竹對整個團隊的工作感到驕傲，也在這種新模式下獲得樂趣，他的團隊也是一樣。

44

建立橋梁

透過工作以外的興趣和經驗來建立、強化關係

　　你是個會計師、幼兒園老師，或胸腔外科醫師？你很容易被「你的工作」界定。很多人從事專業工作，而且往往處於封閉的環境中，使我們常忽視自己做的其他事的益處。其實，**你的經驗、技能和興趣（往往是工作領域以外的），可以作為建立、促進關係的黏膠。**

　　你是一個擁有地質學學位的保險業主管嗎？你可以如何與同事分享你的智慧資本？你是否偏好在山區或靠近火山的地點舉行公司外場會議，好讓大家體驗大自然、接一下地氣，而非只是在會議室裡看看2D圖片？你週末時會去騎馬嗎？能否以造訪馬術治療中心，取代討論事業發展的晚餐會，或是你們公司的年度高爾夫球賽？廚師的烹飪工作也是飽受壓力的，所以在撰寫你的科技業顧問履歷表

時，別掩蓋你曾經當過兩年廚師的工作經驗；相反地，你可以考慮凸顯這項經歷。

「我是X，也是Y」，例如：「我是攝影師，也是企業訴訟律師」，或「我是納粹大屠殺倖存者的孩子，也是皮拉提斯指導員」，角色多元傳達了廣泛、有活力的形象。承認你的全部經驗，也邀請他人這麼做，這有下列好處。

克服明顯的差異性　公司同事的外表看起來似乎沒有相似性，但陳述並重視各式各樣的經驗，往往有助於發掘彼此潛在的共通點。當你和你的團隊成員各有不同學校的文憑及迥異的家庭背景時，喜歡跳舞、擔任小孩學校運動隊的教練，或是一起觀看小孩的運動比賽，這些連結能夠幫助促進歸屬感，而歸屬感是職場成功的基礎。

建立未來的支持　亞利桑那州立大學社會心理學教授羅伯特・席爾迪尼（Robert Cialdini）建議，盡早發掘非正式的共通點，因為這些將在每一個後續相遇相處中，形成善意及可信賴的假設。日後，你需要說服的對象，將已經有對你有利的傾向。

創造新機會　當你尋求提升你們組織的獲利或影響力時，提及你們能夠影響的各種領域，將能提高你本身的影響力。舉例而言，你是個亞洲女性，來自農村家庭，居住於秘魯，熱愛水彩畫，任職於一家銀行。你能否在想要擴大藜麥市場的農民，以及施壓你發展新業務的公司之間充當橋梁？邀請你們公司的一些代表和一家出口公司的三

位代表見面。你有家鄉朋友前來造訪嗎？帶上他們，提供關於在家鄉改變飲食習慣的觀點。在你的銀行總裁也擔任董事會成員的當地畫廊會面，邀請畫作在此展出的兩名畫家參與。成功串起這些連結，突然間，你就成為一個熱鬧夜晚的核心人物，既因為自己的興趣受惠，也因此促成新連結。

快速加深談話　有時候，一個不光鮮的過往，可能成為建立非凡新關係的基礎。現在有愈來愈多公司推出一日服務或其他社區推廣活動，意圖良好，但這類活動往往創造出「我是來這裡為你們做事」的感覺。造訪社區者本身的過往經歷被隱藏——沒錯，你現在穿著體面，但你成長時期曾經仰賴食物券。你和你們團隊正在幫助仁人家園（Habitat for Humanity），但你沒有和你們幫助建造或修復房屋的那家人說話。若你回憶當年你的父母無力償還房貸，房子被收走而全家去住庇護所時的感覺，這可能促成和你們的服務對象的生動談話。別只是和你的團隊去做一天的社區服務，而完全不去了解服務對象的現實生活。回顧你的以往經歷，發掘出有助於促進交流的方式。

和來自不同領域的夥伴工作起來更有成效　現在愈來愈多人認知到，為了解決錯綜複雜的問題，需要政治界、社區及企業界領袖共同合作。這在理論上固然很好，若要確實做到，需要更有技巧地建立橋梁。橋梁一旦建立之後，就更容易找到理解彼此的簡略表達方式，對成功的

評量方法達成一致，並且知道需要向你的各種夥伴和利害關係人溝通什麼資訊，以取得你需要的支持。

這項技巧適合你，如果你……

- 找到一個相似點（若能找到兩個更好），可以作為新穎合作方式的基礎。
- 發現大家都聚焦於差異性。該是回顧你們的個人經驗、找出意外的共通點的時候了。
- 認同分享自己以往的脆弱，或可使你朝向未來的成功。
- 覺得「我是X，也是Y」這樣的定義，比任何局限的自我定義更吸引人。

如何採取行動？

▶ 想想你在工作以外的生活，考慮你的許多角色和興趣。與他人會面時，找出一個你之前考慮到、彼此可能會有的共通點。

▶ 別馬上對自己和他人作分類，別從「絕對」的角度思考，應該用「以及」來擴大思考範圍。

▶ 別害怕展現出脆弱的一面，有時候，我們較不光鮮體面的過去，是建立橋梁的最佳基石。

▶ 不斷地問自己：「我還能邀請誰加入談話？」你平時工作環境以外的關係，是否有助於建立新連結？

▶ 創造促進合作的工具，以幫助有益的結盟。你可以製

作事實表，清楚地分享資料。解釋產業術語，若你以前在政府部門工作，現在任職產業界，可以提供組織文化差異方面的指導。

切記

- 當橋梁的最有效方式，有時是介紹具有共同興趣的人或組織彼此認識，縱使你本身沒有這項興趣。
- 在為人們搭橋引介彼此時，你不能揭露同事視為隱私的那些資訊。

案例研究1　解決氣候變遷問題，需要一種共通語言

我們在印度齋浦爾市郊的阿拉瓦利嶺（Aravalli Hills, Jaipur），時任碳揭露專案（Carbon Disclosure Project）執行總監的奈傑爾・托平（Nigel Topping）接到一通電話，詢問他是否有興趣接掌「我們是認真的」（We Mean Business）這個結盟組織的執行長。這是七個國際性非營利組織的結盟，這些組織和全球數千家最具影響力的公司合作，推動加速轉型成零碳經濟。我們當時剛結束一場領袖高峰會，旨在敦促所有參與者採取更多減碳行動；當時是2014年秋天，機會找上奈傑爾。

　　2015年，全球幾乎每個國家，都派遣一個小組前往巴黎，研讀縮限全球暖化的宣言，裡頭滿是術語。想讓一群朋友對於週六晚上做什麼活動達成一致意見，可能就已經滿困難了，你能想像要195個國家對一份協定達成一致，這有多困難嗎？雖然氣候變遷問題倡議人士，了解政府與企業共同合作降低溫室效應氣體排放量的重要性，在以往的締約方大會（Conference of the Parties）上，與會的企業永續長們難以接觸到握有最終表決權的政府政策制定者。

　　「我們是認真的」結盟改變了這種情形，該組織把公司代表匯集起來，形成統一訊息，彙整資訊，策略性地利用他們個別及共同網絡的力量。這個組織製作每日通訊，讓所有參與者取得最新資訊。他們介於企業界和政府政策制定者之間當翻譯員，製作一張摺疊式指南的Z卡，針對爭取企業界支持的八個重點，提供各種語言版本。媒體代表收到關於科學發現的易讀易懂訊息，結果是：這八點全部都被包含在《巴黎協定》（Paris Agreement）裡。這份歷史性的國際協定通過時，奈傑爾・托平和前美國副總統高爾（Al Gore）一起坐在前排座位。

案例研究2 令人卑微的過往，使我們更靠近

查理是一個企業基金會的主管，負責在印度海得拉巴一家受虐婦女之家，推動社群和企業領導人之間的交談。他選擇不以官方頭銜自我介紹，而是分享他不為人知的一段過往：在他的成長過程中，他父親吃牢飯多年。他分享這段不光鮮的過往，以及這件事對他的家庭當時和現在的影響。一位被吃醋失控的丈夫潑酸毀容的婦人安慰並歡迎查理，她的臉孔和查理的內心都有疤痕，但他們在這裡推進他們的人生。受到查理勇於分享自身故事的啟發，一段互有共鳴、深度的交談於焉展開。

案例研究3 軍事緩衝區的蝴蝶

陸軍中校喬・納特（Joe Knott）的軍涯，致力於在軍事戰備和土地保育之間求取平衡。許多陸軍基地是百年的生物時間膠囊，在現代發展吞噬森林、海灘及草原之前興建的。五角大廈和環保團體默默攜手建立廣大的保育網絡，保護大片的稀有生態系，也兼顧美國國防。

納特的軍旅生涯超過三十三年，包括任職於五角大廈和駐防伊拉克。退役為平民之後，他現在擔

任相容土地基金會（Compatible Lands Foundation）
的軍方合作總監，在平民居住區域和軍事基地之間
建立緩衝區。這些開放空間確保軍事訓練演習的低
飛飛機噪音不致震動你家的窗戶，並且保護瀕危物
種，例如遷徙時飛經德州胡德堡（Fort Hood）的帝
王斑蝶。納特和學術界人士、保育界人士和軍方合
作，持續觀察、保護這些緩衝區的蝴蝶。他使用軍
方及學術界的語言，持續在他的專長領域和民間及
他深切關心的理想之間建立橋梁。他向民間解釋，
軍方如何幫助拯救這些美麗的蝴蝶，使得民間減少
了以往對軍方的負面觀點。

45

建立你想成為其中一分子的團體
數量能夠帶來活力與力量

團隊的力量來自每一個成員,每一個成員的力量組成團隊。
—— 菲爾‧傑克森(Phil Jackson),前 NBA 教練

　　繫好你的安全帶,本章將帶給你超級力量。明智、轉型、永續……大想法需要大啟示,個人、組織及社會重生的原生湯,正在個人與團體之間的空間中慢燉。你的行動影響並定義了你所屬的團體,你所屬的團體也將影響你的信念與行為。但是,你和你周遭體系的真正轉變,發生在你們深切了解並釋放共同創造的回響與交互作用力。你想要改進,我想要改進,我們形成一個擴大我們集體聲音的團體,但不止於此,我們的結合可望激發個人充滿洞見、勇氣與喜樂的時刻。

　　振奮的作用力是這麼運行的:我們啟動了一個不斷更新的互依循環,你的個人經驗在團體中被拿來檢視運用,團體的動能開始改變;集體獲得信心,挑戰彼此,塑造出

新的典範，一起學習，變得更聰敏；我們更努力推動促使
我們結合的初始目標。人多勢眾，團體的活力也影響個
人，使個人不斷精進。你被激勵去做更多，變得更有力
量。你在改變，你的內在轉變，然後透過你的行動，影響
到你的周遭世界。你獲得的激勵效果，為你提供支撐力，
為你注入活力，你不再感覺孤單。

個人和團體的交集，就是你們共同創造的超級力量

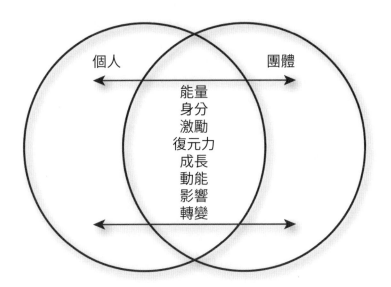

說到力量，你可能從未聽過這個名詞，但是我們全都
有發揮「召集力」（convening power）的潛能。召集力指
的是一個人或組織，有能力以某個特定目的成功召喚與團
結眾人。運動人士就經常運用召集力，他們了解集體力量

更能吸引具有影響力的個人和組織的注意。

　　定義出一個具有說服力的目的，動員參與，建立架構以維持集會運作，這將為你、團體成員和你的理想創造價值。個人方面，你將有一個特定的群體，這可以減輕你的孤獨感，確認一個對你而言重要的身分。團體成員獲得有益的反饋和學習，建立新網絡，感受一種高度的責任感──不僅是對團體思想與目的的責任感，還有對彼此的責任感。

　　團體使你們彼此連結，團體也和你們個人連結，你們的聲譽提升。藉由指定主題，建立一個結合的團體，你們確立了你們的共同思想的事實。你們的共同思想開始有了生命，它是一個活著、會呼吸的存在，本身具有身分和價值──推動組織或社會政策。你們建立的團體，變成你們的平台，這個平台能夠持續擴展，提升他人。**建立一個有意義的團體，這是一種寬宏、利社會的行動，也是展現富足的好例子。**

這項技巧適合你，如果你……

- 身為開創者，總是感到精疲力竭，覺得孤單。你尋求只有團體能給你的活力和創造力。
- 想要歸屬感，但顯然沒有團體可以加入。
- 認為共享資源，從彼此的錯誤中學習，這樣更具成本效益。但誰會是你的最佳夥伴呢？該是時候踏出公司

好好找找了。

- 想要鞏固一種新身分；你認知到，身為團體的一分子，將會增強你的自我感，讓你保持目標明確。

如何採取行動？

▶ 建立你想成為其中一分子的團體，定義這個團體的使命。你們想一起達成什麼？是跟你的公司有關嗎？例如，你們想推動一個方案，晉升公司內部的少數族群候選人？令你興奮、苦惱或憂懼的問題或挑戰是什麼？想要對抗你們辦公室的噪音汙染？你剛進入一項新職務角色或社區，想要獲得更廣泛的支持？你的社區中有其他退休人士教新移民國語？有其他剛從大學畢業的人，正準備推出一項新產品？抑或，你準備為了某個理想而戰？你憂心你們化學工廠的安全性？到處詢問，試著找到志同道合者。社群媒體或可幫助你撒下更寬廣的網；發出個人邀請，讓你瞄準你想要認識的對象。

▶ 分享多數周遭人可能沒有的體驗，這能夠幫助你建立更立即的連結。你就讀的那所美國中西部大學，每年有五千名畢業生，但其中有多少人在上海工作與生活呢？這其中有多少人從事文化藝術交流呢？發一封個人電子郵件，勇於打電話，指出你們共通的特點，解釋你想成立一個團體，讓大家交流在中國工作的經

驗，檢視當地對藝術表現的限制，或許也可以分享展覽空間。若你邀請的對象拒絕你，問他們能否建議你去找誰？一旦有兩、三個人接受你的邀請，並且同意你可以對外分享他們的姓名，你就可以開始更廣泛地邀請他人。說明你的目的，列出增加中的團體成員名單，提議一個初始會面的日期與地點。從小做起，都是這樣的。

▶ 不是所有團體都必須成員眾多；事實上，六到八人是很有成效的規模。善用亞馬遜公司創辦人傑夫・貝佐斯（Jeff Bezos）的兩個披薩原則，他建議所有會議的與會人數，限制在可以用兩個披薩餵飽的範圍內，這樣可以讓每個與會者發言。

▶ 定義何謂成功。訂定清楚、務實的目標，考慮設定一個時間限制。你們可以在之後延長時間，但訂定目標和時間表，有助於動員行動。例如：「我們想在十二月之前，把音量分貝降低X％。」知道投入行動的時間範圍，潛在的參與者將更願意說好（縱使他們日後可能更新他們的誓言。）

▶ 你召集與建立團體，所以一開始你是領導人。但是，這不代表你必須親自做一切，把約定集合地點、確認出席者、規劃議程等事務的責任分擔出去。

▶ 設定期望，進行檢討，並承諾保密。針對如何挑選新成員及訓練新人，達成一致意見。每個成員可以缺席

會議多少次，仍然被視為這個團體的成員？開會的頻率和溝通方式？

▶ 你們團體是由個人組成的，每次集會時，先用「為什麼？」來連結彼此。例如：「你今天為什麼興奮來到這裡？」，「自從我們上次聚會後，你那邊有什麼新情況？」，「你有沒有什麼令人沮喪的事，你想要分享的？」隨著你們團體的規模擴增，藉由說出你個人的「為什麼？」，持續投入這個團體的使命。

▶ 你們結合起來，是為了達成一個共同目的。每個成員想要如何作出貢獻？這可能包括分享人脈或取得媒體報導。團體成員也可以藉由展現他們的好奇探索或積極挑戰假設，作出貢獻。

▶ 形成，激盪，典範，執行，暫時休止 —— 這些是團體的發展階段。形成：你集合人們，建立團體。激盪：團體開始集會時，議論有什麼沒說出來或未覺察的事情。典範：建立期望。執行：準備行動。暫時休止：知道你們何時完成目標。

▶ 學習英才的做法：愛迪生、亨利·福特（Henry Ford）、貝爾，全都是智囊團成員，提供反饋並且當責。這是一種同儕對同儕的監督方式，必要的話，每週、每月，甚至每日開會，一起面對挑戰、處理問題。這是提供建議、分享人脈，時機合適就一起做生意的機會。

▶ 轉型式組織變革由團體推動及支持，團體育成及散播新實務和理念。召集能夠影響他人的影響力人物，給予他們必要的工具和支援，讓他們有效建立連結、通知並示範期望行為。切記，這些「文化載體」未必擁有最大的辦公室或受人尊崇的頭銜。結合來自不同階層的員工，可以為個人及整個企業提供能量和重要洞見。

▶ 你的組織關係可以作為一個平台，在你的社群驅動更大的變革，尤其當你加入其他機構的力量時。教育家、店家、警察和家長全部結合起來，可以加速社區改革。你想在公司以外看到某種變革嗎？你能否召集、建立一個由不同族群代表組成的團體？你不一定要認識你尋求加入此團體的那些人，只須能夠作出令人說服的倡議，在你的構想和他們的參與之間建立連結。

▶ 闡述你的願景，以一個共同目的來召集利害關係人，為你的成員、顧客和你自己，推動有意義的理想。

▶ 善用你們組織的力量來創造行動。有不少公司發揮召集力籌辦、倡導理想行動，同時強化了他們的品牌形象。想想看，你們組織能夠帶動什麼社會變革？

切記

- 保持誠信，純粹為了行銷或品牌目的而召集的活動，可能會傷害你的聲譽。
- 發出邀請，也要能夠優雅地接受別人的拒絕。

案例研究1　內部找不到，向外部尋找

賈斯汀想要獲得肯定、更多鼓勵、一份新工作和一些建議，他是一家避險基金公司的法遵長，該公司領頭投資加密貨幣，他想確保公司在進軍這個新領域時遵守法規。該公司的律師未能對此提供任何答案，外面的律師也是，因為目前根本還沒有這方面的法規，這個產業的前進速度快過立法，這導致賈斯汀很緊張。他的上司甚至連目光都很少和他接觸，但是當這位上司想要資訊時，「他就直接找上我，」賈斯汀說：「我們做的是高頻交易，加密貨幣，在德國操作。這些元素結合起來，並沒有先例。」

於是，賈斯汀建立一個團體，幫助尋找自己需要的答案。他邀請律師、其他公司的法遵長和交易員，把邀請對象限制在十二人，一方面保持特別感，另一方面則是確保至少會有八人出席會議。建立了這個團體後，他們分享經驗，邀請演講人，拜訪監管當局。賈斯汀從一無所知，變成擁有許多具有資訊根據的觀點。他的公司獲得需要的建議，並且享有成為重要諮商議會成員的殊榮。賈斯汀的同儕和競爭者，加入了一個可以一起學習和影響政府監管政策的團體。簡言之，這是一樁三贏。

　　賈斯汀尋求在公司外探討、取得資訊的努力令上司感動，他突然開始騰出更多時間給賈斯汀。賈斯汀的聲譽提高、人脈變得更廣以後，另一家公司來挖角。換了工作，他獲得加薪，變得更有幹勁，覺得受到賞識。

案例研究2　集合專業進行規模化轉型

　　2008年金融危機後，英國央行副行長安德魯・貝利（Andrew Bailey）發出感想：「金融危機痛苦地提醒我們，商業銀行的營運，應該以大眾及其顧客的福祉為出發點。我們現在必須思考的問題是，我們想要怎樣的銀行體系？」

　　為了探討如何建立更健全、更具復元力、更具包容性的銀行業，領袖探索和英國的智庫暨策略公司米提歐斯（Meteos），召集了英國的一群高階銀行家及投資人，舉行名為「銀行業未來」（"Banking Futures"）的深度匯談。領袖探索的安妮・韋德（Anne Wade）和米提歐斯的蘇菲亞・提克爾（Sophia Tickell），分別是她們所屬的非營利組織的領導人。兩人從未共事過，也和受邀與會者沒有既往關係，兩人皆為銀行業外人士，這有利於一個坦

誠、客觀的匯談舞台。

參與者來自相互競爭的機構，在十四個月期間，這個工作團隊透過訪談及開放式圓桌會議，聽取兩百名利害關係人的意見（包括監管當局、銀行客戶和社區居民），得出如何為英國社會創造長期價值的建議。例如，銀行及政府機構收到一張如何對中小企業提供融資與諮詢服務的實務步驟清單（中小企業占英國私人部門就業的六成），銀行領導人和投資人也獲得如何遞送長期價值及更佳社會成果的集體建議方向。由於這些建議是由將採取行動的重要組織的代表人共同研議的，因此獲得更大的回響。

46

務實樂觀

灌輸希望

真正的失敗，是因為你不想面對恐懼而放棄機會。

—— 蒂芬妮．范姆（Tiffany Pham），
《妳是大人物》（*You Are a Mogul*）一書作者

　　請加入我，參加「世界觀」遊戲節目。作為參賽者，你可以選擇要走進哪扇門：一號門後面是拒絕，避免衝突，緊抓住原本可以做、但沒去做的事；二號門背後是實驗、抱負及可能性。決定採取樂觀，將對你的心情及你周遭的人有正面影響，提升士氣和投入程度，促進創新。在你作出選擇之前，要不要多花幾分鐘思考一下？真的，一切操之在你，這是一個選擇。縱使你天性傾向較黯淡的假設，你仍然可以訓練心智去看到機會。

　　以色列藝術家佩芝．帕爾曼（Paz Perlman）向我解釋，希伯來文中的「現實」（reality）這個字是「מציאות」（發音 meh-tsee-OOT），意指「被見到的」（that which is found），它和「להמציא」（發音 Lhamtzi）的字根相同，意

指「創造」（to invest）。這是一種對事物的動態變化觀，反觀在西方語言中，現實是靜態、固定的。無庸置疑，當某人說：「現實情況是……」，他們說的是事物的不變狀態。

我相信你能夠頭腦靈光、理性地評估狀況──不論是多嚴峻的狀況，辨識出朝向正面結果的途徑。我們每天早上醒來，知道這個世界有很多事出問題了，接下來還會有更多事出問題，種種情況可能使我們的生活鬱悶。冰河正在融化，有人挨餓，政治人物從自己的利益出發，火災、地震、大規模槍擊案……很多的失望與挫折等著我們。但是，務實樂觀者知道，縱使周遭境況再糟糕，若你在每天的支離破碎中存活下來，成長之弧將會曲往好的方向，所以力求持續前進，對可能性抱持信心。

當然，我並不是說事事都會一帆風順，但我相信個人和團體有能力表現非凡。我給本章標題取名「務實樂觀」（Be Practically Optimistic），這是使用 practically 的兩種含義：其一，近乎、差不多，亦即不是完全樂觀，而是多數時候樂觀；其二，務實，非盲目地不面對事實。走進二號門，你看到現實與可能性，你選擇希望，而非恐懼。

許多經理人和員工，主要聚焦於行不通的東西上。作家史塔茲・特克爾（Studs Terkel）訪談各行各業工作者，在《工作與我》（Working）一書的開頭寫下嚴酷的一句：「這是一本探討工作的書，因此本質上來說，就是一本談狂亂的書──精神上及肉體上。」一定得這樣嗎？最富

生產力的專業人士，在工作中融入適量的樂觀，在員工之間培養一種信念，相信他們的工作將會產生好結果。這並非指你整天開朗快樂，而是指當情況變得嚴峻時，你不會屈服於問題而退縮。

心理學教授蓋布莉爾・歐廷珍（Gabriele Oettingen）在《正向思考不是你想的那樣》（*Rethinking Positive Thinking*）一書中指出：「樂觀，並非只是正向思考，有遠遠更深層的含義。」她在書中講述一個關於某個傢伙夢想中樂透的笑話，這個傢伙沉溺於這個夢想多年未果，便求助於上帝。上帝從天堂說話了：「你能不能先去買張彩券呢？」歐廷珍駁斥「夢想會驅使我們行動」的論點，她的研究顯示，光是願望（盲目的樂觀），不會引領成功，反而會玩弄我們的心智，使我們相信已經達成想要的目標，因此變得自滿。

歐廷珍和同事發展出一種名為「心智對比」（mental contrasting）的方法，或簡稱為「WOOP」（參見本章「如何採取行動？」一節。）**別只是沉溺於憧憬成功，你應該想像你要的成果，思考你本身有哪些行為會阻礙你獲致這些成功，然後研擬克服這些阻礙的計畫。**抱歉！戳破了你的美夢泡泡，但光是「你能做到」的態度還不夠，夢想宏大，固然很好，但你也必須採行務實步伐，把夢想化為現實。想要體驗工作上的成功與快樂嗎？設定遠大目標，並且有勇氣排除障礙，當你克服困難之後，記得歡慶。

這項技巧適合你，如果你……

- 喜歡暖光，勝過被恐懼凍住。
- 比起煩躁的憤世嫉俗，你更喜歡展望遠景。

如何採取行動？

▶ 悲觀是一種「解釋風格」（explanatory style），不是基因決定的狀態。正向心理學領域充滿證據顯示，當你把負面體驗視為暫時性質，是一種境況使然，並非顯示你本身有什麼致命缺失的話，你就會形成更樂觀的心態。你的新產品未能通過安全性測試嗎？你可以做必要調整，下次就會通過測試。你錯失晉升嗎？未來一年，你將有更多經驗，有機會培養更多堅定的支持者。不妨閱讀正向心理學之父馬丁‧塞利格曼的經典著作《學習樂觀，樂觀學習》（*Learned Optimism*）。

▶ 採取主動建設性回應（active-constructive responding）。當你的同事分享好消息時，用一種鼓勵他們品嚐正面情緒的態度去聆聽。當同事告訴你他們最近的成就時，別說：「那很好啊！」，改問：「你是如何做到的？多告訴我一點。」作為主動建設性回應者，你以歡快的情緒一起分享他人的喜悅，報告好消息的同事，將對你有更好的評價。

▶ 把大目標拆解成容易駕馭、可達成與慶祝的實質行

動。開一家餐廳是一個巨大目標，涉及了什麼步驟？你找到地點了嗎？租約簽了嗎？雇用你的第一個員工了嗎？記得和你的朋友及同仁「炫耀一下」你的逐步成功，邀請他們到你即將開張的餐廳喝一杯。

▶ WOOP：願望（Wish）、結果（Outcome）、障礙（Obstacle）、計畫（Plan）。先想好一個願望，想像幾分鐘實現這個願望後的結果；換檔，想像阻礙你實現這個願望的障礙，這有助於你決定與計畫追求哪些目標，以及哪些目標就目前而言是不切實際的，可以放棄。

▶ 重新想像你的目標，別被手邊的問題給卡住，哪些問題是可以解決的？需要多努力才行？你需要來個大轉彎嗎？和你的同事分享改變，例如：「我們一直沒能在X上成功，所以我們現在追求Y。」失敗已經令你的團隊士氣低迷了，若未讓他們知道方向改變，將導致他們更進一步疏離。

▶ 誠實檢視你預期的障礙，徵詢他人提供建議。假裝一切都將迎刃而解，這不會引領你走向成功，反而可能會傷害你的聲譽。不知道答案沒關係，開口求助就好了。

▶ 實行「駐紮期」（tour of duty）制度。領英（LinkedIn）共同創辦人雷德・霍夫曼（Reid Hoffman）在《聯盟世代》（*The Alliance*）一書中解釋這個概念：「駐紮期聚焦於光榮地完成一項特定、明確的任務。」員工到公司的不同部門，對一個特定、可評量的目標，貢獻他

們的才能。他們加深對事業的了解，同時展現他們的技能與長處。

▶ 展望未來。匯集夢想家、分析師、自稱為悲觀主義者，以及介於中間的人，詢問：「若⋯⋯會怎樣？」別屈服於找到解方的急切欲望，直接否定古怪點子，聽聽看所有觀點，記錄引述，把一些有意思的話張貼在可被看到的地方，讓談話在走廊上自然展開。幾週後，再召集這群人，看看是否有機會激發出新思維。

▶ 用非線性觀點來檢視時間。未來學家比爾・夏普（Bill Sharpe）發展出一種名為「三條地平線」（Three Horizons）的方法，幫助個人及組織從熟悉領域航向新領域時建立共同希望與承諾，核心概念是，時間並不是一維的。舉例來說，大學的行政人員確保教授們取得在課堂上需要的傳統資源，他們維持學校的正常運作（站在第一條地平線。）任職於同一所大學的教授們就像工程師，發展一種把知識植入你腦袋裡的晶片（他們站在第三條地平線。）這兩者之間是第二條地平線，代表現今業已存在的未來（大學建物依然屹立，但許多學生在線上上課。）很多人在工作上只站在一條地平線上，誤解或敵意地看待其他的地平線。當人們認知並感謝每一條地平線上的人們作出的正面貢獻時，就能對自己抓牢的那條地平線鬆手，攜手走上更彈性且換位思考的途徑，邁向未來。

切記

- 過度樂觀的同事若缺乏資訊或選擇漠視重要資料，可能相當惹人惱怒。別嘲笑他們，和他們分享你知道的資訊，讓他們知道為何這些資訊影響決策。
- 你無法強迫另一個人樂觀，但你可以成為正面思考的榜樣。

案例研究1　大膽做夢，小心行動

里奧為一位很成功的女性企業家及她支持的慈善事業負責運作內部活動，待遇很好，受到高度尊重，但是他渴望獨立，想要創立自己的公司，也許是設立活動舉辦場地，或是開一家新餐廳。里奧新婚，和他的先生努力嘗試領養一個小孩，他許多朋友力勸他別辭掉這麼安穩的工作，他感謝他們的關心，仍然進行自己的計畫。幾個以往的客戶想提供投資，被里奧婉拒了。一位朋友在她的辦公室提供一張辦公桌給他，他接受了。

在不知道他的哪個創業構想能夠扎根立穩之下，里奧選擇利用他的核心能力：企業活動企劃。他訂定務實的營收目標，雇用兩名兼職員工，創立

一個他個人的董事會，由他的成功創業家朋友、一個前客戶，以及一位知名室內裝潢師組成。他雇用收費較低以換取經驗的年輕自由接案者，他取得LGBT商會的認證，他雇用從HIV／AIDS人士職業培訓方案畢業者監督裝潢材料的裝載運送。里奧接受一年的每月指導，五年後，他已經建立了一家營收數百萬美元的事業，雇用九名全職員工，現在還有一個4歲的兒子。

　　里奧不但擁有願景，周圍還有一群能夠支持與挑戰他的人。他樂觀展望自己的成功，但克制過度自信，避免冒太大的風險。

案例研究2　獲勝並非成功的唯一形式

　　前冰島總統候選人海拉・湯瑪斯多特（Halla Tomasdottir）在給她的孩子的一封公開信中寫道：「在許多事情潰亂的複雜世界裡，站在場邊似乎比較輕鬆，但我請你們別這麼做，場邊已經太擁擠了。進入場內，積極參與打造你夢想中的社區。」

　　海拉的職涯展現了出色的復元力，她任職過消費性產品產業，她是雷克雅維克大學（Reykjavík University）的創辦團隊一員，她共同創辦的奧度資

本公司（Auður Capital），是冰島投資公司中唯一經歷2008年金融風暴存活下來的。多年來，我有機會和她談到達成看似不可能目標的策略，她從來不乏點子。海拉現在是非營利組織B團隊（The B Team）的執行長，致力於催化更好的企業經營方式，她曾在2016年競選過冰島總統。

海拉過去沒有從政經驗，也不大想因為站上高政治地位，讓自己和家人失去自由，受到外界監視。但是，她仍然出馬競選冰島總統，因為這給了她一個鼓吹她對於國家願景與價值觀的舞台。參選人一開始有二十多個，到了選舉日，只剩下四位候選人：三位男士和海拉。這並不容易，海拉解釋：「當我終於進入主流媒體時，媒體經常問我是否打算退出？在電視辯論會上，我通常獲得的發言時間比較少。主持人向候選人提問時，不只一次忘了問我，只問其他三位候選人。在最終的四位候選人當中，我是唯一從未獲得頭版訪問的候選人。」

儘管如此，海拉最終得票率近30％，是得票率次高的候選人，和當選人的差距小得令人驚訝。海拉說：「儘管未能當選，我可以合理地說，這趟競選是成功的。」她收到一張照片，照片裡，幼稚

園女孩親吻一個巴士站張貼的海拉相片。海拉說：「光是這張照片對我而言，就是一個足夠的勝利了！有志者事竟成。去它的恐懼和挑戰！重點在於，女性能夠參選，不論是競選一個組織的執行長，或是一國總統。」

第七部

創造更大的影響力

你花時間傾聽、讚美及包容他人；你站在別人的立場設想。你已經學到了，當你被問題癱瘓時，從人性的角度與他人建立連結，力量與智慧就會浮現。你已經看到，你可以如何在不傷神的情況下，有意圖地行動，達成你的目標。你也培養了你的好奇心，接下來呢？該是開朗、勇敢的時候了。

別讓你的職階或你在組織中的角色界定你，設法利用你的平台。不論你的職位，總是有途徑可以透過你作出的選擇和你的構想的廣闊度，創造意義，驅動正面影響。

我們多數人都想要作出貢獻，但在面臨問題的重大性時，時常招架不住，不知所措。這一部提供工具，擴展你的成功定義，鼓勵跨世代合作，促進思考你想要如何產生影響，留下印記。

這一部的建議適合你，如果你⋯⋯

- 想被人們記得 —— 帶著敬意。
- 看到新的、更好的或不同的做事方法，想要領頭改變。
- 受夠了一切如常、一成不變。
- 想在家中及工作上實踐你的價值觀。

- 接班規劃已經或即將實現。
- 看到同仁被敦促肩負更多責任（及意義）。
- 注意到新人不知道你們組織的根源，但這對他們來說可能具有激勵作用。
- 發現招募人才是一大挑戰。
- 察覺到經驗豐富的主管（包括你在內）士氣不振，想要找新工作以創造影響力。

47

探索未知
未來仰賴於此

具有啟蒙作用的，不是解答，而是疑問。
── 尤金・尤內斯庫（Eugene Ionesco），
羅馬尼亞及法國荒誕派劇作家

　　前印度商學院（Indian School of Business）院長阿吉特・藍內卡爾（Ajit Rangnekar）在位於海得拉巴市的校園接待我時說：「這是一個探索之地，不是解答之地，我對於妳帶進來這棟大樓的疑問感興趣。」我永遠忘不了這項邀請。

　　有機會探索、辯論、徹底翻轉推敲一個概念或思想，是一個奢侈的必需品。說它奢侈是因為，在不必立即獲得解答的情況下做活躍的深思研究，這在公司是少見的縱容。說它是必需品，是因為當我們趕著行動時，我們暴露於下列幾項陷阱中：

- 容易撲向一個顯然、但可能不正確的結論；
- 不停下來思考自己問的問題是否正確；

- 未能充分評估情況的複雜性；
- 聚焦在已知事物上，讓看似棘手、難以駕馭的問題，繼續在檯面下燜燒；
- 問問題是為了證實自己得出的結論，而非取得新資訊；
- 創造出一種假象，彷彿對其他觀點感興趣；實際上，只是在為一個業已決定的點子贏得支持；
- 由於行動凌駕了注意力，導致未能看清全貌或錯綜複雜的細節。

　　為何會發生這種情形？說「我不知道」或「我們不知道」，這需要勇氣。當員工被要求領薪就得有所表現時，「能力」往往和「隨需提出解答」劃上等號。我們害怕「不知道」將使我們顯得能力差，更引人焦慮的是，有時候，我們不知道如何建構疑問，只知道事情不對勁、有問題，或是預期將會出現問題。還有別的緊張壓力，那就是浮現的答案，可能會威脅到現狀。試想，這會令你多麼感到不安？

　　勇於接受混亂，盡情享受「不知道」。創新根源於有勇氣提出漂亮的疑問，漂亮的疑問有時只是簡單問一句：「為什麼沒人做這件事？」，或「如果我試試看呢？」

這項技巧適合你，如果你……

- 對未來感到興奮。
- 認為開窗讓智慧流入，比關門拒絕任何尚未獲得證明

的點子更重要。

如何採取行動？

▶ 勇敢迎向沒有明顯答案的問題，別轉頭離開。在你閱讀最新的備忘錄或參加又一場會議時，停下來問：「我們是否因為不知道而在逃避某些事物？」召集人們一起探索，而非一起急於解決困境。你們可以臨時開個會，找幾名同事，請他們在下午4點撥出30分鐘的時間，你們一起在「未知」的樂趣中探索交流（記得帶點心。）或者，也可以事先規劃，把集會安排得更有趣一點。提出問題，發出邀請，說明這是一個針對主題交流想法的機會，沒有評斷和壓力。順便來點腦力激盪？記得準備足夠的紙、麥克筆和利貼（若可以的話，使用白板），以便生動、有趣地玩點子。

▶ 若是還在琢磨構想的階段，別迷失於執行細節。保持一點距離去檢視你的疑問，你能夠看出什麼型態嗎？

▶ 把自己當成醫生，試著作出好診斷。雖然不知道哪裡出了問題，但「病人」（組織、產品等）看起來不對勁，你要同時考慮幾種可能性。為了檢驗你的假設，需要什麼？別局限於三種可能性，逼自己探索至少十種可能性，不論這其中一些可能性有多荒謬古怪。接下來呢？在你的同事有機會取得更多資料後，你要不要再召集大家進一步探討？是要親自邀請，還是要打

電話邀請？訂定一個大家都可以的日期。「病人」現在靠維生系統續命嗎？若不是，那就別急著確定解答，但也不要擴大探索的範圍、一直拖延，大家共同決定一個得出結論的時間表。

▶ 別讓網路主宰你的搜尋，你的鍵盤不見得總是可靠的導遊。不要把解方外包給演算法，你可能必須和真人進行對話。

▶ 反轉問題，把問題當成解方思考看看。比方說，時尚珠寶市場正在起飛，你的寶石生意正在衰退，搭頭等艙的女性配戴的是人造鑽石。你的顧客選擇配戴假鑽石，別把這件事視為問題，你應該問：她們這麼做，是為了解決什麼問題？

▶ 線上新聞匯集服務業者Flipboard，每週五邀請所有階層的員工，參與名為「mock o'clock」的一小時演示，大家圍繞一張大桌子，任何人可以分享他們的最新計畫，從其他部門團隊同事那裡取得建議。

▶ 不論你是臨時召集一群人，或是規劃下個月召開一場會議，共同探討與展望未來，請考慮邀請各年齡層的人。千禧世代和Z世代使用及分享資訊的方式不同於嬰兒潮世代，因此看出的相互關連性可能也不同。

▶ 在圖書館舉行探索會議，比租用會議室還便宜，而且圖書館現在已經不只是借書的地方，漸漸變成探索及創意協作的創客空間。

▶ 在線上探索。史丹佛大學的設計學院（D School）提供免費工具箱，鼓勵你對種種事物發出疑問，尤其是你認為自己已經了解的那些事物。你將會學到很多，包括如何寫「我們可以如何」（how might we, HMW）的提問。有興趣的話，可以上這個網址看看：dschool.stanford.edu/resources/design-thinking-bootleg。

切記

- 雖然說，沒有任何提問是壞疑問，但是別偷懶，請挑戰自己尋找更好的疑問。
- 別把攻擊某人或某個概念偽裝成一項提問。

案例研究1　讓別人幫你想答案

　　若你是公司的創新長，但你腸枯思竭了，怎麼辦？理查引領使用社群媒體做行銷，他晉升為公司的創新長，帶著一顆「空白腦袋」和恐慌來找我。他覺得，相較於敏捷的新創公司，他已經過時了，也和以前的科技業同事失聯了。不過，他想學習討教的許多創業者，想要接觸他所屬的這家甚受推崇的組織，於是身為創新者的理查，開始當起每月創新討論午餐會的主人，邀請兩位外部的演講人和六

個不同世代和觀點的同事出席。每次午餐會前，理查事先通知出席者要探討的挑戰，好讓大家預作準備。就這樣，他的未解答疑問，從令人傷腦筋的頭痛問題，變成眾人活絡腦筋的機會。這些午餐會為理查激發出許多新點子；此外，接觸更廣的策略夥伴社群，也意味著他可以更快速、且往往以更低的間接成本遞送新穎產品。

案例研究2　超越表面，探索問題

　　一家大型投資銀行的一群黑人高階主管，邀請我輔導他們舉辦的第一場關於種族關係的研討會。與會者有三十位黑人專業人士和三十位白人經理，白人經理預期這場研討會的談話，將聚焦於如何晉升、如何挑選導師、如何談判出好待遇等的訣竅，但實際情形並非如此。在研討會一開始，與會者分成兩人一組，輪流回答下列這道問題：「我第一次察覺到我的種族是何時？這個體驗為何重要？」然後，交談變成四人一組，再變成八人一組。

　　會議開場後，我發現「我該如何在公司獲得晉升？」這個問題並不是正確的提詞，這群與會者想解答的是：「我們如何變得色勇（color brave），而

非色盲（color blind）？」與會的白人分享他們在致力於平等看待人人的過程中，如何刻意回避可能會引發注意種族差異的談話。幾位黑人主管說，在新聞報導又一樁警察射殺一名未攜帶武器的青少年後，他們其實欣然被問及：「你是否擔心你的兒子的安全？」一位頭飾引人注目的奈及利亞裔女士，怨嘆沒人讚美過她的打扮。白人經理的客氣、禮貌、拘謹行為，反而強化了一種異己感。該公司投資於招募多樣化人才，訂定晉升目標，但直到這場研討會之前，未曾舉辦過論壇探討這道困難疑問：「我們該如何認知到我們的日常差異性，但同時致力於未來能夠更團結？」雖然沒有簡單的答案，但至少已經開始討論。

案例研究3　探索對人類非常重要

美國航空暨太空總署科學家琳蒂‧艾爾金斯－譚頓（Lindy Elkins-Tanton）博士教我們成為探索者，尋求現今的新穎解方，展望地球與太空的未來。艾爾金斯－譚頓博士和她在亞利桑那州立大學地球與太空探索學院的團隊，為我們許多人甚至連問都不會問的問題提供解答，例如：

- 我們要如何從月球極地的礦床上取出可飲用水？
- 在訓練航太總署的人員和外星生命溝通方面，我們做得如何？
- 為治理未來的星際移民，需要什麼政策？

　　為了擴大學生的職場潛力，她的團隊也提供一套流程，因應我們還未想像到的機會，聚焦於學習如何學習，並且以共同研究的模式這麼做。教育還不止於課堂裡，艾爾金斯－譚頓博士團隊展示思索太空是省思人類意義的機會。他們推出的創新先導計畫，使用一些提詞來吸引大眾，例如：「若你要去火星，會打包什麼行李？」他們請參與者想像一種情境：一百人進入太陽系的另一顆星球，他們都攜帶了一只箱子，裡頭裝滿他們在這個星球上建立一個旺盛、永續社區所需要的全部知識；試問，你會在這只箱子裡裝入哪三樣東西，為什麼？

　　你可以明顯感受到艾爾金斯－譚頓博士無畏追求知識，以及她對共同研究與合作的投入。在別人介紹我們認識後，她馬上邀請我參加會議，貢獻她對課程內容的看法，包容是她的第一反應。

48

敬重歷史
讓過去驅策你前進

過去是一面螢幕，我們在這面螢幕上，
投射我們對未來的願景。
—— 卡爾·貝克（Carl Becker），美國歷史學家

　　我們經歷過什麼？我們朝往何處？我現在置身何處？你的Google地圖無法為你導航眼前的困境，但你們公司的歷史可以幫上忙。共同的過去把個人和團體連結在一起，也賦予團體一個獨特的身分識別。你們組織的歷史可以作為榮耀的源頭，幫助你把事件和你本身視為一個更大、仍然在開展中的故事的一部分。歷史為你提供意義的連結。

　　不論你是在重新展望你的品牌，或是納悶「為何我們如此做事？」，過去都可以為你提供洞察力。你們公司是否經歷動盪經濟時期而辛苦存活下來，或是百年企業？從你們組織的根源，找到活力和信心，重振未來。

　　向前人學習。為明日創新，並不代表就要忘記以往學

會的精明本領。伴隨公司購併、領導階層的更替、員工離去，機構知識可以提供實用的洞見。

我們全都想在離去後（以及仍在時）被記得。身為員工，在兩百人的公司會議中，聽到你的名字被提及，這是在肯定你，表彰你在一切仍屬未知、無法確信的時候，有信念地去冒險，同時提醒新員工汲取你的經驗。

回憶那些風塵僕僕飛行千里的同仁（搭乘的班機經常延遲，並且擠在中間座位），以及深夜在雨中把貨物搬上卡車的團隊，這使得你們公司更有人情味，也在提醒員工，他們同樣有機會在公司史上贏得他們的地位。

這項技巧適合你，如果你……

- 留意到公司鼓舞人心的「為什麼？」已經被遺忘了。
- 想要被記得，想要為你現在站在他們肩上的那些巨人做相同的事。
- 注意到很多同仁的角色雖然不是那麼光彩奪目、比較隱形，但他們的工作很重要。你想要講述他們的故事，激勵整個組織。
- 是新人，知道了解組織歷史，可以幫助你更融入組織文化。

如何採取行動？

▶ 思考並生動地講述過去，講述富有魅力的領導人、在

公司待了很久但不是那麼有名的同事、突破性創新、你們參與崇高的社會運動等的故事，以及這些故事顯示這是一家怎樣的公司，或是你希望它成為一家怎樣的公司。

▶ 打造一個專屬於你的「組織博物館」，蒐集你在這裡的重要發展歷程事物，例如：你採購第一張辦公桌的收據，或是你設計標誌時的各種點子。從你的辦公室櫃架上的一個角落開始陳列：一雙從未能取得市占率的新滑雪靴樣品；帶給你靈感而創作出一系列卡通的菜瓜布。這不僅在記念過去，也是現在很好的談資。

▶ 對「創辦人」的頭銜達成共識。在欠缺資金之下，急切找尋其他人才參與的創業者，可能會提供「共同創辦人」的頭銜作為回報。但是，隨著公司擴展或名氣增大，原始創辦人可能就不是那麼樂意分享功勞和榮譽了，可能認為共同創辦人沒有推動成長、冒險、募集資本，或是像自己那麼賣命，於是開始心生憤恨。另一方面，共同創辦人則是認為自己作出犧牲，這個頭銜是自己贏得的。這種不和後來可能演變得很難看，所以最好從一開始就非常清楚，你想在未來如何撰寫你的組織歷史。

▶ 用員工相片裝飾辦公室的牆面。仿效產科醫生，他們經常在布告欄上張貼他們接生的所有嬰兒照片。你們團隊為這個世界帶來什麼新生命？從拼貼你們的產品

廣告做起，並且讓參與工作的員工在相片上簽名。

▶ 在員工手冊中包含公司歷史概述，讓新進人員和組織的DNA連結。列出任職公司者的姓名（縱使他們已經離開公司了），此舉展示這是一個不會忘記員工的組織。說不定有新進員工會從名單上發現，家族中有人曾經任職過公司，這可能令他們引以為傲。

▶ 建立一個內部資料庫，蒐集公司曾經犯過的錯，敘述導致犯錯的情況，以及如何解決。就這三項──錯誤、肇因、解方，保持簡單。在腦力激盪會議時，鼓勵冒險。閱讀資料庫裡的這些犯錯例子，提醒大家組織過去也曾犯錯，但解決了，存活下來。

▶ 邀請離職員工。前同事了解你們公司的制度，現在在另一家公司任職，或許很能夠提供建議或挑戰你的假設。在安排策略會議時，合適的話，別忘了邀請現在是外部專家的前同事。

▶ 設立一個年度獎項，表彰記錄歷年的得獎人。你們可以在會議室的牆面釘上一塊大木板，把每年的得獎人姓名刻在一塊金屬牌，掛在這塊大木板上。搬遷辦公室時，千萬別忘了一起搬走這塊大木板，在新的辦公室重新掛上。

▶ 讓歷史自己說話。美國的非營利組織StoryCorps（www.storycorps.org）和巴西的人物博物館（Museu da Pessoa, www.museudapessoa.net）各自用不同方法，記錄個人

與機構的口述歷史。

▶ 若你是新經營團隊的一員，負責歡送忠實的老員工，務必協助策劃或出席歡送會。

切記

- 歷史可能相當主觀，要能夠慎思明辨。
- 別因為不認同公司的過去作為，就不記錄歷史，分享一些不同觀點並無妨。

案例研究1　史上最長的感謝賀卡

　　達美航空（Delta Air Lines）員工在2016年2月，收到公司利潤分享方案史上最大一筆金額，總計15億美元的利潤提撥分享。該公司以50英尺長的賀卡向員工致謝（長度創下金氏世界紀錄，約為15.24公尺），卡片上包含每一位員工的名字，總計八萬人，這項紀錄留給後人。

案例研究2　資本的正面力量

　　私募基金公司英聯投資（Actis Capital）創立於2004年，是從英國政府在前英屬地區推動私人部門投資的開發融資機構英國聯邦投資集團（CDC

Group）分支出來的。英聯投資的許多管理階層和投資團隊成員，先前任職於英國聯邦投資集團在亞洲、非洲和拉丁美洲的分公司。伴隨英聯投資的成長及新合夥人的加入，人員和該公司初始願景的連結愈來愈薄弱，投資愈來愈不聚焦於基礎建設，愈加聚焦於在市場上賺錢。創辦執行長保羅・弗萊徹（Paul Fletcher）決心讓公司和其根源重新連結，他安排合夥人、他們的配偶，以及公司董事會成員造訪中國、南非、奈及利亞和巴西，讓他們親身體驗他們的資本能對社會產生的影響。

　　他們在每一個造訪的國家與基層創新者，以及金融、能源、農業企業、教育、交通、零售及媒體等產業的領導階層會面。他們每天晚上集合，回顧他們的體驗對他們這些投資專業人士及家人的影響。從今以後，他們希望別人如何認得他們？這些造訪帶來了突破，保羅說：「他們原本認為，唯一重要的事是財務報酬，現在轉變成在財務報酬和非財務性成果之間求取平衡。」英聯投資已經成為聚焦於環境、永續與良好治理等領域的投資領先者。

案例研究3　擁抱過去，自我定位

在領袖探索的一場避靜會議中，我們在會議室的四面牆上，貼滿了一整排的牛皮紙，在每張牛皮紙上的中間畫了一條線。我們以世界史上的重大事件為例，讓大家了解接下來要做什麼。在牛皮紙中線的上方欄位，領袖探索的創辦人們寫上他們重要的正面經驗，在下方欄位填入較不那麼光輝的經驗。接著，每個人拿一支不同顏色的麥克筆，在牛皮紙上填入他們過去的高低潮經驗。

隨著房間裡每個角落的牛皮紙上添加了各種色彩，大家的興致變得更高昂，可以明顯看出這對每個新成員的影響。八年後，我們的團隊增加到67人，我們再次「展現」了這個組織技巧。新團隊成員看到我們組織的高低潮紀錄，被邀請在這個不斷擴增的故事中，加入他們自己的故事。當我們的團隊訂定未來目標時，在會議室裡歡慶歷史擁抱彼此，大家變得更有幹勁。

49

擁抱職場高齡化

60歲是新的30歲

　　我62歲了，我在一場演講中談到這本書，提及我的年齡（因為剛好講到一個故事，很自然就提到我的年齡），一位聽眾感謝我示範「資深」女性仍然保持活躍，我愣了一下才反應過來，因為我不認為自己老了。

　　我的孩子認為我有精力過剩症，我整天工作，晚上出去和朋友聚會，天剛亮我就和我30歲的兒子一起去上運動課程。我正處於我的黃金期，我健壯，對自己懂的東西有自信（所以才會寫這本書），也夠機敏知道自己能學的東西無窮盡。我不害怕直率說出心裡話，我已有足夠閱歷，不容易被惹惱。我有很多長達數十年之久的好關係，彼此的情誼歷經考驗，值得信賴。我樂意開放我的人脈幫助他人達成目標。我為何要停止呢？

　　全球的老齡人口以空前速度增加，美國的勞動力有四分之一超過55歲。若人們的壽命更長，在職場上將會待得更久，那麼年輕人和年長者將會共處更長的時間，所以讓我們充分利用吧！不妨誠實地談談年齡。

　　在一項職務上待多久是太久，或不夠久呢？當員工在他們的職務角色上年齡較高時，公司的焦點應該擺在遣散費或留任獎金？許多較年長的工作者因為社經目的繼續工作，其他人則是考慮改變，但沒人跟他們談論這個。雇主不敢貿然主動談，因為怕被誤解為歧視；員工也不敢主動提，因為怕自己還沒做好準備，就被踢出去了。許多公司並未針對高階（年長）人才安排發展計畫，因為他們被認為太老而無法或不用學習了，畢竟都快退休了，很有可能對學習也不大感興趣。

　　你當然不必假裝你（或你的同事）是永遠長不大的彼得潘，但務必認知到，**變老不是對理性智識的攻擊，而是智慧的成熟。**一般認為，只有那些穿帽T、在車庫裡工作的年輕人，才會想出創新點子，其實不然。科學研究顯示，最成功的創業家往往是中年人，就連在科技業也是如此。60歲的新創公司創辦人建立一家成功公司的可能性，是30歲年輕人的三倍。諾貝爾獎得主的突破性成功，出現在他們年齡更大的階段。經驗的累積，有助於得出更明智的戰術決策；認知研究顯示，較年輕的成年人或許在資訊處理的速度和彈性方面較為出色，但年紀較長的

成年人在犯錯後作出的調適更多。

　　還有更多的好消息！在人類的整個壽命期間，呈現一種U型的正向效應：快樂程度的高水準點始於青春期後期，爾後開始逐漸降低，在中年時達到最低水準（想想看謀求晉升、負擔房貸、尋找配偶、照料小孩、繳不完的稅⋯⋯），到了老年時，出現了第二波的快樂程度高峰。從亞美尼亞到薩伊，不論什麼國籍，世界各地的人們在年紀大的時候，往往比較快樂。

　　我還沒講完喔。**型態辨識能力、情緒線索解讀能力、自制力，這些全都隨著年齡而增長，因而產生更好的同理心、直覺與明智判斷。**別擔心，銀髮族普遍不會賣弄，因為自負通常隨著年齡增長而降低。年紀愈大，我們變得不那麼追求名氣與讚揚，比較可能變得更聚焦於幫助他人，而非鼓吹自己的議程。在尋求建立連結時，多多善用出生在二十世紀人們的慷慨和經驗吧。

這項技巧適合你，如果你⋯⋯

- 為了接班計畫成功，正在尋求人人皆贏的方法。
- 很容易把年紀較大的主管，視為你和你渴望的晉升之間的障礙。
- 認知到年輕的新人，未必總是最聰慧、最優秀。

如何採取行動？

▶ 你可以教老狗玩新把戲。至少一年一次檢視所有年齡層同仁的職涯發展計畫，別以為超過60歲的人對於學習和成長不感興趣。

▶ 在團隊中公開詢問，一起研擬計畫，以消除團隊中的緊張對立。當沒有未來的路線圖時，接班計畫很容易停擺，較資淺者將變得焦慮不安，並且考慮離開。若資深領導人終於退休，但原定的接班人因為厭倦等待晉升，早已在幾個月前就離開，組織將面臨人才斷層的危險。

▶ 別讓你的高潛力資深員工悄悄離開。某人在公司待了數十年，並不意味他們就會永遠留在公司。若精神抖擻、鬥志高昂的七十幾歲老人，相信自己將會活到120歲，就有可能轉往別的機構尋找第二春。如何保持他的興致與投入呢？改變工作時數？改變一天的工作結構？改變工作內容？提供更好的照明？或是，特別安排一張人體工學設計辦公椅？探討對你們雙方都有益的部分工時安排。

▶ 公開討論團隊的年齡結構。該如何把橫跨數十年間的不同個人或健康需求，布署成一項資產？例如，若某個年紀較大的團隊成員習慣天亮就起床，可以讓他／她輪早班，讓年輕媽媽把女兒送到學校後再上班。你

能否保存一份可以前來暫時代理休假或請假同仁工作的退休員工名單？

▶ 重視工作交接，別被員工突然離職搞得手忙腳亂。建立培訓方案，讓較年輕的員工和較年長的員工一起工作。研擬清楚的知識轉移計畫，包括技術性質和文化性質的知識。安排一個交叉期，年輕員工和老員工一起現身公開會議，展現並確認彼此的技能。把退休員工職務接替者的成功，歸功於退休者奠定的基礎，藉此推崇退休員工。

切記

● 談論年齡相關議題時，語氣和時間點很重要，務必有所準備，找一個冷靜的時間點發起談話。

● 在建立跨年齡群的經驗學習與傳承時，確定每個人都熟悉分享資訊所需要的技術。

案例研究1 「妳想過何時退休嗎？」

　　我的一個客戶經歷了一個雙重難堪的時刻。荷莉接到人資部門的電話，解釋為何她的部屬大衛將未獲晉升 —— 因為上面沒有位置了。荷莉既驚訝又失望，因為她很關注大衛的職涯發展，他一直承擔

愈來愈多的職責，表現出色。電話談話快結束時，這位人資部門代表詢問：「妳有沒有考慮過妳何時可能離開？這樣就能夠騰出位置，讓大衛升上去了。」

荷莉在這家公司服務了32年，其實正在思考退休一事，但這番詢問，不論切題與否，都令她感覺受到侮辱。這不是在協商合作，而是傷人感情，太出人意料了。雖然荷莉在公司待了那麼久的期間，參與過很多人才盤點和接班規劃會議，但公司沒有流程可以直接詢問主管關於他們的可能退休計畫。若有更具目的性、有條理的討論，肯定荷莉想要幫助團隊成員未來發展的能力與渴望，同時規劃她本身的離開，那麼荷莉、人資部門經理和大衛都將受益。

荷莉必須作出選擇，她可以生悶氣，或者她可以抓住這個機會，運用她本身受尊崇的領導力，驅動公司程序的變革。她選擇後者，她幫助人資部門制定一個有前瞻性、針對所有符合資格的主管的退休福利評估流程。這項流程讓年長的員工可以評估他們個人繼續工作的時間軸，為全公司更坦誠的談話鋪路。

案例研究 2　人才青黃不接的折中方案

有系統地在老員工和新員工之間建立連結，這件事相當重要，道理再顯然不過了，但是這麼做的公司非常少。保羅被轉調至巴黎辦事處時，他和他的家庭獲得了種種搬遷支援；無疑地，這將是一項重大改變。反觀多年後，當保羅退休時，除了歡送及誠心祝福，別無其他準備。保羅和公司都沒有充分考慮，他的離開將對個人及組織造成什麼影響？保羅挑選並指導他的接班人莎夏，但保羅離開公司後，對於兩人之間的聯繫，是否有任何期望呢？屆時若莎夏尋求他的指導，人們會不會認為她能力薄弱？若保羅太常回來公司，人們會不會認為他過於憂慮？

保羅和我辨識出他最大的害怕，是失去他這麼努力建立起來的關係，以及未能分享他的龐大機構知識。保羅和莎夏研擬了一個計畫：在他退休後的頭一年間，他們將有六次正式的指導會面。保羅回來公司提供這些指導時，得以見見同事，和他們鞏固友誼。透過這個方法，他擺脫那種「你來這裡做什麼？」的局促不安感，公司也得以多利用他的機構知識與經驗一年。

案例研究3　向前輩請益

　　泰勒接掌一個社區服務組織執行總監時，大家都很激動。前任領導人掌舵了16年，任內推動大型募資活動，興建新設施，但該是這個組織邁向新紀元的時候了！泰勒的資歷和作風，非常不同於他的前任茱蒂，兩人都尊重地祝福彼此，但此後他們的互動並不多，直到十八個月後，泰勒打電話向茱蒂請益。

　　泰勒發現，這項職務的挑戰性，高於他原先的預期，他和董事會之間的關係，也需要一些解讀。對於泰勒放下自尊，打這通電話，茱蒂很是感動。她身處之地距離該組織並不遠，當時也有一些空檔，再加上對組織非常了解，所以樂意對她深切關心的一項使命作出更多貢獻。消息傳開之後，泰勒的聲譽提高了，對於這麼一位知道自己不足且懂得求教的傢伙，你自然會敬重他。

50

善用你的平台
創造改變、作出貢獻

對世界而言，你或許只是一個人；
但對某個人而言，你可能就是全世界。
—— 蘇斯博士（Dr. Seuss）

未來的工作分界將會變得更模糊，社群媒體使得職場身分和個人身分逐漸融合，組織不再於社會影響和營利之間作出不能兩全的選擇，政府和企業界被呼籲攜手改造社會，跨地區合作也變得更加容易。世人對企業的評價，愈來愈不只是看它們為股東創造的價值，也看它們對社會帶來的正面影響。

賴利・芬克（Larry Fink）是全球最大的資產管理商貝萊德公司（BlackRock, Inc.）的董事長暨執行長，他在2018年致所有客戶組織執行長的年度信中呼籲採取行動：「你們公司的策略，必須闡明達成財務績效的途徑。為了維持績效，你也必須了解你們的事業造成的社會影響，以及緩慢的工資成長、愈來愈興盛的自動化、氣候變遷等結

構性的大趨勢，如何影響到你們事業的成長潛力。」

　　社會需求和組織需求的匯合，已經把我們引領至這個境地。在家中和在工作中展現不同的價值觀，已經不合時宜。這其實是好消息，促進互連、透明及更高程度的當責。抓住你的職涯階梯，爬上你的平台，站出來，表達你的立場。

　　你奔出辦公室，去拜會一個為貧困青年設立職訓方案的非營利組織，卻在你自己的公司否決員工培訓發展預算？這是相互矛盾的作為。若你真的關心教育平等途徑，何不在公司設立培訓方案，並且提供名額給社區居民？這麼做，你的教育方案既照顧你的企業，也服務社區。你可以積極地在企業、社會等各部門，促進使命導向的人際連結，創造改變。

　　把你的人生視為一個原子，每分裂一次，能量就降低；相反地，整合個人、組織與社區的目標，有助於擴展個人與公司的產能。

　　不論你是執行長，或是最新進的同仁，思考你的職位可以如何創造機會，因為作出重大決策或執行一些小工作，使你周遭的世界變得更好。這未必是關於投資更多錢，而是關於投資你的關注資本。

　　愈來愈多公司設立「企業社會責任」方案，但是認知如何利用你的平台，遠非只是在機構層級推行一項活動，這是一種心態，自問：「我的職位可以讓我如何幫助

整合你在世界上的各種角色，創造出最大貢獻

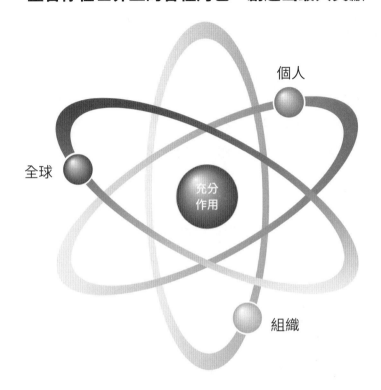

他人？」這始於想要把意圖付諸行動，盤點你的非物質資
產，例如你的發言能力，或是分享你的資源和人脈。我們
的選擇可能對市民、環境和經濟，產生無意的負面或有意
的正面影響。

　　有時候，你的力量來自提出正確的疑問（進而產生
更明智的決策），例如：「若我們在這個鎮上，而非在
另一個鎮上興建工廠，這將對社區和勞動力產生什麼影

響？」，或「這是否需要搬遷家庭？」在中國，許多員工來自單子家庭，照顧父母及祖父母的責任重大，若家人搬遷至遠離子嗣的地方，壓力立即倍增。你的員工在工作了長時數之後，是否需要費力通勤至遠地照料親屬？在缺乏家人就近支持下，他們如何自理生活？官方代表未必提供全貌。你在西班牙馬德里的會議室中作出的抉擇，將對遠在亞洲的工廠督導、工作者及他們的祖父母產生影響。

你是否已經贏得足夠的敬重，使你能夠邀請異議人士參與你們的組織會議？你能夠為他人辯護嗎？一點點的經驗，或許就足以使你能夠說出別人無法說出的話。我的客戶馬克擔任目前這項職務已經三年，他請他公司的高階經理，特意去叫最新進的員工可以下班了，因為馬克觀察到，這些新進員工縱使工作已經做完了，也不敢下班。這一個小小的干預，產生了巨大的漣漪效應。這批新進的初級分析師晚上有時間和家人相處，去健身房運動，或是約會。

印度有超過60％至70％的人民是功能性文盲，數位賦能基金會（Digital Empowerment Foundation）創辦人奧薩瑪·曼札爾（Osama Manzar）的使命是：為欠缺取得資訊與權利管道的印度窮人和農村居民根除資訊貧乏。他前往五千多個農村，設立七百多個數位資源中心，為網路中立性（net neutrality）而戰，倡導投資於讓未能上網者上網，他已經使超過七百萬名貧窮部落人士、土著及弱勢

者取得數位能力。他的團隊使用極富創意的方法，教導印度各地的人們善用他們的處境。例如，他製作一些立方體，在每一面貼上不同符號，用這些工具來教導功能性文盲者如何使用網際網路 —— 不是教他們學字母，而是讓他們記住圖像，點擊那些圖像，可以把他們連結至能用收聽方式來汲取的資訊頁面。

這項技巧適合你，如果你……

- 想在你所做的每件事中，實踐你的價值觀。
- 由於每天就只有那麼多個小時，所以你的目標是提高產能。
- 你們公司擁有對他人而言實用、寶貴的資源，而且與他人分享並不會產生什麼成本。
- 興奮於三贏，希望讓自己、你們組織和你們社區都受益。

如何採取行動？

▶ 確定你的選擇符合你想成為的那種人，以及你想要達成的目標。不論你們公司是大公司，抑或才剛起步，在評估你們的財務預算時，記得納入「社會成本」。

▶ 檢視你的供應鏈，包括顧問服務供應商。雇用一家由女性、退役軍人、移民或LGBTQ社群成員創立或領導的公司。只須在鍵盤上敲幾下，就能夠連結至認證的弱勢族群成員擁有的事業。找到你們公司的決策者，

和他們分享你的研究所得和想法，使他們更容易請更多樣化的供應商提案。

▶ 把閱讀新聞變成一項更積極的活動。什麼新聞使你感到振奮或沮喪？你可以如何支持那些為你關心的理想奮鬥的工作者？用心環顧一下他們的辦公室，想想可以提供什麼實用的東西？例如，辦公桌、存放傳單的櫃子、手機充電設備？

▶ 你們公司或許擁有對他人而言實用、寶貴的資源，而且與他人分享並不會產生什麼成本。巴西的自然（Natura）化粧品公司，派廂型車接送住處離大眾運輸工具很遠的員工上班，空位提供給住在沿路、同樣離學校很遠的學生。

▶ 勇於提出第二個和第三個疑問，因為你可以。

▶ 不論你在組織中的位階，你的出現可能就是一項有價值的資產。所以，請你出現，表示對人或方案的尊重。

▶ 試著跟同事談論你關心的議題，看看有誰跟你有相同的熱忱。你擔心肥胖率上升嗎？你任職兒童電視頻道嗎？你隸屬於行銷團隊嗎？或許，你可以選擇不接受含糖食物的廣告，用行動敦促糖果及速食公司供應健康產品。

▶ 賓州大學華頓商學院教授亞當・格蘭特把分享我們的知識、技能與人脈稱為「微型貸款」（microloans），請成為這樣的放款人。

切記

- 你可以把工作委任給別人，但你必須先做好個人工作。在這世上，你想成為怎樣的人？
- 你的行動方案必須發自真心。偽裝成社區服務的品牌與行銷活動，通常會被人們看穿。

案例研究1 把垃圾變成黃金

「我在世上的角色是什麼？我想如何扮演這個角色？」，這是我在印度共同領導的一項計畫的提問。為了尋求啟示，我們拜會印度非營利組織 Aakar 的創辦人米林‧阿隆德卡（Milind Arondekar），以及他幫助組織的「拾荒者」。這些拾荒者靠拾取印度新興中產階級丟棄的可回收材料維生，這些婦女分揀被丟棄的塑膠杯和紙類產品，她們身上穿的紗麗優美地飄動。我們一邊工作一邊聊天，首先聊到家庭，再談到性別角色和照顧孩子及父母的家庭責任。後來，這些印度婦女詢問有關退休儲蓄的建議，在不久前沒有足夠的錢度日維生的這些人，現在諮詢有關財務規劃的建議！

這些拾荒者的境況，是如何獲得改善的呢？

1993年，阿隆德卡和他的太太夏拉達（Sharada）認知到，他們的小商店的成功，得仰賴他們所在社區的市容衛生與觀瞻。當時，垃圾桶的垃圾在太陽曝曬下發臭，官方的垃圾車不服務這個地區，拾荒者把垃圾傾倒在街上，翻找可回收物，他們是社區居民的眼中釘，經常被警察趕，丟下垃圾就跑。

阿隆德卡和當地政府合作，他取得政府許可讓婦女使用一片空地篩揀垃圾，把可回收的物質帶回資源回收中心。把垃圾拖到這片垃圾場是件苦差事，阿隆德卡商請市政當局提供一輛運送垃圾的卡車讓這些婦女駕駛。這麼一來，拾荒者成了當地環境衛生系統的一分子，跟市府員工一樣，她們可以領取識別卡，現在她們可以申請社會福利，讓孩子註冊上學，甚至可以開立銀行帳戶。現在，在很有限的資源下，Aakar幫助孟買的七千多個家庭組織小合作社，幫助以往貧困的婦女存錢及取得小額、但重要的貸款。

案例研究2 以「長字輩」職位作為推動社會改革的槓桿

法比歐・巴博薩（Fábio Barbosa）立志建造一

個有堅實價值觀的社會，他首先建立起巴西金融家的聲名，後來轉換跑道，領導一家媒體集團。為什麼？他告訴我：「因為銀行業和新聞業，是社會改革的槓桿」，為實現強烈的個人信念提供平台。

　　在擔任巴西皇家銀行（Banco Real）總裁時，他推出一個包含社會與環境風險分析、道德投資基金、微型信貸業務的永續方案，為殘障客戶提供量身打造的銀行服務。巴博薩後來擔任拉丁美洲最具影響力的媒體企業之一阿布里爾集團（Abril Group）的執行長，他相信，跟世界許多其他國家一樣，巴西的發展仰賴透明化。他說：「一旦你開了燈，就不會再開開關關了。」他說，他天天致力於打造更好的公司、更好的市場及更好的國家，他提醒我們：「社會與世界，是我們的意向與態度形塑出來的。」

案例研究3　選美賽變成提升女性地位的麥克風

　　綺雅・杜金斯（Kiah Duggins）是個有高度企圖心的女孩，獲得商學院獎學金，進入威奇塔州立大學（Wichita State University）後，創立「公主計畫」（The Princess Project），幫助弱勢族群出身的高中女生準備申請大學。她從「決心計畫」（The Resolution

Project）這個非營利組織，取得年輕社企會員資格
（以及種子獎助金），並且入選參與柯林頓全球倡議
大學（Clinton Global Initiative University）年度大會。

　　我問綺雅，她如何為她的工作贏得這麼多關
注？身為強烈的男女平等主義者，她利用了一個令
人意想不到的平台——她透過一個學生聯誼會，參
加一場為慈善事業募款的選美賽，並且獲勝。她繼
續參與各項選美賽，最終競選堪薩斯州小姐。綺雅
利用她獲得媒體報導的機會，談到多樣性議題，以
及為那些往往被漠視的年輕女性提供平等教育機會
的重要性。柯林頓全球倡議大學年度大會的一位評
審坦承，綺雅那閃亮亮的粉紅色攤位吸引了她的目
光。綺雅懂得如何爭取回應，她無畏於為自己深切
關心的議題引起人們注意。

51

挑戰現狀
釋放跨世代的能量

完成使世界變完美的工作，並不是你的責任，
但你也不能停止這項工作。
—— 拉比塔豐（Rabbi Tarfon），
〈先賢箴言2：21〉（Pirke Avot 2:21）

大膽無畏的雄心，轉戰其他產業的行動，充滿意義且回應市場力量的工作——這不是血氣方剛的愚行，而是經驗豐富的主管們利用自身平台，增進個人與職業影響力的機會。在擁有更多經驗、影響力及管道之下，嬰兒潮世代現在可以驅動根本性的變革——那些他們在喇叭褲剛流行，他們對警察很反感、憤怒的那個年代只能夢想的變革。

數字會說話，蓋洛普最近對155國進行「全球職場狀態」調查，結果顯示，全球員工只有15％積極投入於工作，超過30％的員工對工作不投入的程度，已經到了可能把消極性感染他人的地步。近年的畢業生，不喜歡那些不能夠在賺錢和宗旨之間建立連結的組織。人們愈來愈期望公司在回應社會議題方面，扮演更大的角色。企業領導

人有使命，但許多企業領導人在他們最具影響力和能力最盛之時，選擇辭職。我鼓勵他們留在原位。

「我的人生該做什麼？」我的25歲客戶和55歲客戶，都問這個相同的問題。勞動力的新血在展望職涯時，感受到的壓力是要讓它有意義；而退休在即的嬰兒潮世代則是反覆自問：「我是否在做值得的事？我想為後人留下什麼？」根據我的經驗，職業工作頻譜的這兩個端點，最適合從熱情與意義出發，以期驅動變革。現狀無法再激起他們熱情的高階領導人思考離職，轉而透過擔任董事會成員和非營利組織的工作，來創造改變、作出貢獻和回饋。但是，到了外面，他們的理想和計畫獲得的支持往往減少，金錢與行政支援受限。比起辭職去創立一個新的非營利組織，然後遊說企業界提供支持，可能遠不如續留原位，和各利害關係人合作，並且對他們賦能，要來得更有效率、更具號召力。

在信心與可信度都更高之下，經驗豐富的變革策動者，可以在現任公司內部傳承智慧，挑戰企業以不同的做生意方式，在他們的社區中產生變革。在組織中達到高位後，他們現在有機會把個人的目的感和他們領導的營利導向組織的目標結合起來。藉由表述對他們本身和對他人而言重要的觀點，這些高階主管可以為自己的職涯挹注新活力，同時激勵自己領導的員工。

這是年長同事善用他們的經驗、他們贏得的敬重、他

們能夠取得的資源，以及他們所在的公共平台，把他們關心的議題和他們所做的事整合起來的機會。與其擔心逼近的高齡海嘯，我們應該利用年長者的力量，在夠幸運而仍能受益於這些領導人的企業中驅動變革。何不考慮讓千禧世代和嬰兒潮世代攜手合作，把社會影響力融入事業核心？在許多公司為管理世代鴻溝而傷透腦筋的這個年代，何不讓這兩個世代合作推動社會變革？

　　擔心所得或性別不均的領導人，可以藉由種種做法來產生全面性的改變效果，包括改變公司的人才招募政策、對供應鏈的期望、自家公司及被投資公司的治理模式，以及創造回應社會需求的產品等。把驅動社會影響作為公司的核心策略之一，這需要資深專業人士已經贏得的敬重，妥善回應較年輕世代對雇主表達的期望。

　　本書已經接近尾聲，前面各章鼓勵你發展觀點，建立一個為你自己和他人提供意義的身分，召集團體，邀請他人加入，勇於思考沒有明顯答案的問題。本章需要你結合這些技巧，**擁抱老化，利用你的平台，跨世代合作。**

　　哈佛醫學院教授喬治‧華倫特（George Vaillant）在《哈佛教你幸福一輩子》（*Aging Well*）一書中說：「生物往低處流」，我們自然傾向服務那些後來者，當我們這麼做時，就會變得更繁榮昌盛。攜手追求相似的價值觀，銀髮老兵和年輕新兵都有機會創造巨大影響。

這項技巧適合你，如果你……

- 準備辭職去推動改變、作出貢獻。
- 認知到企業責任工作，並非只是一個部門，而是一種策略。

如何採取行動？

▶ 在工作上尋求意義與目的。若你現在是公司的掌權者，對持續保持一切如常的現狀失去興趣，在你宣布乏味而辭職之前，請思考：若你每天的全部工作時間可以投入於做某件事，你會做什麼事？你感興趣的事和你公司的活動有何交集？你是否擔心，在鄰居挨餓的同時，你們公司卻在浪費食物？把掌管廚房的經理叫來，和你們公司的設備主管談談，告訴他們，你想了解公司處理剩餘食物的流程。向他們解釋，你蒐集這些資訊，是因為他們的工作和你關心的一個理想有關，並非因為你想免去他們的職權。分享個人故事，說明你為何關心這個理想。他們是否也關切有這麼多有益健康的食物被丟棄？他們想要如何改善這種情形？這中間是否涉及了什麼阻礙？也許是存在一條關於食物能夠儲存多久的老舊組織規定，或是沒有時間讓員工打包剩餘食物捐給庇護所。在相關主管看來似乎不可能克服的限制，當權者的你打幾通電話或許就

能夠解決了。

▶ 舉辦研討會以消除疑慮，溝通價值觀。若一開始，不同世代之間不大融洽，別害怕。我曾經舉辦一場由多家保險公司的代表出席的會議，當我請與會者敘述他們的年輕同仁帶來的挑戰與困難時，45歲至65歲的與會者列舉：「自以為理所當然應享很多權利；缺乏耐性；不懂得尊重他人；難以伺候。」25歲至35歲的人則是認為年長的同仁：「愛批評；東擔心，西害怕；思想封閉。」千禧世代渴望取得有責權的職務，但他們想用不同的方法做事。他們認為，他們的上司過的那種壓力生活不是理想模式，許多較年長的與會者贊同這點，他們但願自己能有更佳的工作與生活平衡，免於無窮盡的需索，有更多學習新東西的機會。把沮喪說出來之後，氣氛就變了。不同世代渴望的工作環境其實非常相似。我們把來自某公司的千禧世代與會者和來自另一家公司的嬰兒潮世代與會者配對成一組，建立相互指導的舞台，還可以提供局外人觀點。

▶ 嘗試逆向指導。把實習生或新兵和年齡是他們兩倍或三倍大的同事配對成一組，指示較年輕者的角色是幫助年紀較長的主管接觸社交平台、技術，以及他們可能未發現的新商業概念。鼓勵配對組裡的組員相互比較他們使用及儲存資訊的方式，討論誰影響他們的決策，以及他們向誰尋求諮詢。

▶ 邀請千禧世代參與論壇，探討他們尚未有解答的疑問，並且尊重他們的創造力。經驗豐富的經理人可以示範走向未知領域的重要性，來自社會創業精神時代的較年輕世代，或許能夠看出較年長的同仁未能清楚看出的企業、社會和環境部門之間的關連性。伴隨可能的行動計畫浮現，較年長者或可召集其他機構的掌權者，建立（並資助）更具影響力的合作關係。

▶ 有能力指揮資源及航行於組織各部門及領域的「長」字輩高階主管，可以使用他們的平台，釋放創新氧氣，召集原本可能不會通力合作的團體。高階主管往往能夠較不困難地在公司內部成立特殊興趣委員會，或是簽名支持一個由來自各部門的產業領導人參與的高峰會。更高知名度的政治元老，或許能夠吸引更多的出席者。千禧世代或許可以使用社群媒體，取得來自公司內外的多樣化觀點，以形塑議程。

▶ 聯合不同世代，傳播你的訊息。比較影響力人士的聲望，思考觸及他們的最佳途徑。在社群媒體和傳統媒體上布署，形塑公共論述。

▶ 太常看到的情形是：執行長闡明一個關於社會影響的願景，然後把執行工作委派給建立品牌或社區服務部門的較資淺同仁，但是這些同仁沒有策略決策和建立方案的權力，結果是一切淪為表面功夫。行銷部門的千禧世代和高階經理人攜手的話，可以確實把組織言

明的使命付諸實踐。

▶ 人工智慧領域的創新，將顯著影響所有職涯階段的白領及藍領工作者。工作者將需要持續的終身學習和更新技能，所以在所有年齡層建立學習團體。

切記

● 新人才的招募，可能仰賴留住有智慧的老兵作為啟示及未來能量的源頭。

● 辦公室的座位安排應該審慎，別創造出「年齡區」，應該刻意安排，以產生不同年齡層之間的有機交流。

案例研究 1　離開，或是留下來？

「我必須離開了，」珊德琳在接受我輔導的第一天這麼說。她在康乃狄克州一家私募基金公司，從櫃台人員晉升為人資專員，現在晉升為營運長。她賺到和攢存的財富，絕非她邁入職涯時所能想像的。她的家鄉在佛羅里達州，在最近兩次颶風中受到重創，她打算把她的注意力轉向重建家鄉社區。那裡的居民收入仰賴漁業，現在需要新的船塢，當地勞動力無法滿足需求。我問珊德琳，她是否看出她目前的職務和家鄉社區發展目標之間具有綜效？

她說：「沒有。他們只對快速獲利感興趣，我已經盡我所能鼓勵他們關懷他人，但沒有成果。我像殭屍般工作，只有在做我關心的事時，才又復活。」

我問珊德琳，她可曾和公司談到這個社區願景？她說不曾，她認為這是太過私人的事情。我鼓勵她，何不試試看？她在公司的電子報中撰寫了一篇文章，敘述她打算幫助佛羅里達州社區的計畫。結果，公司同仁對她的計畫感興趣，我們開始在她的事業和她的公民興趣之間建立更多連結。珊德琳向當地政府申請補助以設立職訓計畫時，特別指出她是一家公司的營運長，這大大提高了她的可信度。「我不會在我的提案推銷中，使用我在康乃狄克州的職務頭銜，但身為一個關心社區的佛羅里達州公民，我會使用這頭銜來提高我的吸引力，」她說。

這下子，把她的兩個世界結合起來的好處，變得更加明顯了。珊德琳繼續她的宏大願景，她招募最近出獄的受刑人和失業的退伍軍人，訓練他們成為船塢建築工；她雇用一名退休的校長和一名前陸軍中尉擔任督導。她集合了一大群人物，他們的工作成果立即顯現。因為不再把她的兩個世界給絕然區分開來，珊德琳請康乃狄克州的同事，在佛羅里

達州舉行公司規劃會議，好讓他們能和重建她的家鄉社區的人們見面。會議結束致詞時，她慷慨激昂地請求公司擴大定義如何對他們投資的公司創造價值。珊德琳激發他人活力的作為打動了公司執行長，他同意讓珊德重新定義她的職務角色。公司裡所有年齡層的同仁，自願幫助珊德琳推動新策略，把改善社區納為他們的事業規劃的核心要務之一。

案例研究2　打破藝術界的規則

「我受夠了藏匿我的畫作，」曼哈頓一家知名畫廊的共同業主阿隆吶喊：「我厭倦了過分裂的生活。我是畫廊經營者，我本身也是畫家。我是個男同志，也是個受委託的生意人。我不怕告訴我的父母，我是個同性戀者，但若我告訴委託我賣畫的畫家，我本身也是個畫家，他們將認為我一碗水端不平，不能公正地為他們的利益著想。」阿隆花了數十年在藝術界建立堅實聲譽，但他打算不再經營畫廊生意，公開對他而言意義重大的另一個身分。

是什麼促使阿隆打算作出如此巨大的轉變呢？他說：「我厭倦了支付如此高的租金，保險費壓得我喘不過氣……我的下半生需要減少一點規則。」

我們選擇打破兩個規則，阿隆仍然可以繼續當畫廊經營者，但不租用固定場地，他可以在快閃場地策展（很可能是在市中心），這可以拓展他的客戶（畫作委託人），也為既有客戶提供新場地。他將挑戰交易商與畫家之間分工的長期規則，邀請委託他的畫家不僅參展，也在策展工作中扮演更活躍的角色。由於租金降低，阿隆可以在選擇展出誰的作品方面冒更多風險。新畫家受益於阿隆的聲譽，獲得更多接觸收藏家的機會，收藏家習慣投資有才華者。

「他們可以利用我的聲譽來建立聲譽，」阿隆說。他恢復了幹勁：「我不再被害怕癱瘓了，我的自尊不再像以前那麼束縛我，我更自在於實驗了。」阿隆關閉了他的畫廊，但他的觸角延伸得更廣。他設立一個讓買家觀賞及購買畫作的線上平台，他把租金與保險費降低後省下來的一部分錢，拿來雇用新出爐的專業人員，協助在社群媒體上推銷畫家及他們的畫展。現在，阿隆一年舉辦大約四次畫展，其餘時間投入於作畫。他幫助年輕畫家發展事業，同時示範一種新的經營模式，並且繼續作畫。

52

大膽做夢

不只成功，更有重要意義

我做了一個夢，現在，我再也睡不著了。
——巴西街頭汽車保險桿貼紙內容

　　在敘述創立社區與個人發展城市大學（CIDA City Campus）及馬赫西學院（Maharishi Institute）的背後動機時，泰迪・布萊徹（Taddy Blecher）說：「我不想過渺小的人生。」這兩所位於南非的商學院，是專門為那些資源有限及欠缺工作技能的學生而設立的。一開始，在資金匱乏下，泰迪使用鍵盤的影印紙本來教導打字，學生坐在地板上，手指在紙上練習打字。課程發展下去，創校理念也獲得驗證，歷經時日，這些學校獲得歐普拉及理查・布蘭森等慈善家的捐款。

　　你想過多宏大的人生？這不是要你思考你想擁有多少土地，或是出席多少名流宴會，而是要你從新聞工作者大衛・布魯克斯（David Brooks）所謂的「履歷德性」

（resume virtues）和「悼頌德性」（eulogy virtues）來仔細思考。「履歷德性」是我們撰寫的自己，以符合世界的期望、晉升和尊高的頭銜，傳達我們的成功。「悼頌德性」是別人在我們的葬禮中對我們的描述：我們是怎樣的人，我們過怎樣的生活，我們在關懷他人方面，扮演了怎樣的角色。宗旨導向、但很賺錢的印度亞拉文眼科醫院（Aravind Eye Hospitals）的醫務長亞拉文‧蘇里尼瓦山醫生（Dr. Aravind Srinivasan）說得好：「成功發生在你身上，意義透過你而展現。成功是降臨在你身上的東西，意義是你贈予他人的東西。」

不論你現在處於人生的什麼階段或地位，誠如音樂片《南太平洋》（South Pacific）中一首歌曲的歌詞所言：「若你沒有夢想，如何讓夢想成真呢？」本書最終極的意義，就是談論夢想 —— 夢想「快樂的工作」對你或你的同事來說，並不是一個矛盾修辭。本書始於「微笑」，終於「夢想」。請閉上你的雙眼或大大張開你的雙眼（隨你喜歡），給自己一點空間和寧靜，去散個步，或是沖個久一點的澡，或是賴一下床，讓你的心智暫時擺脫日常事務幾分鐘。

你想如何存在於這個世上？你想以什麼聞名？不是只有富人才能留下遺贈，我們全都有機會透過日常小行動來作出貢獻，留下我們的印記。 留心選擇自己注意誰、聽誰說話、和誰用餐、邀請誰，就有助於我們解決問題和改變

心態。我們的工作可以成為社群和榮耀的來源，也可以成為個人成長和社會改變的平台。

　　成功、意義與快樂，是在辦公室裡的人際互動中創造出來的，由你我創造出來的，我們全都有力量顯著影響未來的工作。

這項技巧適合你，如果你……

- 不想過渺小的人生。
- 想要留下遺贈。
- 不羞於許願，並且努力實現願望。

如何採取行動？

▶ 懷抱夢想，它將帶給你活力。你可以想得宏大一些，隨時都能夠調整得更切合現實一點。

▶ 信賴自己和他人，別害怕分享你的夢想。開始實現的第一步，就是大聲說出你的夢想。

▶ 別繼續逗留在那些會洩你氣的人身邊。

▶ 記得老子所言：「千里之行，始於足下。」想想你可以採取什麼最小、最容易的行動作為起步，測試你的構想，建立動能。

▶ 千萬別不好意思！我告訴我一個同事，我打算寫這本書，她說：「妳野心真大。」我大吃一驚，有點難為情，因為我沒有想過寫這本書是一種野心，被貼上這

種標籤，令我羞愧。夢想遠大，並非總是易事，你可能會覺得這是在自命不凡，但是，嘿，「若你沒有夢想，如何讓夢想成真呢？」

切記

- 負面的自我對話，可能會減損你的信心。你不需要擁有全部的答案，但你需要決心。
- 夢想的實現得花時間。

案例研究　首先，打好關係

我有一個夢想，那就是撰寫這本書。我沉浸於中學時代的自己，購買七彩顏色的索引卡、海報板，以及各種尺寸的利貼，這些鮮豔的文具令我開心微笑。我重溫筆記和電腦檔案，把種種概念和支持它們的例子製作成分鏡腳本，浮現出來的是我的強迫症特質和一本書的架構。多年間，我每週四訂定一個寫作目標，每完成一項，我就貼一個標籤在上頭寫了章名的索引卡上。我能說什麼呢？我樂於來一點有益的自我強化。

我尋求反饋。我的第一輪讀者有15個人，年齡從24歲到61歲，來自五個國家和美國多州，男女數

量幾乎相同。他們的工作經驗包括歌劇、政策、個人訓練、勞動法、精神指導、學術、運動商業、董事會領導、銀行業、神經生物學、教導同理心的全球運動。我邀請參與此計畫的人，沒有一個對我說不！

　　每個人都貢獻了多項改進建議，我採納了其中多項，但非全部。我撰寫、修改、重寫、編輯，一遍又一遍。我持續求助，我提出這本書的草稿，但我不清楚該如何架構我要解決的問題，或是為何我有獨特地位去做這件事。在無法解答我自己的疑問之下，我召集了我需要的團體。在一個週末早上，我把我家餐廳布置成作家工作室，邀請七個參加者，男女數量平衡，包含多年齡層及種族。我詳細介紹每個人的經驗和背景，確保每個參與者有多次機會發表意見。我安排每個人的座位，放上姓名卡。我供應食物，我們講述故事，我們準時開始和結束。

　　為了達成撰寫這本書的夢想，我遵循我在本書分享的建議，包括挑戰我自己的負面想法，表達很多的感激。現在，我該說聲：「謝謝你！」感謝你和我一起走完這趟旅程，勇於在工作中展現更多的人情味！

謝辭

　　我的病人與客戶對改變展現了勇氣、投入與好奇心，我從他們身上學到你在本書讀到的東西。我非常榮幸從事我一直都十分喜愛的工作，感謝所有信賴我、和我分享他們最深層的祕密及最興奮的雄心的所有人。本書的所有案例研究，使這本書變得更生動（至少我希望你這麼覺得），非常感謝世界各地的客戶和同事准許我分享他們的故事，更重要的是，允許我進入他們的生活。

　　撰寫這本書，花了好幾年的時間，涉及數千封電子郵件通信、數百次的談話，以及多次咖啡與雞尾酒相伴的諮詢會議。撰寫本書的概念看似非常簡單，但執行過程汲用了大量的建議及鼓勵。雖然我每週四躲起來寫作，但從不孤單。感謝我的家人、朋友和同事，在我測試本書的思

想、觀念和主張時，回應我的即興民意調查。還有，從我開始敲鍵盤起，你們就自願為我舉辦售書會，太感謝你們了！

Ron Beller、Mike Clancy Jr.、Philip DerMargosian、Debbie Evangelakos、Chip Fournier、John Gartner、Julia Mart、Eric Messenger、Kerri Kwinter、Kenzie Kwong、Daniel Newman、Anamaria Schindler、Steve Schwartzberg、Gary Simon、Helen Strnad、Sharlene Wolchik——這些人對我的書稿付出聰明的頭腦和慷慨的愛心，設法把我的思想表達得更好。感謝你們的建議，使我保持正面、積極，減輕濃度，提高明確度，除去行話，克制我的自負。

週末早上參加我的作家工作室的成員——Stephen Fenichell、Leah Johnson、Deepa Lakshmin、Harper Makowsky、John Paul Newport、Jacob Tugendrajch，以及我們的主持人Marcy Gregory，這幾位幫助闡明本書能夠作出的貢獻，把我的臨床經驗的重要性變得更清晰。

John Gerzema告訴我，他想閱讀一本有關我作為教練與心理治療師的經驗談的著作，他的提示激發了奔流於本書中的思想。Karin Forseke仔細閱讀本書的初稿，高度相信我、激勵我，為我注入活力。Emily Greenberg為我提供許多概念性評論，修潤我的文法，鼓勵我加入更多自己的聲音。在書桌前奮戰無數個小時之後，到健身房和我的教練Mike Clancy會面，幫助我在撰寫本書的整個期間保持

身心健康。Adam Brooks是優異的作家，確保我在撰寫此書的每一個階段，都感覺自己像個優秀的作家──感謝你作家對作家的激勵。Peter Rose不斷地和我分享他的智慧，提醒我聚焦於本書的書名，若你在閱讀本書時感到有趣，請跟我一起感謝Peter，他堅持樂趣與工作的結合很重要，我認為他說得很對。感謝Jayne Jamison和Cevin Bryerman數十年的友誼，以及他們在本書問世時給予的專業支持。特別感謝Adam Grant，他是我多年來的慷慨同事。

Lindsay Levin向許多人展示如何改變的可能性，我尋求她建議一位寫作夥伴時，她鼓勵我去照鏡子。她太了解我了，這正是我需要的提振，謝謝妳用思想與感覺陪伴我走每一步。我們的全球社會企業「領袖探索」（Leaders' Quest）的同仁，共同創造與執行本書中敘述的許多方法。我們一起旅行無數地方，安然渡過無數複雜的境況，不論遭遇什麼，當我們回到「圈子」裡時，總是平和、鎮靜。在我初次談論本書的撰寫計畫後，這個組織散發的活力給了我不少幹勁，感謝你們提供這麼一個安全且充滿愛的家庭。特別感謝我們的另一位「梅蘭妮」──Melanie Jamieson，以及她的團隊，他們確保本書觸及最廣大的讀者群。

當我忙碌到再也騰不出任何時間時，Julie Kantor適時地介入，確保卡茲曼顧問公司的客戶需求獲得滿足。

Larry Aidem 和 Claire Aidem 善用人際關係魅力，連結至支持我的願景的人們。Suzanne Gowler 是個才華洋溢的思考夥伴，Viviane Barreto de Azevedo Lamego 是致力於個人及組織的全面成長的楷模。Lori Zabar 和我共同經歷許多里程碑，包括撰著的快樂及一些愁苦。Amy Wolf、Helen Gitelson、Jen Moses、Jill Kristal、Judy Bernstein、Lainey Fallek、Sandy Rokoff 和 Susan Newman 提供情緒彈簧床，讓我從生活中的挑戰與困難中回彈。我是個瘋狂工作者，繞著地球奔波，在該玩樂的時候，他們滋養我。

Jill Grinberg 不只是一位經紀人，她是本書的助產士，用最優雅的方式，冷靜、有智慧地以無比的耐心幫助我誕生這本書。Jill 總是對我的想法作出立即回應，她很自然實踐本書提供的許多建議。一聲「感謝」，不足以道盡我對 Jill 以及她提供的傑出諮詢服務的感激與敬重。Jill 能夠像精神科醫師般談話，分析市場，管理許多關係，注入趣味。沒有她，我無法寫成這本書。Jill 在 Grinberg Literary Management 公司的同事，也提供同樣的支持。特別一提的是 Denise Page 孜孜不倦於做一切必須做的事，閱讀多種版本的提案，測試書名及封面，確保所有人都同步。Sophia Seidner 也為我提供充分的支援。

我在 McGraw-Hill 的編輯 Casey Ebro 了解我、我的訊息及我的使命。感謝她在我們初次見面時，就跟我一樣強烈地感覺到連結與契合。從 Casey 簽下本書，到本書英文

版的付梓，總共不到一年的時間。她總是傾聽我的擔憂，快速、精準地提供比我所能想出的更佳解決方案。

　　無數個深夜及週末，Jill和Casey傳送我「收到了」的電子郵件，確保本書朝往正確方向。他們也指揮一支夢幻團隊：McGraw-Hill的Nora Hennick和Amanda Muller，展現他們的行銷本領及通力合作的精神；Jeff Weeks設計的英文版封面傳達了連結的廣泛性，不論你的膚色（或迴紋針的顏色）；Andrew Mauney後製調色作者照片。辦公室裡人人都喜歡的一本書，可能會沒有人覺得它獨特，Mark Fortier和Lisa Barnes是溝通高手暨值得信賴的顧問，他們專業地瞄準我的談話。Alona Beloussova是我的天使，總是適時現身，確保本書順利問世。Gregg Sullivan永不厭煩於我在線上的無數提問。

　　很多人好奇是否真有Gerry Sanseviero這個人，抑或有多少人結合起來構成此一現象。她無所不在地做種種事，看起來應付得輕鬆自如，展現出色的幽默感、目的感和愛心。她是卡茲曼顧問公司的行政總監，管理關係、行程和財務。當我說我想撰寫一本書時，她立刻排開我的每週四行程。她對本書的見解提出評論，做研究和事實查證，重新架構句子，整理文體，為封面設計建立模型，為本書的案例研究取得相關人士的許可，也幫助安排媒體宣傳。此外，網站設計、鏡頭角度、聲音指導、確保我三餐正常，Gerry也全都做了。她是演員、編輯、智識的繆

思，盡責、熱心地預期我的需求和卡茲曼顧問公司的同仁與客戶的需求，也確保我們在公司遵循本書建議的原則。感謝Gerry，我們很多人在工作中獲致成功、意義，感覺很快樂。

當本書在我們家占據了一個座位時，Amanda Roman Makowsky和Trey Brademan溜進我們這個愛高談闊論、固執己見、社交極度活躍的家庭，展現他們的聰敏及快速幽默感。他們的職務說明中，並未列出「焦點小組晚餐討論會」這一項，但我們的孩子把他們帶來家中，他們欣然接受這項挑戰。

我的孩子有一個總是坐不住、不相信飛行時差、從不停止擁抱和親吻他們的母親。他們教導我，容忍我，逗弄我。沒有人能夠像Wyndam及Harper這樣指出我的毛病，我深深感謝這點。他們現在是積極活躍的工作者，我對他們成為專業人士深以為傲。

Wyndam貢獻他的專業編輯技巧，審閱本書的每一段，指出疏漏或多餘的逗號，修改標題和副標無數次，提高我的建議的可應用性。他相信我的這本著作，可以使未來的公司受益，他的這個信念支持我繼續努力下去。當他向他的EMBA班級談到我的這本書時，我知道我做了有價值的事。當然，我有偏見，但Wyndam是你會想要共事的那種上司。

Harper發揮了她的超能力，幫助本書問世。她審閱定

位文件，參與策略討論，成立我的第一個YouTube頻道，為我編輯影片，並且編輯本書及各章標題。在多項困難計畫的執行期間，她寫鼓勵的訊息給我及我的團隊，傳送使我開懷大笑的影音。她富有魅力，非常善於解讀情緒訊息，沒有什麼是她不能做的，她也用相同的標準來要求我。

Russell Makowsky是一位傑出的主管及丈夫，他具有深度的專業知識和優異的人際關係技巧。Russell以英語系主修者的眼光閱讀本書書稿，當我在處理本書的最新修正時，當我需要為再一次的改寫而消失時，他總是展現體貼。他是我這位教練的教練、廚子、最佳朋友。他是我的靠山，他的堅定不移，是我能夠追求我的創業冒險的理由；他的堅實精神羅盤，總是為我指引正確方向。在我的整個職涯，Russell持續相信我能夠、也將達成我的夢想。

我們全都有機會透過日常小行動作出貢獻，留下我們的印記。

 星出版 財經商管 Biz 007

首先，打好關係

提升職場人氣、帶團隊、解決衝突、克服恐懼、
發揮影響力的 52 個簡單技巧

Connect First:

52 Simple Ways to Ignite Success, Meaning, and Joy at Work

作者 —— 梅蘭妮・A・卡茲曼 Melanie A. Katzman, PhD
譯者 —— 李芳齡

總編輯 —— 邱慧菁
特約編輯 —— 吳依亭
校對 —— 李蓓蓓
封面設計 —— 兒日設計
內頁排版 —— 立全電腦印前排版有限公司

讀書共和國出版集團社長 —— 郭重興
發行人兼出版總監 —— 曾大福
出版 —— 星出版／遠足文化事業股份有限公司
發行 —— 遠足文化事業股份有限公司
　　　　231 新北市新店區民權路 108 之 4 號 8 樓
　　　　電話：886-2-2218-1417
　　　　傳真：886-2-8667-1065
　　　　email：service@bookrep.com.tw
　　　　郵撥帳號：19504465 遠足文化事業股份有限公司
　　　　客服專線 0800221029
法律顧問 —— 華洋國際專利商標事務所 蘇文生律師
製版廠 —— 中原造像股份有限公司
印刷廠 —— 中原造像股份有限公司
裝訂廠 —— 中原造像股份有限公司
登記證 —— 局版台業字第 2517 號

出版日期 —— 2020 年 05 月 13 日第一版第一次印行
定價 —— 新台幣 420 元
書號 —— 2BBZ0007
ISBN —— 978-986-98842-1-1

星出版讀者服務信箱 —— starpublishing@bookrep.com.tw
讀書共和國網路書店 —— www.bookrep.com.tw
讀書共和國客服信箱 —— service@bookrep.com.tw
歡迎團體訂購，另有優惠，請洽業務部：886-2-22181417 ext. 1132 或 1520

本書如有缺頁、破損、裝訂錯誤，請寄回更換。
本書僅代表作者言論，不代表星出版／讀書共和國出版集團立場與意見，文責由作者自行承擔。

國家圖書館出版品預行編目（CIP）資料

首先，打好關係：提升職場人氣、帶團隊、解決衝突、克服恐懼、發揮
影響力的 52 個簡單技巧／梅蘭妮・A・卡茲曼（Melanie A. Katzman）著；
李芳齡 譯.第一版. – 新北市：星出版，遠足文化發行，2020.05
432 面；14.8x21 公分. --（財經商管；Biz 007）.
譯自：Connect First: 52 Simple Ways to Ignite Success, Meaning, and Joy at
Work
　　ISBN 978-986-98842-1-1（平裝）

1. 人際關係 2. 職場成功法

177.3　　　　　　　　　　　　　　　　　　　　109004012

Connect First: 52 Simple Ways to Ignite Success, Meaning, and Joy at Work
by Melanie A. Katzman
Copyright © 2020 by Melanie A. Katzman
Complex Chinese Translation Copyright © 2020 by Star Publishing,
an imprint of Walkers Cultural Enterprise Ltd.
This Complex Chinese edition is licensed by McGraw-Hill Education.
All Rights Reserved.

新觀點
新思維
新眼界

Star★
星出版